Les paraboles de Jésus

Joachim Jeremias
Professeur à l'Université de Göttingen

Les paraboles de Jésus

Traduction de Bruno Hubsch
Présentation du R. P. A. George, s. m.

Éditions du Seuil

ISBN 2.02.000540-9

Titre de l'édition originale : Die Gleichnisse Jesu
Vandenboeck & Ruprecht, Göttingen

Présentation

Joachim Jeremias est aujourd'hui, en Allemagne, l'un des plus remarquables parmi les exégètes luthériens du Nouveau Testament.

Né en 1900, il vécut dans sa jeunesse en Palestine où son père était pasteur. Professeur de Nouveau Testament à l'Université de Greifswall (1929-1935), puis de Göttingen (1935 jusqu'à maintenant), il n'a cessé de publier depuis 1923 une suite d'études très remarquées, sans cesse approfondies au cours de leurs rééditions successives. Elles sont centrées sur le milieu juif de Jésus, sur les évangiles synoptiques, sur leurs thèmes théologiques principaux.

Le premier ouvrage de J. Jeremias traitait de *Jérusalem au temps de Jésus* [1] (publié de 1923 à 1937 et réédité en 1962); on peut en rapprocher : *la Redécouverte de Béthesda* (1949) et *les Tombeaux des saints dans le monde de Jésus* (1958).

Sur les textes des évangiles, les œuvres les plus importantes sont *les Paroles de Jésus à la Cène* [2] (1935, réédité en 1949 et 1960) et le présent livre: *les Paraboles de Jésus* (1947, réédité en 1952, 1954, 1956, 1958, 1962). Il faut y joindre : *les Paroles inconnues de Jésus* [3], sur les

1. *Jerusalem zur Zeit Jesu.*
2. *Die Abendmahlsworte Jesu.*
3. *Unbekannte Jesusworte.*

sentences attribuées à Jésus par la tradition (1948, réédité en 1963), et un commentaire des épîtres pastorales (1949, 8e éd. 1963). Deux opuscules, *le Sermon sur la montagne* (1959) et *le Notre Père dans l'exégèse actuelle* (1962) viennent d'être publiés en français sous le titre *Paroles de Jésus* (1963).

A la théologie biblique, J. Jeremias a consacré : *Jésus accomplissant le monde*[4] (1930), le *Baptême des enfants dans l'Église primitive* (1938, réédité en 1949, 1958), *la Promesse de Jésus pour les nations*[5] (1956, traduit en français sous le titre *Jésus et les païens* en 1957). A partir de 1933, il a donné une trentaine d'articles dans le *Dictionnaire théologique du Nouveau Testament* (G. Kittel, Stuttgart) sur les personnages de l'Ancien Testament (Abraham, Adam, Élie, Jérémie, Jonas, Moïse...), les figures des paraboles (agneau, angle, porte, clé, pierre, épouse, pasteur...), et de nombreux thèmes bibliques (abîme, hadès, homme, géhenne, scribe, paradis, pâque, multitudes... et notamment serviteur de Dieu).

Les traits caractéristiques de cette œuvre considérable sont les liens étroits qu'elle reconnaît entre Jésus et son milieu originel, la clarté que les paroles de l'Évangile gagnent à l'étude de leur substrat araméen, la rigueur et la souplesse de l'examen des textes, l'intérêt aux perspectives eschatologiques de Jésus. Sur ce point délicat, les éditions successives des œuvres de J. Jeremias attestent l'effort persévérant du maître.

Les Paraboles de Jésus dont on présente ici la traduction sont une œuvre capitale.

Après avoir posé le problème de l'interprétation des paraboles et indiqué les grandes lignes des solutions

4. *Jesus als Weltvollender*.
5. *Jesu Verheissung für die Völker*

récentes, l'auteur consacre la moitié de son livre à l'histoire littéraire des paraboles. Il analyse les modifications que la tradition évangélique a introduites dans les textes des paraboles de Jésus et cherche à discerner leur forme primitive. L'étude est minutieuse, pénétrante, loyale. Au plan scientifique, on peut discuter son refus d'attribuer à Jésus la pratique de l'allégorisme. Si d'ailleurs, J. Jeremias suit sur ce point la pensée d'A. Jülicher, il est moins systématique que lui; il reconnaît souvent que, sous ses images, Jésus décrit des personnages de son temps (les autorités juives, les pécheurs, les Gentils...) et les réalités mystérieuses de l'histoire du salut (Dieu, Israël, la crise messianique, le salut final...).

La quatrième édition de l'ouvrage introduit des remarques éclairantes sur la fidélité de l'Église à la pensée de Jésus (p. 80-82, 85).

Au terme de cette étude littéraire, J. Jeremias en rassemble les résultats dans une longue section sur le message des paraboles. Ses paragraphes sur la présence du salut, la miséricorde de Dieu, les exigences de l'heure, la vie des disciples sont d'excellentes synthèses. On peut discuter, par contre, son silence sur le temps de l'Église et le second avènement de Jésus. Les études récentes sur les paraboles de la croissance (les semailles, le grain qui lève tout seul, le sénevé, l'ivraie) ont mis plus nettement en lumière la continuité entre la pensée de Jésus et celle de l'Église sur les deux venues du Christ. On peut souhaiter aussi plus d'insistance sur la place que Jésus a faite à ses disciples dans son œuvre (le sel de la terre, la lumière du monde, les moissonneurs...).

Le lecteur catholique de J. Jeremias regrettera parfois ses silences sur l'Église. Il ne s'en étonnera pas, mais il devra reconnaître l'effort sincère de ce théologien protestant pour aller à sa rencontre. Nul, d'ailleurs, ne saurait contester la valeur de cette œuvre si dense : la rigueur de sa méthode, la loyauté de l'auteur avec ses données, la profondeur religieuse de sa recherche. Par sa méthode irréprochable dans la lecture des textes, par son intelligence du message des paraboles, ce livre mince marque une date dans l'interprétation scientifique et religieuse de l'Évangile. Tous les chrétiens l'accueilleront avec reconnaissance.

A. George, s. m.

Note du traducteur

Au cours de son ouvrage, le Professeur J. Jeremias cite souvent l'Écriture dans son texte grec. Afin de faciliter la lecture du livre, nous avons transcrit le grec en caractères latins, là où ce texte était nécessaire : discussions exégétiques, traductions nouvelles proposées. Partout ailleurs nous l'avons remplacé directement par la traduction française, empruntée à *la Sainte Bible* (dite " de Jérusalem ") en un volume, Paris 1956. A la fin du livre, on a inséré un court lexique des mots techniques.

De même, avec l'accord de l'auteur, qui a revu lui-même cette traduction, nous avons allégé les notes de tout ce qui était trop technique et des références aux ouvrages étrangers difficilement accessibles.

L'auteur a retravaillé son ouvrage, en utilisant l'Évangile de Thomas (en abrégé : ÉvTh) récemment publié. Cet écrit qui comporte 114 " logia ", attribués à Jésus, a été découvert en Haute Égypte vers 1945; il faisait partie d'une série de 13 volumes, contenant 49 traités et appartenant, semble-t-il, à une communauté gnostique. De nombreux logia ressemblent fortement à des paroles ou à des paraboles de Jésus que nous rapportent les Évangiles canoniques. Il semble bien que l'auteur ou le compilateur de ce recueil ait eu en main leur texte; mais peut-être ne doit-on pas refuser qu'il ait puisé à une tradition parallèle ou antérieure au courant " synoptique ". On comprend l'intérêt de la confrontation de ces logia avec les paraboles de nos Évangiles pour tenter de remonter, selon le vœu du Professeur Jeremias, à la parole même de Jésus, à son " *ipsissima vox* ".

Sur l'Évangile de Thomas, on consultera, outre l'article de L. Cerfaux, cité p. 50 :

Jean Doresse : *L'Évangile selon Thomas ou les paroles de Jésus*, (Les livres secrets des gnostiques d'Égypte, t. 2), Plon, Paris, 1959. (L'auteur présente l'ensemble de la découverte et introduit longuement à l'ÉvTh, avant d'en donner une traduction qu'il commente ensuite.)

A. Guillaumont, H.-Ch. Puech, G. Quispel, W. Till et † Yassah 'Abd Al Masih : *L'Évangile selon Thomas*, texte copte établi et traduit par, Presses Universitaires de France, Paris 1959. (C'est leur numérotation des logia qu'utilise le Professeur Jeremias. La numérotation de M. Doresse est légèrement différente.)

Rodolphe Kasser : *L'Évangile selon Thomas*, présentation et commentaire théologique. Delachaux et Niestlé, Neuchâtel-Paris, 1961.

A qui l'exégèse ne serait pas familière, nous conseillerions de commencer par la 3e partie (le Message de Jésus) quitte à revenir, au fur et à mesure des renvois, à la 2e partie qui permet de confirmer par sa recherche critique le tableau d'ensemble.

Avec la permission de l'Ordinaire.

Préface

C'est sur la sixième édition allemande, parue en 1962, que repose cette traduction. On y a fait entrer les paraboles que nous rapporte l'Évangile de Thomas, d'après la traduction allemande d'Otfried Hofius. Leur apport dans l'explication des paraboles est assez mince, mais il est hautement significatif qu'elles confirment, dans une mesure inattendue, les résultats de l'analyse critique de notre seconde partie.

J'ai noté chaque fois en son lieu de quel stimulant et de quel apport ce travail était redevable à l'ouvrage fondamental de C. H. Dodd, The Parables of the Kingdom, *éd. rev., Londres 1936. Le livre de Dodd a ouvert une époque nouvelle dans la recherche sur les paraboles. Quels que soient les avis divergents que l'on puisse avoir sur nombre de détails, il serait inconcevable, dans l'explication des paraboles de Jésus, de vouloir rester en retrait des lignes fondamentales de la méthode que nous devons à Dodd.*

Mon propos est d'essayer dans ce travail, de retrouver la forme la plus ancienne que nous puissions atteindre de la prédication de Jésus en paraboles. Le lecteur sentira, je l'espère, que l'analyse de la seconde partie n'a pas d'autre but que de frayer un chemin aussi assuré que possible pour tenter d'entendre la voix même de Jésus.

Seuls le Fils de l'Homme lui-même et sa parole peuvent donner tout son pouvoir à notre annonce du Message.

Joachim Jeremias.

Göttingen, mars 1964.

Première partie
Le problème

Celui qui étudie les paraboles de Jésus telles qu'elles nous ont été transmises dans les trois premiers évangiles, peut être assuré de travailler sur un fondement historique particulièrement solide; car elles sont un fragment du roc sur lequel s'est édifiée la tradition. Il est en effet généralement admis que les images s'impriment plus profondément dans la mémoire que toute idée abstraite. Et, quand il s'agit des paraboles de Jésus, il faut ajouter qu'elles reflètent fidèlement et avec une particulière netteté, la " Bonne Nouvelle " qu'il annonce, le caractère eschatologique * de sa prédication, le sérieux de ses appels à la repentance et ses conflits avec le pharisaïsme. D'autre part, derrière le texte grec se laisse partout entrevoir la langue maternelle de Jésus et c'est à la vie quotidienne de la Palestine qu'est empruntée la matière même de ses images.

Prenons un exemple : le semeur de Mc 4, 3-8 nous paraît particulièrement maladroit, de laisser perdre ainsi une bonne partie de son grain; on s'attendrait à ce que nous soit décrite la technique habituelle des semailles. Mais précisément, c'est ce qui nous est ici détaillé ! On le comprend facilement lorsqu'on sait

*** Les termes affectés d'astérisque * sont expliqués dans le court lexique qui termine ce livre. (Note du traducteur.)**

qu'en Palestine on sème avant de labourer. C'est donc sur un champ de chaume que marche le semeur de la parabole. On conçoit alors qu'il sème « sur le chemin[1] » : c'est intentionnellement qu'il jette son grain sur le sentier qu'ont tracé les villageois à force de traverser les champs, puisque celui-ci doit disparaître lors du labour. Intentionnellement aussi, il sème sur les ronces desséchées qui jonchent le sol en friche, car elles aussi seront retournées. Ne soyons pas non plus surpris maintenant que des grains tombent sur le sol rocheux : la roche calcaire, recouverte seulement d'une fine couche de terre arable, n'apparaît pas à la surface, avant que la charrue ne vienne en crissant s'y heurter. Ainsi ce que l'Occidental tient pour maladresse, est-il de règle en Palestine.

Le tour très personnel des paraboles de Jésus, leur clarté et leur simplicité unique, la maîtrise incomparable de leur construction apparaît au mieux lorsqu'on les compare à celles de ses contemporains — aux images de Paul ou aux paraboles rabbiniques —; et on doit en conclure que nous avons affaire à une tradition particulièrement digne de confiance : en lisant les paraboles, nous sommes au contact immédiat de Jésus.

Les paraboles de Jésus, prises en bloc nous sont transmises de façon très sûre; bien plus, elles paraissent de prime abord ne poser aucun problème. Elles introduisent les auditeurs dans un monde qui leur est familier; tout y est si clair et si simple qu'un enfant peut les comprendre; tout y est si évident qu'à les entendre, on ne peut que répondre : mais oui, c'est

1. *Para tèn odon* (Mc 4, 4; Mt 13, 4; Lc 8, 5) a, comme l'araméen *'al 'orba* un double sens : 1) Sur le chemin. 2) Le long du chemin. La première acception est ici la bonne, comme le montre avec certitude le contexte et le verbe *katépatèthè*, « foulé au pied » de Lc 8, 5.

ainsi ! Et pourtant les paraboles nous mettent devant un *difficile problème : Quel est leur sens originel ?*

En effet, dès les premiers temps du christianisme — dans ces premières décennies qui suivirent la mort de Jésus —, les paraboles ont subi déjà certaines interprétations. Très tôt, on a commencé à les traiter comme des allégories * et ce procédé devait, des siècles durant, recouvrir d'un voile épais leur signification. De nombreux facteurs ont provoqué ce résultat. A l'origine, ce fut peut-être le désir inconscient de découvrir un sens plus profond aux paroles toutes simples de Jésus. D'autre part, dans le monde hellénistique, on tenait les mythes pour porteurs de connaissances ésotériques et leur interprétation allégorique était par suite, largement répandue; dans le judaïsme hellénistique aussi, l'exégèse allégorique faisait école. On pouvait s'attendre de ce fait à ce que les maîtres chrétiens aient recours à la même méthode [2]. A la période suivante, cette tendance fut encore renforcée, puisqu'on lisait dans les évangiles mêmes quatre paraboles (Mc 4, 14-20 par. Mt 13, 37-43; 49-50; Jn 10, 7-18), dont on donnait trait pour trait une interprétation allégorique détaillée. Mais ce qui contribua surtout à la propagation de ce genre d'interprétation, ce fut la " théorie de l'endurcissement ", telle qu'on la trouve en Mc 4, 10-12 par. : les paraboles seraient un voile destiné à cacher " aux gens du dehors " le mystère du Règne de Dieu.

Il sera plus loin question de ces interprétations allégoriques que l'on vient de citer (cf. p. 82 s, 85 s). Mais, vu l'importance fondamentale du passage, il nous faut dire ici quelques mots de Mc 4, 10-12 par. et de la " théorie de l'endurcissement ".

2. C. H. Dodd, *The Parables of the Kingdom*, éd. revue, Londres, 1936, p. 15 (cité par la suite " Dodd ").

Pour comprendre ce passage, il est surtout nécessaire de reconnaître ce qu'a d'artificiel le groupement des paraboles en Mc 4, 1-34.

A) C'est ce que montrent tout d'abord les données contradictoires sur la situation : d'après le verset 1, Jésus monté dans une barque, enseigne la foule et le v. 36 reprend cette donnée : les disciples l'emmènent sur le lac « comme il était, dans la barque ». Mais au verset 10 on a bien oublié ce détail.

B) Non seulement dans ce verset, il y a une rupture avec les données précédentes, mais l'auditoire a changé : au verset 1, Jésus s'adresse à la foule, de même qu'aux versets 33 et 36; cette donnée est incompatible avec le v. 10 où Jésus répond aux questions d'un cercle plus restreint (*oï péri auton sun toïs dôdéka*, litt. « ceux autour de lui avec les douze »). Nous avons donc dans le v. 10 la trace d'une suture.

C) Celle-ci s'explique par une constatation fondée sur des remarques linguistiques contraignantes (cf. p. 113 s) : l'Explication de la parabole du Semeur (4, 14-20) est due à un stade plus récent de la tradition que celui auquel nous devons la parabole elle-même (4, 3-8).

D) Mais reconnaître que Mc 4, 10-20 n'appartient pas à la couche la plus ancienne de la tradition n'épuise pas encore les problèmes de critique littéraire que nous offre Mc 4, 10-12. On est frappé en effet de constater que la question posée à Jésus au v. 10 (« ils le questionnaient au sujet des paraboles ») reçoit une double réponse, chacune d'elles précédée d'une formule introductive : au v. 11, Jésus explique pourquoi il parle en paraboles et au v. 13, il interprète la parabole du Semeur; or rien dans le v. 10, ne suggère qu'on lui ait demandé pourquoi il parle habituellement en paraboles. Le reproche du v. 13 montre plutôt — et là l'exégèse est avec raison unanime — que la question du v. 10 concernait primitivement la signification de la parabole du Semeur. Les versets 11 et 12 brisent ainsi la continuité entre les v. 10 et 13 s. Que les versets 11 et 12 soient une insertion dans un contexte plus ancien, c'est ce que vient confirmer d'ailleurs la phrase introductive du v. 11 " et il leur dit " qui est en effet, une phrase de coordination typique du style de Marc (2, 27; 4, 2. 21. 24; 6, 10; 7, 9; 8, 21; 9, 1). Ainsi s'explique aussi la description particulièrement circonstanciée de l'auditoire (" ceux autour de lui avec les Douze ") qui peut avoir été composée au moment de l'insertion des v. 11 s. en reliant deux données différentes sur les auditeurs [3].

Résumons-nous : de toutes ces remarques, il ressort que les v. 11 s. formaient à l'origine un logion indépendant, introduit ici par Marc, à cause du mot *parabolè* (v. 10). Il doit donc être interprété sans référence au contexte actuel [4].

3. Ch. Masson, *Les Paraboles de Marc IV*, Neuchâtel-Paris, 1945, p. 29, n. 1. Les " Douze " est une expression chère à Marc, aussi est-il possible qu'il ait introduit dans le v. 10 les mots " avec les Douze ", en fonction de l'insertion du v. 11.

4. A la suite de ce qui vient d'être dit, on peut supposer trois étapes dans la préhistoire des matériaux qui constituent Mc 4, 1 s. : 1) La tradition d'abord a rassemblé avec les mots " et il dit " (v. 9. 26. 30) trois paraboles de Jésus (le Semeur, le Grain qui pousse tout seul et le Grain de sénevé). 2) Puis, comme le montre le changement de situation, on a introduit une question au v. 10 à laquelle répond l'explication de la parabole du Semeur (v. 10. 13-20). Le v. 33 appartient aussi à ce stade de la tradition, comme l'indique l'emploi sans complément de " la Parole " (cf. p. 114). 3) Avec les mots " et il leur dit ", Marc a intercalé les v. 11 s. à cause du mot *parabolè*, comme une seconde réponse à la question du v. 10. Il a en même temps ajouté les deux paraboles de la Lampe et de la Mesure. En outre, il a retravaillé le cadre du récit (on retrouve plusieurs mots qui sont caractéristiques de son style) et il a élargi au v. 10 les données sur les auditeurs, en

Nous pouvons d'autre part admettre avec certitude que Marc 4, 11-12 est un logion très archaïque : il est plus ancien que Marc et provient de la tradition palestinienne. Le parallélisme antithétique (v. 11), le démonstratif explétif *ékéinoïs*, " à ceux-là " (v. 11*b*) [5] et la périphrase utilisée à trois reprises pour indiquer l'action divine sont des traits typiquement palestiniens. Mais il nous faut surtout noter que la citation libre d'Is 6, 9 s. en Mc 4, 12 diffère notablement du texte hébreu et de celui de la Septante (LXX) *, et qu'en revanche elle s'accorde tout à fait avec le texte du Targum *.

1) Alors que dans l'hébreu et dans la Septante, Is 6, 9*b* est à la seconde personne, c'est-à-dire au discours direct, Mc 4, 12*a* et le Targum emploient la troisième personne (" afin que voyant ils ne voient pas... ") [6]; en outre, les participes *bléponté*s " voyant " et *akouontés* " entendant " n'ont de correspondants que dans le texte du Targum.

2) Encore plus frappant est l'accord, signalé par Manson, de Mc 4, 12*b* avec le texte du Targum (Is 6, 10), mais on peut élargir sa démonstration. Le texte de Marc (" et qu'il ne leur soit pardonné ") diffère totalement du texte hébreu comme de celui de la LXX (" et je les guérirai "), mais il s'accorde au contraire avec celui de la Peshitto (version syriaque de la Bible) et plus étroitement encore avec celui du Targum (" et

fonction du v. 11 qu'il introduisait. C'est à lui que l'on doit le v. 34, car l'expression " il ne parlait pas sans parabole " fait allusion au v. 11. Dans l'ensemble de l'Évangile de Marc, on peut reconnaître ces trois stades de la tradition — Jésus, l'Église primitive, Marc — mais nulle part, ce n'est aussi clair que dans le chapitre 4.

5. J. Jeremias, *Die Abendmahlsworte Jesu*, 3e éd., Göttingen, 1960, p. 176, n. 1-3.

6. T. W. Manson, *The Teaching of Jesus*, 2e éd., Cambridge, 1948, p. 77 (cité par la suite : Manson, *Teaching*).

qu'il ne leur soit pardonné "). Cet accord de Marc et du Targum s'étend jusqu'aux détails :

a) au lieu du verbe " guérir " en Is 6, 10 (dans l'hébreu, la LXX) Marc et le Targum ont " pardonner ";

b) à la place du singulier lo (Is 6, 10 dans l'hébreu) tous les deux ont le pluriel;

c) tous les deux évitent de prononcer le nom divin, en employant le passif.

Marc 4, 12 suit donc la paraphrase d'Is 6, 9 s. communément utilisée dans la Synagogue et qui nous est connue par la version Peshitto et le Targum écrit. Reconnaître cet accord " crée une forte présomption en faveur de l'authenticité " de notre logion [7] et présente une très grande importance pour l'exégèse de Mc 4, 11 s.

Nous avons au v. 11 une antithèse où sont opposés les disciples de Jésus (" à vous ") et " ceux du dehors ", " Et il leur dit : A vous, Dieu a donné [8] le mystère du Règne de Dieu. " Ce n'est rien d'autre qu'un cri de joie ! Dieu a comblé les disciples. " Ce secret du Règne de Dieu " qui constitue le don divin, ce n'est pas là une révélation d'ordre général sur le Règne qui vient, mais il faut y voir, comme le montre l'emploi du singulier, une révélation particulière : les disciples savent que le Règne a fait irruption dans le présent; et cette prise de conscience est pure grâce de Dieu. En un contraste très accusé, le v. 11*b* continue alors : ***ékéïnoïs dé toïs éxô én parabolaïs*** (*ta*) ***panta ginétaï***, litt. : " et à ceux du dehors, tout arrive en paraboles ". Du point de vue linguistique, deux choses sont ici à noter : 1) l'antithèse des deux propositions aux v. 11*a*

7. MANSON, *Teaching*, p. 77.
8. Le passif " il est donné " est une transcription du nom divin.

et 11*b* exige que " mystère " et " parabole " se correspondent, ce qui est impossible si l'on traduit *parabolè* par " parabole ", mais ce qui est rétabli si l'on donne à *parabolè* le sens qu'a souvent son équivalent hébreu *mashal* ou araméen *mathla*, c'est-à-dire " énigme ". Nous avons alors une antithèse parfaite : " à vous, le mystère est révélé, " ceux du dehors " sont mis en face d'énigmes [9]. "

3) L'emploi de *ginésthaï* avec le sens de " se produire " (le sujet étant une chose et le complément d'attribution une personne) ne correspond pas au grec idiomatique; c'est en fait un sémitisme qui traduit l'expression araméenne *h^{a}wa l^e*, " quelque chose arrive à quelqu'un, lui survient, lui échoit en partage ". Cette expression est suivie d'une *b^e* (rendu en grec par *én*, en : cf. par ex. Gn 15, 1, " et la parole de Iahwé survint à Abraham dans une vision "). Il faut donc ainsi traduire Mc 4, 11*b* : " Mais à ceux du dehors, tout arrive en propos énigmatiques " [10], c'est-à-dire : tout leur demeure énigmatique. La tournure impersonnelle indique qu'il s'agit de l'action de Dieu (cf. Mc 2, 27 : " le sabbat a été fait pour l'homme ". Jn 1, 17 : " la Loi fut donnée ".)

Pour comprendre la proposition suivante introduite par *ina* (Mc 4, 12), il est essentiel, en la lisant, de songer qu'elle est une citation libre d'Is 6, 9 s. à mettre entre guillemets. Le *ina* n'exprime donc pas une intention de Jésus, mais un dessein divin; c'est presque une abréviation de *ina plèrôthè* (" afin que s'accomplisse ") et on doit le traduire par " afin que " : Quand il s'agit de décision divine, dessein et accomplissement sont

9. A. Jülicher, *Die Gleichnisreden Jesu I*, 2e éd., Tübingen, 1899, p. 123 (cité par la suite : Jülicher I). — H. Hermaniuk, *La Parabole Évangélique*, Bruges-Paris-Louvain, 1947, p. 282.

10. Même idée chez Ch. Masson, *Les Paraboles de Marc IV*, p. 27 s.

choses identiques. Il faut donc traduire : « afin que, comme il est écrit, ils voient et cependant ne voient pas, entendent et cependant ne comprennent pas. » Il faut noter enfin, en ce qui concerne la proposition régie par *mèpoté* (12*c*), que cette conjonction est aussi ambiguë que le *dil^e^ma* araméen qui est sous-jacent. Les deux mots peuvent signifier « afin que ne... pas » ou « de peur que » [11], et *dil^e^ma* peut avoir en outre le sens de « à moins que ». Le *mèpoté* d'Is 6, 10 dans la LXX, qui traduit l'hébreu *pen*, a certainement le premier sens, mais le *dil^e^ma* du Targum d'Is 6, 10 est à entendre dans le troisième sens, comme le montre clairement l'exégèse rabbinique de ce passage [12]. Puisque, nous l'avons vu, les termes de la fin de Mc 4, 12 correspondent exactement à la paraphrase targoumique d'Is 6, 10*b*, on doit donc rendre le *mèpoté* de Mc 4, 12 par « à moins que ». Nous pouvons alors traduire Mc 4, 11 s. : « *A vous, Dieu a donné le mystère du Règne de Dieu ; mais pour ceux qui sont au-dehors, tout est énigmatique, afin que (comme il est écrit) ils voient et cependant ne voient pas, entendent et cependant ne comprennent pas, à moins qu'ils ne se convertissent et que Dieu ne leur pardonne !* »

Ainsi, — et c'est là le résultat de notre recherche — le logion ne concerne pas les paraboles de Jésus, mais sa prédication en général. Le Mystère du Royaume présent est révélé aux disciples, mais les paroles de Jésus restent obscures pour « ceux du dehors », parce qu'ils ne reconnaissent pas sa mission et ne se repentent

11. *Mèpoté* a très fréquemment l'une et l'autre signification dans la LXX.

12. H. L. Strack-P. Billerbeck, *Kommentar zum Neuen Testament aus Talmud und Midrasch*, 4 vol., München, 1922-1928 (par la suite, cité « Bill. ») donnent en I, p. 662, quatre exemples d'exégèse rabbinique d'Is 6, 10; toutes s'accordent pour comprendre Is 6, 10*b* non comme une menace d'endurcissement définitif mais comme une promesse du pardon divin.

pas. Ainsi s'accomplit pour eux le terrible oracle d'Is 6, 9 s. Il reste cependant un espoir : s'ils se repentent, Dieu leur pardonnera. Le dernier regard s'arrête sur la miséricorde de Dieu qui pardonne.

Étant donné l'opposition rigoureuse mise entre les disciples et les " gens du dehors ", ce logion dont on a noté plus haut l'ancienneté, ne peut guère être antérieur à la " confession de Pierre ", il doit dater de la période où Jésus restreignait à ses disciples son enseignement. Il montre le double destin de toute prédication de l'Évangile qui est à la fois offre de la grâce et inséparablement, prononciation du jugement, qui est salut et perdition, vie et mort. Mais Marc, entraîné par le " mot-crochet " * *parabolè* auquel il donnait à tort le sens de " parabole " a inséré notre logion dans son chapitre des paraboles.

Mais alors, si Mc 4, 11 s. ne concernait pas primitivement les paraboles, ce passage ne donne aucun critère pour l'interprétation de celles-ci, et n'autorise pas à y chercher par l'interprétation allégorique un sens secret, caché " pour ceux du dehors ". Au contraire ! Mc 4, 11 s. ne fait qu'affirmer que les paraboles, comme toutes les paroles de Jésus, n'annoncent pas des " mystères " particuliers, mais le seul " mystère du Règne de Dieu ", le mystère de son irruption dans le présent à travers les paroles et les œuvres de Jésus.

C'est le mérite de A. Jülicher, on le sait, d'avoir définitivement rompu avec l'exégèse allégorique. Il n'est rien de plus affligeant que de constater en lisant son *Histoire de l'interprétation des Paraboles de Jésus* [13] quelle distorsion et quels mésusages l'interprétation allégorique a fait subir, durant des siècles aux para-

13. Jülicher I, p. 203-322.

boles. Il faut connaître cette histoire, pour apprécier la libération que nous a apportée Jülicher, non seulement en prouvant de façon irréfutable par des centaines d'exemples, que l'allégorisation conduisait à l'erreur, mais aussi en soutenant comme un axiome indéniable que cette forme d'exposition est à l'origine étrangère aux paraboles de Jésus. Sa thèse — qu'il défendit avec âpreté — a sans doute un caractère trop exclusif. (L'Apocalyptique contemporaine de Jésus employait depuis Daniel l'allégorie pour présenter ses révélations sous une forme mystérieuse qu'il était politiquement difficile d'attaquer; dans une moindre mesure, la littérature rabbinique usait aussi de ce procédé.) Mais l'œuvre de Jülicher n'en reste pas moins fondamentale; quelques essais isolés de revenir à la méthode allégorique, dans de récentes études, ne peuvent que confirmer ce jugement.

Jülicher cependant n'a fait que la moitié du travail, personne ne l'a mieux montré que C. H. Dodd. En s'efforçant de débarrasser les paraboles des interprétations allégoriques, aussi fantastiques qu'arbitraires et qui portaient sur chaque détail, Jülicher se laissa entraîner à commettre une erreur néfaste. Contre de telles fantaisies arbitraires, la meilleure protection était, à son avis, de considérer les paraboles comme une tranche de vie réelle et de n'en tirer qu'une seule idée, et (c'est là que gît la faute) la plus générale possible. L'application la plus large est la bonne !... « Le but de l'histoire du Riche et du pauvre Lazare (Lc 16, 19-31) est d'apporter la joie à qui vit dans la souffrance, et la crainte à qui mène une vie de plaisir [14]. » « Même le plus riche des hommes est à chaque instant sous l'entière dépendance de la puissance et de la grâce

14. A. Jülicher, *Die Gleichnisreden Jesu, II*, Tübingen, 1899, p. 638 (dans la suite, cité : Jülicher II).

divines[15] ", telle est la leçon de la parabole du Riche insensé (Lc 12, 16 s.). " Mettre résolument à profit le présent, voilà la condition préalable d'un avenir heureux[16] ", enseigne la parabole de l'Intendant malhonnête (Lc 16, 1-8). Mt 24, 45-51 dans sa forme primitive, avait pour but de stimuler les disciples " à accomplir très fidèlement leur devoir envers Dieu[17] ". " Il n'y a de récompense qu'en fonction du travail fait ", telle est " l'idée fondamentale " de la parabole des Talents (Mt 25, 14 s.)[18]. Selon Jülicher, les paraboles, on le voit, prêchent la venue d'une humanité réellement religieuse; mais de leur contenu eschatologique, il ne reste rien. Insensiblement on fait de Jésus un " apôtre du progrès " (II, p. 483), un maître de sagesse qui, en se servant d'histoires et de métaphores faciles à retenir, inculque à ses auditeurs des maximes morales et une théologie simplifiée. Mais rien ne ressemble moins à Jésus ! Jülicher s'est arrêté à mi-chemin. Il a débarrassé les paraboles de l'épaisse couche de poussière dont les avait recouvertes l'interprétation allégorique, mais cette tâche préliminaire achevée, il n'est pas allé plus loin. Le travail essentiel restait encore à faire : essayer de retrouver le sens originel des paraboles. Comment peut-on y arriver ?

Le travail de Jülicher était si écrasant que de longtemps, on ne vit paraître aucune étude importante sur les paraboles. Finalement, la méthode dite " d'histoire des formes " (*Formgeschichte* *) essaya de progresser dans ce domaine, en classant les paraboles par catégorie. On distingua entre métaphore, comparaison, parabole, similitude, allégorie, exemples, etc..., en pure perte en

15. Jülicher, II p. 616.
16. *Ibid.*, p. 511.
17. *Ibid.*, p. 161.
18. *Ibid.*, p. 495.

définitive, car le *mashal* hébreu ou le *mathla* araméen embrasse toutes ces catégories et beaucoup d'autres encore sans les distinguer. Ce terme *mashal/mathla* peut désigner, dans le langage commun du judaïsme post-biblique, des images de toute sorte (et l'on n'en peut pas donner une liste complète) : parabole, comparaison, allégorie, fable, proverbe, révélation apocalyptique, énigme, pseudonyme, symbole, fiction, exemple-type, motif, argument, apologie, objection, jeu de mots. Parallèlement dans le N. T., *parabolè* n'a pas uniquement le sens de " parabole " mais aussi de " comparaison " (Lc 5, 36; Mc 3, 23), de " symbole " (He 9, 9; 11, 19; cf. Mc 13, 28); en Lc 4, 23, on pourrait le rendre par " proverbe " ou " lieu commun ", en Mc 6, 39 par " proverbe ", en Mc 7, 17 par " énigme " et en Lc 14, 7, simplement par " règle ". De même, *paroïmia* oscille entre le sens de " parabole " (Jn 10, 6), de " proverbe " (2 P 2, 22), de " paroles obscures " (Jn 16, 25. 29). (Qu'il soit bien entendu que c'est dans ce sens très large du *mashal/mathla* sémitique, que nous employons dans cette étude le mot " parabole ".) Ainsi, vouloir faire entrer de force les paraboles dans les catégories de la rhétorique grecque revient à leur imposer une loi étrangère : aucun progrès n'est à chercher dans cette ligne. Quant aux observations d'une importance fondamentale que nous devons à la *Formgeschichte*, elles n'ont pas encore eu d'effets féconds dans l'étude des paraboles [19].

C'est A. T. Cadoux [20] qui, le premier, je crois, mit en lumière un point de vue extrêmement important et ouvrit ainsi de nouvelles perspectives : il faut, disait-il, replacer les paraboles dans la situation historique

19. Sur l'analyse des paraboles selon la *Formgeschichte* cf. infra p. 37 s. et surtout p. 128 s.
20. *The parables of Jesus. Their Art and Use*, New York, 1931.

de la vie de Jésus ! Malheureusement, la manière dont Cadoux essaya d'exploiter cette intuition judicieuse était contestable, aussi la valeur de son travail se limite-t-elle à de pénétrantes observations de détail. B. T. D. Smith [21] suivit cette voie de façon plus prudente et réussit pour de nombreux passages à mettre en lumière l'arrière-fond des paraboles; aussi est-il d'autant plus regrettable qu'il se soit presque entièrement limité à étudier les matériaux dont sont faites les images et qu'il ait ainsi négligé leur interprétation théologique.

En revanche, le livre de C. H. Dodd [22] devait faire la percée définitive dans la direction indiquée par Cadoux. Avec ce livre extraordinairement important on essayait réellement, et pour la première fois avec succès, de replacer les paraboles dans la situation historique vécue par Jésus : ainsi s'ouvrait une ère nouvelle pour l'interprétation des paraboles. Dodd, cependant se limitait aux " paraboles du Royaume ", et le caractère trop exclusif de sa conception du " Royaume de Dieu " (Dodd met entièrement l'accent sur le fait que dès maintenant avec la venue et l'activité de Jésus, le Royaume a définitivement fait irruption) aboutissait à une contraction de l'eschatologie qui n'est pas sans influencer son interprétation au reste magistrale.

Ce dont il s'agit dans ce livre-ci, c'est de reconnaître une chose en somme très simple, mais qui a une très grande portée : les paraboles de Jésus ne sont pas des œuvres d'art littéraires (du moins, telle n'est pas d'abord leur intention première), elles n'ont pas pour but de proposer des principes d'ordre général (" On

21. *The Parables of the Synoptic Gospels*, Cambridge, 1937 (cité par la suite B. T. D. Smith).

22. *The Parables of the Kingdom*, Londres, 1935, éd. revue 1936 (on en a utilisé la 4e réimpression, 1938).

n'eût pas crucifié quelqu'un qui racontait des histoires agréables pour enseigner une morale de prudence[23] ! "), mais chacune fut prononcée à un moment donné de la vie de Jésus, dans des circonstances qui ne se sont produites qu'une fois et qui furent souvent imprévues. De plus, nous le verrons, les paraboles correspondent à une situation de conflit : elles justifient, défendent, attaquent, provoquent; elles sont — non pas exclusivement, mais en grande partie du moins — des armes de combat. Chacune d'elles exige une réponse sur-le-champ.

On voit ainsi quelle est notre tâche. Jésus a parlé à des hommes de chair et de sang et il s'est adapté à la situation de l'heure. Chacune de ses paraboles a été prononcée en un moment précis de sa vie. Il faut essayer de le retrouver[24] ! Que voulait dire Jésus à tel ou tel moment précis ? Quel effet visaient à produire ses paroles sur ses auditeurs ? Voilà les questions qu'il faut se poser pour retrouver, dans la mesure du possible, la signification originelle des paraboles de Jésus et entendre la voix même du Maître (son " *ipsissima vox* ").

23. C. W. F. Smith, *The Jesus of the Parables*, Philadelphie, 1948, p. 17.

24. Imaginons que nous n'ayons des sermons d'un prédicateur célèbre, qu'une collection d'histoires qui lui servaient à illustrer sa prédication. Cette collection n'aurait pour nous toute sa valeur que si nous savions en chaque cas, quelles idées voulait expliquer le prédicateur à l'aide de ces exemples. Les paraboles rassemblées par Matthieu au chapitre 13 nous offrent un cas semblable : nous ne comprendrons réellement chacune que si nous pouvons nous représenter la situation dans laquelle Jésus les a prononcées.

Deuxième partie
De l'Église primitive à Jésus

Les paraboles de Jésus, dans la forme où elles nous sont parvenues, se situent dans le temps d'une double manière [1].

1) A l'origine, comme toutes les paroles de Jésus, elles ont correspondu chaque fois à une situation bien précise dans le cours de son activité. Plusieurs d'entre elles d'ailleurs sont racontées de façon si vivante et paraissent si proches de la vie qu'il est naturel de penser qu'elles se rattachent à des incidents concrets [2].

2) Mais, par la suite, avant d'être rédigées, elles ont « vécu » dans l'Église primitive qui, dans son activité missionnaire, ses assemblées et ses instructions catéchétiques, prêchait et enseignait les paroles de Jésus. Ces paroles, l'Église les rassembla selon leur sujet, leur donna un cadre, en modifia parfois la forme — ici les amplifiant, là les allégorisant — et cela en fonction de sa propre situation entre la Croix et la Parousie *.

Il est donc important dans notre étude de garder présente à l'esprit la différence qui existe entre la situation de Jésus et celle de l'Église primitive. En beaucoup de cas, il faudra abstraire paroles et paraboles de leur situation dans la vie et la réflexion de l'Église; et il faudra tenter de retrouver leur situation

1. Dodd, p. 111.

2. Par exemple, les paraboles de l'Intendant malhonnête (Lc 16, 1 s. cf. p. 240); de l'Ivraie (Mt 13, 24 s. cf. p. 301); du Cambrioleur (Mt 24, 43 s. cf. p. 78 s.) et peut-être aussi celles du Riche insensé (Lc 12, 16 s.) et du bon Samaritain (Lc 10, 30 s.), cf. M. Meinertz, *Die Gleichnisse Jesu*, 4e éd., Münster, 1948, p. 64.

historique primitive [3], si l'on veut redonner aux paroles de Jésus leur résonance originelle et restituer de façon vivante et dans sa force première l'atmosphère de cette heure unique. Dès que l'on essaie de retrouver dans quelle situation historique sont nées les paraboles, on découvre certaines lois bien précises qui ont amené leur transformation.

Dans notre tentative, l'Évangile de Thomas (en abrégé : ÉvTh) nous est d'un grand secours [4]. Car il nous rapporte, d'après une tradition indépendante, onze des paraboles que nous donnent les Synoptiques [5], c'est-à-dire :

Logion 9 le Semeur (cf. le texte p. 44)
— 20 le Grain de sénevé (cf. le texte p. 208)
— 21*b* et 103 le Cambrioleur (cf. le texte p. 124 et 135)
— 57 l'Ivraie (cf. le texte p. 302)
— 63 le Riche insensé (cf. le texte p. 229)
— 64 le grand Festin (cf. le texte p. 180)
— 65 les mauvais Vignerons (cf. texte p. 105)
— 76 la Perle (cf. le texte p. 269)
— 96 le Levain (cf. le texte p. 208)
— 107 la Brebis perdue (cf. le texte p. 191)
— 109 le Trésor dans le champ (cf. le texte p. 49).

3. DODD, p. 111.

4. La numérotation des logia est celle que fournit *L'Évangile selon Thomas*, texte copte établi et traduit par A. GUILLAUMONT, H. Ch. PUECH, G. QUISPEL, W. TILL, et † YASSAH 'ABD AL MASIH, Presses Universitaires de France, Paris, 1959. On trouvera quelques indications bibliographiques sur l'Évangile de Thomas, à la fin de l'Introduction, p. 12.

5. L'ÉvTh contient en outre quatre autres paraboles qui ne se trouvent pas dans le N. T. : Logion 8 : le gros Poisson (texte p. 271); 9 : les petits Enfants dans le champ; 21*a* : la Femme inattentive; 98 : le Meurtrier (texte p. 266).

1. *La traduction des paraboles en grec*

Jésus a parlé l'araméen de Galilée. Très tôt, on a traduit ses paraboles en grec, mais cette traduction amena, en d'innombrables cas un glissement du sens — parfois important, la langue maternelle de Jésus est donc un moyen d'une importance fondamentale — et peut-être le plus important — pour retrouver leur sens originel. Les nombreux exemples qui seront donnés dans ce livre le montreront mieux, je l'espère, que toute autre considération théorique.

Tout le monde comprend que ces " rétroversions " en araméen ne sont que des essais. On doit cependant reconnaître que ces tentatives reposent sur des bases solides. Il est certain notamment que les nombreuses variantes de traduction que nous offrent pour un même passage nos évangiles actuels, renvoient chaque fois au terme araméen sous-jacent. Malheureusement, on n'a pas encore reconnu toute l'importance de ce moyen et, à plus forte raison, on ne l'a pas systématiquement utilisé.

La *parabolè* des Places à table nous servira d'exemple pour montrer deux versions, très divergentes en grec, qui remontent à la même tradition araméenne. (Les variantes de traduction sont imprimées en italique [1].)

Lc, 14, 8-10	Mt 20, 28
	(dans le « Codex Bezae », la vieille latine et la vieille syriaque dans la version dite « curtonienne »)
Lorsque tu *es invité* (*klèthès*) (c)	Lorsque vous venez, *ayant été invités* (*paraklèthéntés*) (c)
par quelqu'un à un *repas de noces* (a)	à *dîner* (a)
ne va pas *t'étendre* (*kataklithès*) (c)	n'allez pas vous *étendre* (*anaklinésthé*) (c)
sur *le premier divan* de peur que ne soit aussi invité par lui	*aux places d'honneur* de peur que ne survienne
un homme *plus honoré que toi*	un homme *plus illustre que toi*
et que, *venant* (*élthôn*) (c)	et que, *s'approchant* (*prosélthôn*) (c)
celui qui vous a invités, toi et lui, ne te dise :	*le maître du repas ne te dise* :
« *donne-lui la place* ».	« *recule vers le bas* »
et *tu devrais alors, plein de confusion*	et que tu *sois couvert de confusion*.
aller occuper la dernière place	

1. M. J. Jeremias donne ce texte en grec; pour ne pas alourdir cet ouvrage, nous en proposons une traduction française qui, dans sa littéralité, essaie de suivre l'original le plus près possible. Sur cette *parabole*, cf. p. 150 et 259. (Note du traducteur.)

Mais lorsque tu es invité, va et *recule* à la *dernière* place	*Mais* *si tu recules* à la place *inférieure* et que survienne un moins digne que toi
de façon qu'à son arrivée, *celui qui t'a invité* te dise :	*le Maître du repas* te dira :
« ami *remonte plus haut* »; alors il y aura pour toi de	« *avance vers le haut* » et cela te sera *avantageux* (b).
l'*honneur* (b) à la face de tous les convives.	

Sur ce texte, on peut faire plusieurs remarques :

a) Le mot araméen *mishtuta* a un double sens : 1) festin; 2) noces; la variante de la l. 3 s. (repas de noces / dîner) remonte donc à ce terme, qui a ici le sens de « festin ».

b) La variante curieuse de la l. 29 (honneur / avantageux) s'explique par le double sens du mot araméen *schibha* qui signifie : 1) louange, honneur, gloire; 2) avantage. Ici le sens est « honorable »...

c) On est surpris par l'emploi de verbes identiques, dont les préfixes sont divergents (l. 1 *kaléin* / *p a r a-kaléin* ; l. 5 *k a t a klinésthaï* / *a n a klinésthaï*, etc.). Cela s'explique, car il n'y a pas de verbes à préfixe en araméen; dans tous ces cas, c'est donc un verbe araméen simple qui est sous-jacent.

d) Les observations de M. Black (*An Aramaic Approach to the Gospels and Acts*, 2e éd., Oxford, 1954 p. 129-133) ont montré plusieurs allitérations et jeux de mot (voulus) dans la « rétroversion » araméenne de ce passage.

e) Il faut songer que, pour contrôler ces « rétroversions », nous avons à notre disposition les versions syriaques et syropalestiniennes des Évangiles (en tenant compte, bien entendu, des différences qui existent entre ces deux dialectes araméens et l'araméen parlé en Palestine au temps de Jésus).

On retire ainsi de ces remarques l'impression qu'il y a une très grande vraisemblance à ce que les variantes de traduction (dans nos évangiles grecs) nous ramènent au texte primitif.

2. *Les adaptations au milieu hellénistique*

Il était inévitable que, dans la traduction en grec, non seulement les mots, mais aussi quelques détails de la vie palestinienne soient " traduits " en fonction du milieu de vie héllénistique. Nous trouvons ainsi dans les paraboles de Luc des expressions qui supposent une architecture hellénistique [1], la procédure judiciaire romaine [2], des cultures potagères [3], et des paysages [4] non palestiniens; Luc en 7, 32 (*éklausaté*, " vous avez pleuré ") pourrait avoir intentionnellement évité de mentionner un rite très caractéristique des plaintes funèbres en Palestine, qui consiste à se frapper la poitrine (cf. par Mt 11, 7 *ékopsaté*, " vous vous êtes frappé la poitrine "). On trouve en Mc 13, 35 (cf. 6, 48) la nuit divisée en quatre veilles, ce qui est un usage romain réglé sur l'horaire militaire (Ac 12, 4), alors

1. Lc 6, 47 s.; 11, 33 : les maisons avec un sous-sol (ce qui n'était pas d'usage en Palestine); 8, 16; 11, 33 : maison avec vestibule, d'où la lumière montrait la voie à ceux qui pénétraient.

2. Lc 12, 58 *praktôr*, " l'exécuteur " (en Mt 5, 25 *upèrétès* est le " garde de la synagogue ").

3. Lc 13, 19 : Luc fait planter le grain de sénevé dans un " jardin ". Cela correspond à l'*Historia Plantarum*, VII, 1, 1 s. où Théophraste compte le moutardier parmi les plantes potagères. En Palestine, par contre, la culture du moutardier en potager était interdite (cf. BILL. I, p. 669).

4. Lc 6, 48 : le fleuve qui déborde (Mt 7, 25 parle, lui, de " pluies torrentielles ").

qu'en Palestine la nuit était divisée en trois parties (Lc 12, 38) [5]. (C'est un des nombreux indices de la composition à Rome du second évangile.) En de tels cas, nous aurons à donner la préférence à la version qui nous offre des images empruntées à la vie palestinienne.

On doit cependant procéder ici avec précaution. Nous verrons par exemple que, plusieurs fois, pour illustrer ses paroles, Jésus a évoqué des méthodes de coercition utilisées dans le Proche-Orient et considérées par les Juifs comme particulièrement inhumaines [6]. Ainsi des images non palestiniennes ne sont-elles pas toujours signes de retouche ou de contrefaçon. Ce n'est que là où la tradition est divisée, qu'il nous est possible de trancher avec quelque certitude.

5. *Juges* 7, 19; *Livre des Jubilés* 49, 10, 12.
6. Cf. p. 285, 239.

3. *Les embellissements*

Matthieu, dans la parabole des Talents, parle de trois serviteurs dont le premier a reçu 5 talents, le second 2 et le troisième 1, soit respectivement 50 000, 20 000 et 10 000 deniers (Mt 25, 15); dans la version de Luc, il y a dix serviteurs qui reçoivent 100 deniers chacun (Lc 19, 13). La suite du récit de Luc (Lc 19, 16-21 et en particulier l'article mis devant *étéros*, " l'autre " 19, 20) montre que c'est le nombre des serviteurs — trois — donné par Matthieu qui est primitif. De même, pour l'argent confié, ce sont les sommes les plus basses qui sont certainement originelles, car les évangélistes nous parlent expressément de " toutes petites sommes " (Mt 25, 21. 23 : " en peu de choses " et parallèlement Lc 19, 17 : " en très peu de choses ") ce qui correspond mal à des sommes de 10 000 à 50 000 deniers. Le nombre des serviteurs est donc augmenté chez Luc et les sommes sont énormément amplifiées chez Matthieu. Le goût des conteurs orientaux pour les grands chiffres a ainsi conduit dans les deux versions de l'histoire à embellir les données [1]. C'est aussi le plaisir d'enjoliver qui est en jeu dans

1. Il y a aussi des nombres sans signification qui augmentent : quatre invités qui s'abstiennent dans la parabole du grand Festin, selon l'Évangile de Thomas (64); la bonne terre de la parabole du Semeur a un rendement de 60 et 120 (Évangile de Thomas 9).

les amplifications secondaires qu'a subies chez Matthieu la parabole du grand Festin. Alors que chez Luc et dans l'Évangile de Thomas (64) l'hôte est un particulier (Lc 14, 16), Matthieu en fait un roi (Mt 22, 2), ce qui cadre mal avec le déroulement de l'histoire. Nous pouvons ici faire d'autant plus entrer en ligne de compte, l'influence de la tradition, que l'on retrouve le même procédé dans la littérature rabbinique, où l'on a transformé des paraboles prises de la vie quotidienne en paraboles " royales " (cf. p. 197), c'est là un trait typiquement oriental [2] ! Les sévices et la mort que subissent les messagers (Mt 22, 6), l'expédition du roi, et l'incendie de la ville des meurtriers (22, 7) sont, nous le verrons plus loin (p. 74 s.), des développements allégorisants qui trahissent en même temps le goût des descriptions vivantes.

Le texte de la parabole du Semeur dans l'Évangile de Thomas (9) nous offre aussi un exemple d'embellissement : " Jésus a dit : Voici que le semeur sortit. Il emplit sa main, jeta (les semences). Quelques (grains) tombèrent sur le chemin; les oiseaux vinrent, les cueillirent. D'autres tombèrent sur les rochers, et ils ne prirent pas racine dans la terre ni ne firent sortir d'épis vers le ciel. Et d'autres tombèrent sur les épines; elles étouffèrent la semence et le ver les mangea. Et d'autres tombèrent sur la bonne terre et elle produisit du bon fruit, en haut : elle donna soixante par mesure et cent vingt par mesure. " Voici les traits qui dépassent ceux de la version des Synoptiques : l'anti-

2. Dans la parabole du Débiteur impitoyable (Mt 18, 23-35) on ne rencontre le titre de roi que dans l'introduction (v. 23) et dans la suite il n'est question que d'un " maître " et de ses serviteurs. On en pourrait conclure que le titre royal est une adjonction secondaire amenée par le v. 35 où l'on applique au Père céleste ce qui est dit du Maître. Cette conclusion n'est cependant pas totalement sûre, car le contenu de l'histoire ne convient qu'à un roi (cf. p. 284).

thèse (“ elles ne prirent pas racine dans la terre, ni ne firent sortir d’épis vers le ciel ”), la mention du ver et le chiffre accru de “ cent vingt ”.

Il nous faut aussi tenir compte des procédés stylistiques qui accentuent l’animation du récit : ce sont aussi des cas d’embellissement. Prenons pour exemple l’insertion des deux mots *légousin autô*, “ ils lui disent ” en Mt 21, 41, mots qui manquent chez Marc (12, 9) et chez Luc (20, 16). Par cette addition, on nous montre les auditeurs de Jésus prononçant, sans s’en rendre compte, leur propre sentence. C’est un trait que l’on retrouve dans l’A. T. (la parabole du Prophète Nathan 2 S 12, 5 s.; la parabole de la femme de Téqoa 2 S 14, 8 s.; parabole du frère-prophète I R 20, 40) et que l’on retrouve dans deux autres paraboles de Jésus [3] (Mt 21, 31; Lc 7, 43).

Même de très légers embellissements peuvent amener un déplacement de l’accent. On dit dans l’introduction de la parabole du Figuier, en Lc 21, 29, qu’il faut observer le figuier “ et les autres arbres ”. Cette addition, qui manque en Mc 13, 28 et en Mt 24, 32, détourne l’attention de l’aspect particulièrement dénudé du figuier en hiver, qui en fait un symbole très parlant (cf. p. 169) du mystère de la mort et de la vie. L’enjolivement a de même produit un déplacement de l’accent en Lc 5, 36, comme le montre la comparaison avec Mc 2, 21 : dans les deux passages, il est question de réparer un vieux vêtement, mais l’image s’y développe de façon différente. Marc dit : “ Personne ne met une pièce d’étoffe neuve sur un vieux vêtement, autrement le morceau rapporté tire sur lui, le neuf sur le vieux, et la déchirure s’aggrave. ” L’accent porte

3. M. Meinertz (cf. supra p. 35, n. 2), p. 38.

ici sur l'aggravation de la déchirure que cause la réparation. Luc dit : " Personne ne déchire une pièce dans un vêtement neuf pour la rajouter à un vieux vêtement, autrement on aura déchiré le neuf et la pièce prise au neuf jurera avec le vieux. " Certes ici le découpage du vêtement neuf accentue le pittoresque du récit, mais on manque ainsi la pointe * de l'image (la déchirure est encore plus grande après la réparation).

Notre enquête requiert cependant une grande prudence. C'est en effet une des caractéristiques des paraboles de Jésus que d'être empruntées à la vie ordinaire, mais, dans nombre de cas, elles présentent des détails inhabituels propres à frapper l'attention des auditeurs et sur lesquels, chaque fois, il est particulièrement insisté.

Que tous les invités refusent brusquement [4] une invitation et que le maître de maison (ou le roi) soit obligé d'appeler à sa table les premiers venus ramassés dans la rue (Mt 22, 9; Lc 14, 21-23); que l'époux refuse l'entrée des noces à ceux qui arrivent en retard (Mt 25, 12; cf. Lc 13, 25); qu'un invité se présente en habits sales aux noces du fils du roi (Mt 22, 11 s.); qu'un grain de blé puisse avoir un rendement de cent pour un (Mc 4, 8; cf. Gn 26, 12) [5] : d'aussi fortes exagérations font partie, aujourd'hui encore, du style même des contes orientaux. Et leur accumulation dans les paraboles nous montre que Jésus a repris très consciemment ce procédé. Le moment de surprise que provoquent les exagérations sert en effet à montrer dans quel sens il faut interpréter la parabole. C'est ce qui est particulièrement net dans la parabole du

4. Cf. p. 180 s.
5. P. 213, n. 5.

Débiteur impitoyable. On nous dit que le " serviteur " [6] a une dette de 10 000 talents (100 millions de deniers) (Mt 18, 23 s.), et l'on se rend compte de l'énormité de la somme lorsqu'on sait que le tribut annuel de la Galilée et de la Pérée, en l'an 4 avant J.-C. se montait à 200 talents (Josèphe, *Ant.* 17, 318), soit le cinquantième de cette somme ! Mais justement l'importance de celle-ci est intentionnelle : elle doit rappeler qu'il n'est point d'homme qui puisse régler sa dette envers Dieu et doit faire ressortir en un contraste frappant la somme dérisoire de 100 deniers que lui doit son compagnon.

Ainsi n'est-il pas absolument possible de rejeter en bloc tous les traits inhabituels que nous trouvons dans les paraboles; au contraire on peut considérer sans crainte comme originaux certains éléments paradoxaux qu'on y trouve. Mais cependant, comme le montre une comparaison des traditions parallèles, il est exact qu'en beaucoup de cas, les paraboles ont été "embellies " et que la version la plus simple représente la version primitive.

6. P. 284 s.

4. *L'influence de l'Ancien Testament et des thèmes de récits populaires*

En quelques passages, les paraboles se réfèrent à des paroles de l'Écriture (Mc 4, 29. 32; 12, 1. 9*a*. 10 s. et par.; Mt 25, 31. 46, cf. 13, 27; 13, 29). Le nombre étonnamment faible d'exemples que l'on peut apporter, perd encore de sa consistance si l'on considère que des quatre références citées, tirées de Matthieu et de Luc, trois au moins, sinon toutes, sont secondaires [1]. Quant aux autres exemples, il convient aussi de les examiner, compte tenu des différences que nous offre la version des mauvais Vignerons dans l'Évangile de Thomas (65). La description détaillée de la plantation de la vigne (Mc 12, 1; par. Mt 21, 33), qui est tirée d'Is 5, 1 s. manque tout autant dans l'Évangile de Thomas qu'en Lc 20, 9; de même, la citation finale empruntée au Ps 118, 22 s. (Mc 12, 9 par.) apparaît comme un logion indépendant dans l'Évangile de Thomas (66). Ainsi que le montre ce dernier logion, l'Évangile de Thomas n'a aucune réticence à citer l'Écriture; aussi ces références scripturaires ne doivent-elles pas appartenir à la tradition primitive de la parabole, surtout si l'on considère qu'Is 5, 1 s. et le Ps 118, 22 sont cités non sur l'hébreu mais d'après la Septante.

1. Lc 13, 27. 29 représentaient à l'origine des logia indépendants et non pas des éléments d'une parabole. La preuve scripturaire en Mt 25, 31 est rédactionnelle : ce pourrait être aussi le cas de 25, 46.

La parabole du Grain de sénevé se termine ainsi dans l'Évangile de Thomas (20) : " ... Il produit une grande branche et il devient un abri pour les oiseaux du ciel. " C'est là sans doute, une vague allusion à Dn 4, 9. 18; Ez 17, 23; 31, 6. Mc 4, 32 se réfère plus clairement à Ez 17, 23 et à Dn 4, 9. 18; et en 4, 18 (selon la version de Théodotion). C'est aussi de Dn 4, 17 que vient la désignation, contraire à la réalité, du plant de sénevé comme d'un arbre; on ne la trouve que chez Matthieu et Luc, mais non chez Marc ou dans l'Évangile de Thomas (96). Enfin dans la parabole du Levain, l'énorme quantité de trois *se'a* (39, quatre litres) de farine (Mt 13, 33; Lc 13, 21) n'est pas mentionnée dans l'Évangile de Thomas (96). Cette indication pourrait se référer à Gn 18, 6 (" Prends vite trois boisseaux de farine ").

Il règne ainsi, nous le voyons, une forte tendance à expliciter les références de l'Écriture, voire à en ajouter. Cela n'exclut pas que Jésus se soit lui-même référé à l'Écriture dans des paraboles. Dans deux cas au moins, c'est fort vraisemblable : en conclusion de la parabole du Grain de sénevé (cf. plus haut) et de celle du Grain qui pousse tout seul (Mc 4, 29, citation de Joël 4, 13 d'après le texte hébreu).

Outre de telles références à l'Écriture, des thèmes de récits populaires se sont parfois introduits dans les paraboles. Jésus en a repris lui-même plusieurs fois, comme nous le verrons, mais dans deux cas au moins, ils apparaissent comme secondaires.

La parabole du Trésor dans le champ est tout à fait différente dans l'Évangile de Thomas (109) de celle que nous rapporte Matthieu. Elle nous parle d'un homme qui acheta un champ; par hasard, il trouva après coup dans sa propriété un trésor qui fit de lui un homme riche. Le déroulement de l'histoire n'a plus rien de commun avec la version de Matthieu qui est sûrement primitive. En revanche, la nouvelle version correspond exactement à un récit rabbinique [2].

Évangile de Thomas 109	*Midrash du Cantique des Cantiques 4, 12*
Le Royaume est semblable à un homme qui a dans son champ un trésor caché qu'il ne connaissait pas. Et (après qu') il fut mort, il le laissa à son (fils).	Il en va (c'est-à-dire de la parole de l'Écriture) comme d'un homme qui hérita d'un terrain plein d'ordures.
(Le) fils n'(en) savait rien. Il prit ce champ et le vendit.	L'héritier était paresseux et il le vendit pour une somme dérisoire.
Et l'acheteur vint labourer et il trouva le trésor.	L'acheteur retourna le sol avec beaucoup de zèle et y trouva un trésor.
Il commença à prêter de l'argent à usure à qui il voulut.	Il construisit un grand palais et parcourut le bazar avec une suite d'esclaves qu'il avait achetés. Lorsque le vendeur vit cela, il se serait étouffé (de colère).

Tandis qu'en Matthieu la parabole du Trésor décrit la joie immense qui s'empare de l'inventeur (cf. p. 271), l'accent s'est complètement déplacé dans l'Évangile de Thomas sous l'influence de l'histoire rabbinique : la parabole dépeint maintenant le dépit que cause à l'héritier, la perte irrémédiable d'une occasion unique.

Le second cas, où l'on voit aussi l'influence secondaire d'un thème de récit populaire, se trouve chez Matthieu. Dans la parabole du grand Festin, il a intro-

2. Ce rapprochement a été fait d'abord par L. Cerfaux, *Les paraboles du Royaume dans l'Évangile de Thomas*, in : *Le Muséon 70* (1957), p. 314.

duit la mention d'une expédition punitive : le roi, irrité des sévices infligés à ses serviteurs et du meurtre de quelques-uns envoie sa garde du corps avec mission de faire périr les meurtriers et d'incendier leur ville (Mt 22, 7). Cet épisode qui rompt l'unité du contexte manque totalement chez Luc et dans l'Évangile de Thomas; il reprend un schème issu de l'Ancien Orient et fréquent dans le judaïsme tardif et en Mt 22, 7, il fait allusion à la ruine de Jérusalem.

5. *Le changement d'auditoire*

La parabole des Ouvriers envoyés à la vigne (Mt 20, 1-16) nous offre un bon exemple du processus qu'entraîne inévitablement le changement d'auditoire. Nous allons rappeler les interprétations les plus importantes qu'a reçues la parabole et pour ce faire nous remonterons le temps.

a) L'Église romaine (et à sa suite l'Église luthérienne) lit cet Évangile, le dimanche de la Septuagésime, lorsque commence le jeûne des clercs [1], c'est-à-dire au début de ce temps de pénitence qui précède la Passion. L'Épître correspondante (I Co 9, 24-27) est un appel à courir sur le stade. Que va donc prêcher l'Église au début de ce temps de pénitence ? Elle appellera les hommes à venir dans la vigne du Seigneur. Au surplus, on y a vu depuis longtemps une allégorie : au temps d'Irénée déjà [2] on voyait dans les heures des cinq appels, les étapes de l'histoire du salut depuis Adam, et pour Origène [3], elles symbolisaient les différents âges de la vie, auxquels les hommes deviennent chrétiens. Ces deux interprétations — des étapes de l'histoire et des âges de la vie — sont souvent liées

1. Le jeûne des fidèles commence au mercredi des Cendres.
2. *Adv. Haer.* IV, 36, 7; Origène, *Commentaire de Mat.*, T. XV, 32, éd. Klostermann, p. 446 s.
3. Origène, *ib.* XV, 36 (Klostermann, p. 456 s.).

ensemble. Mais abstraction faite de ces interprétations allégoriques, ce n'est pas du tout le sens de la parabole, que d'être un appel à venir à la vigne de Dieu. Une telle interprétation en effet, manque la visée de la conclusion (v. 8 s.) : l'accent ne porte pas sur un appel à la vigne, mais sur la distribution des salaires à la fin de la journée.

b) Continuons notre remontée dans le temps. Nous rencontrons en conclusion de la parabole (v. 16*b*) dans tous les manuscrits, sauf dans le Sinaïticus, le Vaticanus, les manuscrits L. Z. 085 et les versions coptes — sahidique et bohaïrique —, la phrase suivante : " car beaucoup [4] sont appelés et peu sont élus. " Comment la parabole justifie-t-elle cette vérité que le nombre est petit de ceux qui sont sauvés ? C'est qu'on prend pour exemple les premiers ouvriers — ceux qui furent embauchés de bon matin —, afin d'avertir les auditeurs de ne point les imiter : ils étaient appelés, mais puisqu'ils murmurent, se targuent de leurs mérites, se rebellent contre la décision divine, en bref, (ainsi continue-t-on d'interpréter) [5] parce qu'ils rejettent le don de Dieu, ils se retranchent eux-mêmes du salut. C'est à eux que s'adresse le " va-t-en " du v. 14. On a donc compris cette parabole, comme une parabole de jugement : ne compromets pas délibérément ton salut en murmurant, en te parant de ta " justice ", en te révoltant ! Mais cette interprétation manque également la visée de la parabole, puisque les premiers ne sont pas condamnés, mais reçoivent le salaire convenu !... Ce n'est pas un hasard si le v. 16*b* manque

4. *Polloï* a ici le sens inclusif de " tous ", cf. 4 Esd 8, 3 : *multi quidem crati sunt, pauci autem salvabuntur*. (J. Jeremias, l'article *polloï*, in : *Theologisches Wörterbuch zum Neuen Testament*, t. VI, p. 539-542) (en abrégé : *ThWNT*).

5. G. de Raucourt, *Les Ouvriers de la onzième heure*, *Rech. Sc. Rel.* 15 (1925), p. 492 s.

dans les vieux manuscrits et versions égyptiens. Nous avons là, en effet, une de ces conclusions généralisantes que l'on trouve souvent; elle est empruntée ici à Mt 22, 14 et a dû probablement être insérée avant la fin du premier siècle.

c) Si nous remontons encore plus haut, nous arrivons à l'évangéliste Matthieu lui-même. Cette parabole qui, à son avis traite des " premiers " (Mt 20, 8. 10) et des " derniers " (Mt 20, 8. 12. 14), il l'insère dans un contexte marcien, pour illustrer le logion de Mc 10, 31 (par. Mt 19, 30) : " Beaucoup de premiers seront derniers et de derniers premiers ", avec lequel Marc conclut la réponse faite à Pierre. En renversant le logion (le deuxième membre avant le premier), Matthieu en fait la conclusion de la parabole (Mt 20, 16) et ajoutant le mot *outôs*, " voilà " [6], il met expressément celle-ci en rapport avec 19, 30. Dans le contexte de Marc, ce logion veut signifier que dans le temps à venir toutes les hiérarchies terrestres seront renversées; la seule question est de savoir si, chez Marc, il vise à confirmer la promesse que Jésus vient de faire à ses disciples ou s'il veut les mettre en garde contre la présomption. Quoi qu'il en soit, Matthieu a trouvé dans notre parabole une illustration du renversement de toutes les hiérarchies au dernier jour. Il aura tiré cette conclusion de l'instruction donnée à l'intendant de la parabole, au v. 8 : " Appelle les ouvriers et donne à chacun son salaire, en remontant des derniers aux premiers. " Les derniers sont les premiers; c'est par eux qu'on commence à payer les salaires ! Mais *arxaménos apo tôn éschatôn éôs tôn prôtôn*, " en remontant des derniers aux premiers ", est un détail de la parabole

6. *Outôs*, " voilà, ainsi " manque en Mc 10, 31; Mt 19, 30; Lc 13, 30. Il a été introduit par Mt, car " ainsi seront " est une particularité de son style.

sur lequel il n'est pas du tout insisté. L'ordre de paiement n'a pas grande importance : deux minutes plus tôt ou deux minutes plus tard, on peut à peine dire qu'il y ait là avantage ou préjudice. De fait, personne ne se plaint par la suite, de l'ordre de paiement. Ce détail secondaire veut manifestement mettre l'accent sur l'égalité des derniers avec les premiers; peut-être veut-il simplement expliquer comment " les premiers furent témoins... du paiement de leurs camarades [7] ? " Il se peut même qu'il y ait une interprétation encore plus simple : *archaménos apo* pourrait avoir, comme bien souvent, le sens de " sans oublier ", " y compris " [8], et ainsi, il n'aurait pas été question primitivement au v. 8 de l'ordre de paiement mais le sens en aurait été : " Paie leur à tous le salaire *complet*, y compris aux derniers. " En tout cas, la parabole ne comporte certainement aucune leçon sur le renversement eschatologique des situations, puisque tous perçoivent exactement le même salaire.

d) Mais — Marc nous le montre — le contexte actuel n'est pas primitif. Aussi nous faut-il remonter au-delà de Matthieu et étudier la parabole indépendamment de son contexte. Il est possible que la sentence de conclusion (v. 16) comporte une signification toute différente de celle que réclame sa situation actuelle chez Matthieu. Le voyant du " 4e livre d'Esdras " est troublé par la question de savoir si les générations précédentes seront désavantagées par rapport à celle qui vivra à la fin des temps et il reçoit cette réponse : " Il me dit : Je ferai mon jugement pareil

7. Jülicher II, p. 462.
8. H. G. Liddell-R. Scott, *A Greek-English Lexicon*, New Edition, Oxford, 1925, I, p. 254*a*. On peut trouver aussi ce sens dans le N. T. en Jn 8, 9 et peut-être en Lc 23, 5.

à une ronde [9], dans laquelle les derniers ne seront pas derrière, ni les premiers en avant " (4 *Esd* 5, 42) [10]. Premiers et derniers, derniers et premiers — il n'y a pas de différence, tous sont sur le même plan. C'est l'interprétation courante aujourd'hui : il s'agit ici d'un enseignement sur l'égalité des récompenses dans le Règne de Dieu. Certains aiment à ajouter qu'elle a pour but de montrer que la récompense est tout entière grâce; mais c'est une erreur, car les premiers reçoivent leur paie, " comme un dû ", dirait Paul, et non " comme une grâce " (Rm 4, 4). Mais ceci mis à part, ce qui constitue la pointe de la parabole et qui surprend les auditeurs, ce n'est certainement pas : " un même salaire pour tous " mais " un si gros salaire pour les derniers ".

e) Nous n'arriverons à la lumière que si nous faisons abstraction du v. 16 (" Voilà comment les derniers seront premiers et les premiers seront derniers "). Comme le montre Mc 10, 31, Lc 13, 30 (cf. Mc 9, 35), ce verset était primitivement un logion indépendant [11], peut-être un proverbe, à l'origine [12]; il a été ajouté à notre parabole comme une conclusion généralisante, mais il ne cadre pas avec sa signification. Nous rencontrerons plus loin nombre de cas ana-

9. Lat. *corona*; syr. arabe (éd. Ewald) arménien " couronne "; éthiop. " cercle ". Violet a montré que cela remontait à l'hébreu *hugh* " cercle " et Gunkel l'a interprété de façon éclairante, en parlant de " ronde ".

10. Cf. aussi : Ba 30, 2 (syr.) qui parle de la résurrection simultanée des justes : " Et les premiers se réjouiront et les derniers ne s'affligeront pas. "

11. R. Bultmann, *Die Geschichte der synoptischen Tradition*, 3e éd. Göttingen, 1958, p. 191.

12. J. Schniewind, in : *Das Neue Testament Deutsch, I* à Mc 10, 31. Le logion est ancien comme le montrent l'emploi par deux fois de l'article défini malgré le sens général, et le parallélisme antithétique obtenu par l'inversion.

logues où l'on a inséré de telles conclusions généralisantes. Mais si primitivement la parabole se terminait sur la question du v. 15, sans donner d'explication, elle était parfaitement choquante. Car c'est bien d'une injustice manifeste qu'il est question et la double doléance du v. 12 n'est franchement que par trop justifiée. Chaque auditeur devait être amené à se poser lui-même la question : Pourquoi le maître donne-t-il l'ordre étrange de compter à tous le même salaire ? Pourquoi, en particulier, donne-t-il aux derniers la paie d'une journée entière, pour une heure de travail ? Cette injustice est-elle pur arbitraire ? Est-ce un caprice ? Un généreux caprice ? Un geste de grand seigneur ? Aucunement ! Il ne s'agit pas là d'une générosité sans borne, car tous ne reçoivent que ce qui est nécessaire pour vivre — le minimum vital. Pas un ne reçoit plus. Certes, les derniers embauchés n'avaient qu'à s'en prendre à eux-mêmes, si, tard dans l'après-midi — au moment où la vendange battait son plein et où le temps pressait —, ils étaient encore assis sur le marché [13] en bavardant sans rien faire; même si leur excuse que " personne ne les avait embauchés " n'était qu'un faux prétexte pour couvrir une insouciance bien orientale, ils font pourtant pitié au propriétaire : ils n'auront pratiquement rien à rapporter à la maison, car le salaire d'une heure de travail ne suffit pas à nourrir une famille; leurs enfants auront faim, si le père rentre au foyer les mains vides. Et par compassion pour leur pauvreté, le propriétaire leur accorde la paie d'une journée entière. Ainsi la parabole ne décrit-elle pas un geste arbitraire, mais le comportement d'un homme de cœur, généreux et sympathique aux pauvres [14]. Telle est, dit Jésus,

13. Cf. p. 195.
14. DODD, p. 122.

l'attitude de Dieu. Dieu est ainsi ! plein de miséricorde ! Et même aux publicains et aux pécheurs il donne part à son Royaume, de façon toute gratuite, car grande est sa bonté ! Tout l'accent porte sur les derniers mots : " parce que moi, je suis bon " (v. 15).

Pourquoi Jésus raconte-t-il cette parabole ? Pour exalter la miséricorde de Dieu pour les pauvres ? Il aurait pu alors omettre la seconde partie de la parabole (v. 11 s). Mais c'est justement sur celle-ci que se porte tout le poids du récit, car notre parabole fait partie des " paraboles à deux pointes * ". Elle raconte en effet deux épisodes :

1) L'embauche des ouvriers et les instructions libérales données pour leur paiement (v. 1 - 8);

2) L'indignation de ceux qui s'estiment lésés (v. 9 - 15).

Or dans toute " parabole à double pointe ", l'accent porte sur la seconde (cf. p. 246 s. : Lc 15, 11 s; p. 188 : Lc 16, 19 s; p. 76 s. : Mt 22, 1 - 14). Mais quel est donc le but de cette seconde partie, de cet épisode des ouvriers indignés, révoltés et grondants, qui s'attirent la réponse humiliante du v. 15 : " Es-tu jaloux, parce que moi, je suis bon ? " Manifestement la parabole est adressée à des hommes qui ressemblent à ces " rouspéteurs " : à ceux qui critiquaient et se scandalisaient de la Bonne Nouvelle, aux Pharisiens par exemple. Jésus veut leur montrer combien leurs critiques sont injustifiées, haineuses, égoïstes et impitoyables. Telle est, leur dit-il, la bonté de Dieu et c'est parce que Dieu est si bienveillant que moi aussi, je le suis. Il justifie donc la Bonne Nouvelle en face de ceux qui la critiquent [15]. Nous sommes tout à coup devant une situation concrète de la vie de Jésus,

15. DODD., p. 123.

comme les Évangiles en rapportent fréquemment. Sans cesse, nous voyons Jésus critiqué parce qu'il accepte la compagnie des méprisés et des parias, sans cesse on nous parle d'hommes pour qui l'Évangile est un scandale et sans cesse aussi Jésus doit justifier sa conduite et défendre la Bonne Nouvelle. Ainsi en est-il ici : voilà comme est Dieu, plein de bonté et de compassion pour les " pauvres * "; voilà comment il agit maintenant par moi. Voulez-vous L'accuser ?

Comme le montre le contexte de Matthieu (la question de Pierre 19, 27), l'Église primitive a appliqué la parabole aux disciples et elle s'en est servi pour l'instruction de la Communauté : on comprend facilement cette transformation, car l'Église primitive se trouvait dans la même situation que l'Église d'aujourd'hui lorsqu'elle utilise dans sa prédication les passages de l'Évangile relatifs aux Pharisiens : elle doit appliquer à la Communauté chrétienne des paroles adressées à des adversaires.

Nous avons donc là une méthode d'approche des paraboles qui est d'une très grande portée; c'est une autre loi de transformation. *La tradition a transformé ou resserré le cercle des auditeurs de Jésus et l'Église primitive a appliqué ainsi aux disciples nombre de paraboles qui, primitivement étaient adressées à d'autres auditeurs : Pharisiens, Scribes ou foule.*

Parmi le grand nombre de cas semblables, prenons encore un exemple : Lc 15, 3 - 7 et par. Mt 18, 12 - 14. D'après Luc, c'est une question indignée qui motiva la parabole de la Brebis perdue. " Pourquoi (*oti* = *ti oti*) reçoit-il les pécheurs (dans sa maison) et les admet-il à sa table ? " (Lc 15, 2) et la parabole se termine par ces mots : " Ainsi Dieu (au Jugement dernier) aura-t-il plus de joie pour un seul pécheur qui fait pénitence que pour quatre-vingt-dix-neuf hommes " corrects " (*dikaïoï*) qui n'ont pas besoin de faire pénitence " (15, 7). En racontant cette parabole le but de Jésus est donc de justifier la Bonne Nouvelle en face de ceux qui la critiquent : tel un berger qui, ramenant son troupeau au bercail, est heureux d'avoir retrouvé la brebis perdue, ainsi Dieu se réjouit-il du pécheur qui se repent. Il se réjouit de pouvoir lui pardonner. Voilà pourquoi, moi, j'accueille les pécheurs [16].

Chez Matthieu, l'auditoire de la parabole est tout à fait différent. Elle n'est pas comme chez Luc adressée à des adversaires mais elle est dite aux disciples (Mt 18, 1). C'est pourquoi la sentence finale de Matthieu a un tout autre accent : " Ce n'est pas la volonté de Dieu [17], que même [18] un seul des [19] moindres [20] ne se perde " (18, 14). Introduite dans le double contexte d'une exhortation à ne pas mépriser l'un des " plus petits " et d'un enseignement sur la conduite à tenir avec un frère qui s'égare, la sentence finale signifie évidemment : c'est la volonté de Dieu que vous alliez à votre frère égaré — précisément le " plus petit ", le faible, l'abandonné — avec autant de persévérance que le berger à la recherche de sa brebis perdue. Chez Matthieu la parabole est donc adressée

16. Cf. p. 192 s.

17. Double périphrase pour le nom divin : 1) *émprosthén* (litt., " devant "); il s'agit des Anges qui se tiennent devant Dieu. 2) Votre Père Céleste. On évite, comme trop anthropomorphique, de parler d'un vouloir de Dieu.

18. C'est une particularité des langues sémitiques que d'omettre très souvent un " même " ou un " seulement ", qui en français est indispensable.

19. *Toutôn*, " de ces ", est un démonstratif explétif, que l'on ne doit pas traduire en français (cf. p. 280 sur Mt 25, 40). Sur ce sémitisme, cf. Jeremias, *Die Abendmahlsworte Jesu*, 3e éd., Göttingen, 1960, p. 176, n. 1 et 2.

20. Les langues sémitiques n'ont pas de superlatifs : *mikroi* = *élachistoi* (" petits " = " les plus petits "), cf. Mt 25, 40. 45.

aux disciples : c'est un appel aux chefs de la Communauté à être des pasteurs dévoués; l'accent ne porte pas comme chez Luc sur la joie du berger, mais sur l'exemple que donne sa recherche persévérante. Cette instruction aux chefs de la Communauté que représente Mt 18 (c'est là son sens et c'est à tort qu'on lui donne habituellement le titre de " Règle de la Communauté ") et dans le cadre de laquelle se trouve la parabole, est une composition secondaire : elle a été entièrement construite sur des " mots-crochets * " qui ont permis de rassembler des paroles isolées et c'est un développement de la collection correspondante de Mc 9, 33-50. Le contexte de Matthieu ne peut donc nous servir à déterminer quelle est la situation qui, dans la vie de Jésus, a motivé à l'origine cette parabole. Il ne peut y avoir de doutes, c'est Luc qui nous a conservé cette situation [21]. Comme en tant d'autres cas, il s'agit pour Jésus de justifier la Bonne Nouvelle devant ceux qui la critiquent et de proclamer : Telle est la joie de Dieu ! C'est pourquoi, j'accueille les pécheurs !

Nous pouvons avancer cette opinion avec d'autant plus d'assurance que retraduite en araméen, la sentence finale de Matthieu (18, 14) rend le même son que celle de Luc (15, 7) : " Telle est la joie de Dieu ! " Car en Mt 18, 14, la négation porte sur la seconde moitié de la phrase [22] et *ra'^{a}wa*, retraduction araméenne de " volonté ", a aussi le sens de " contentement, plaisir [23] ". Le sens originel de Mt 18, 14 est donc :

21. On a remarqué que la parabole johannique du Bon Pasteur est aussi adressée aux adversaires (Jn 10, 6 cf. 9, 40; 10, 19 s), ce qu'on oublie la plupart du temps.

22. P. Joüon, *L'Évangile de Notre-Seigneur Jésus-Christ*, Paris, 1930, p. 114 s.

23. T. W. Manson, *The Sayings of Jesus*, London, 1950, p. 208 (cité *par la suite* : T. W. Manson, *Sayings*).

" Tel est le plaisir qu'a Dieu quand seulement un seul des " plus petits " est sauvé de la perdition. " Ce qui s'accorde exactement au contenu de Lc 15, 7a.

Ici a donc joué le même processus qu'en Mt 20, 1-16 (les Ouvriers de la vigne) : une parabole primitivement dirigée contre les adversaires de Jésus (dans Luc) est devenue une parabole adressée aux disciples (dans Matthieu). Le changement d'auditoire a amené un déplacement de l'accent : une parabole apologétique est devenue une parabole d'exhortation.

Les données sur les auditeurs appartenaient au cadre des paraboles et pouvaient être ainsi plus facilement modifiées que les paraboles elles-mêmes; aussi requièrent-elles un examen minutieux d'autant que les évangiles eux-mêmes se contredisent à l'occasion sur ces données.

Il est vrai qu'il est des différences qu'il ne faut pas surestimer : ainsi la parabole de Béelzéboul est, chez Marc, adressée aux Scribes (3, 22), chez Matthieu aux Pharisiens (12, 24) et chez Luc à la foule (11, 14). Marc donne pour destinataires de la parabole des Vignerons homicides les Grands Prêtres, les Scribes et les Anciens (11, 27), Matthieu, les Grands Prêtres et les Anciens (21, 23) ou les Grands Prêtres et les Pharisiens (21, 45), Luc par contre le peuple (20, 9) ou les Scribes et les Grands Prêtres (20, 19). Il faut accorder un peu plus d'importance au cas du proverbe de " l'aveugle qui conduit un autre aveugle " qui chez Matthieu (15, 14) est une moquerie à l'encontre des Pharisiens, mais chez Luc est un avertissement à l'auditoire (6, 39). Mais quand Matthieu donne pour dite aux disciples la parabole de la Brebis perdue (18, 12-14), — de même que Marc l'image du Sel (9, 50) —, alors que chez Luc la première est adressée aux adversaires de Jésus (15, 2), et la seconde à la foule (14, 25), on ne peut plus concilier les points de vue par l'harmonisation. C'est encore plus vrai lorsque c'est l'évangéliste lui-même qui se contredit : ainsi Matthieu fait-il une première fois de la parabole de l'Arbre et de ses fruits une parole adressée à la foule ou aux disciples (7, 16-20) et ailleurs un reproche destiné aux Pharisiens (12, 33-37). C'est ce que fait Luc avec la parabole de la Lampe sur le chandelier qui est adressée aux disciples en 8, 16 et à la foule en 11, 33. On pourrait à la rigueur essayer de supposer pour ces passages que Jésus a dit deux fois ces paraboles et chaque fois à des auditoires différents ; mais cette issue nous est fermée pour les paraboles rapportées en Mc 4, 21-32 [24] : en effet, selon le v. 10 c'est au petit cercle de " ceux autour de lui avec les Douze " qu'elles sont adressées et selon les v. 33-34 c'est à la foule qu'elles sont destinées.

L'analyse détaillée que nous avons faite plus haut pour deux paraboles, nous montre qu'il y a eu une forte tendance dans la transmission du matériel des Évangiles à faire des paraboles adressées par Jésus à la foule ou à ses adversaires des paraboles destinées aux disciples [25]. Si on regarde tous ces exemples, on remarquera que cette tendance se retrouve dans toutes les couches de la tradition et on en peut conclure

24. Marc semble avoir ajouté les logia 4, 21-25 dans le chapitre des paraboles parce qu'il y a vu deux paraboles (celle de la Lampe, v. 21-23 et celle de la Mesure, v. 24 s.).

25. Parmi les paraboles ou images qui sont dans ce cas citons : Mc 9, 50 (p. 237) ; 13, 33 s. (p. 86 s.) ; Mt 5, 25 (p. 66 s.) ; 6, 22 (p. 227) ; 6, 27 (p. 231 s.) ; 7, 3-5 (p. 234) ; 7, 9-11 (p. 205 s.) ; 7, 13 s. (p. 263, n. 47) ; 13, 47 s. (p. 301 s.) ; 18, 12-14 (p. 59 s.) ; 20, 1 s. (p. 60) ; 24, 43 s. (p. 78 s.) ; 24, 45 s. (p. 88 s.) ; 25, 1 s. (p. 82 s.). Lc 6, 39 (p. 62) ; 6, 41 s. (p. 234) ; 11, 11-13 (p. 205 s.) ; 12, 25 (p. 231 s.) ; 12, 35 s. (p. 86 s.) ; 39 s. (p. 78 s.) ; 41 s. (p. 88 s.) ; 13, 23 s. (p. 263, n. 47) ; 16, 1 s. (p. 68 s.) ; 17, 7 s. (p. 261) ; Év. Th 20.

qu'elle remonte aux tout premiers temps. L'Évangile de Thomas est allé jusqu'au bout de ce processus : toutes les paraboles qu'il rapporte, sont, sans exception, regardées comme des enseignements destinés aux vrais gnostiques. En revanche il n'y a pas de cas, à ma connaissance, où ait joué le processus inverse : une parabole adressée primitivement aux disciples qui serait rapportée comme destinée à la foule.

6. L'Église utilise les paraboles pour son enseignement de la morale

Nous devons donc toujours nous demander : Qui sont les auditeurs primitifs ? Et comment comprendre la parabole, si nous la tenons pour adressée aux adversaires ou à la foule ?

Nous venons de voir que la parabole de la Brebis perdue était à l'origine une apologie de la Bonne Nouvelle, face aux adversaires de Jésus. Nous avons vu aussi, comment, insérée chez Matthieu au milieu des conseils aux chefs de la Communauté, elle est devenue pour ceux-ci une exhortation à être des pasteurs dévoués. En d'autres termes, la parabole a perdu son lien avec sa situation originelle pour être mise par l'Église au service de sa prédication morale (la parénèse *). Ce processus s'est souvent répété.

La petite parabole de la Venue devant le juge [1] nous a été transmise par Mt 5, 25 s. et par Lc 12, 58 s. qui s'accordent sur l'essentiel de son contenu, malgré de nombreuses divergences dans le texte [2]; mais son contexte est très différent dans les deux Évangiles. Elle est liée chez Matthieu à la première antithèse

1. Cf. Dodd, p. 136-139.

2. Les divergences sont surtout dues à ce que Mt songe à la procédure judiciaire juive et Lc à la procédure romaine (cf. p. 41, n. 2).

du Sermon sur la Montagne qui interdit la haine (5, 21 s.) : Réconcilie-toi avec ton frère, dit le v. 23 s., sinon le culte que tu rends à Dieu n'est qu'une imposture : c'est seulement si tu es réconcilié que Dieu acceptera ton offrande et la prière que tu fais pour implorer son pardon [3]. Mais comment faire, si on en est déjà aux " chicanes " judiciaires ? (Si on discute, par exemple, avec un créancier sur l'importance d'une dette.) Dans ce cas, continue Matthieu avec notre parabole (v. 25 s.), mets tout en œuvre pour apaiser ton adversaire ! Montre-toi accommodant ! Fais le premier pas, sinon cela pourrait te coûter cher ! Celui qui, intransigeant, se drape dans ses prétendus droits, pourrait bien se perdre par le droit ! Chez Matthieu, notre parabole est donc là pour indiquer une ligne de conduite, mais il n'est personne pour nier que les motifs de celle-ci paraissent terre à terre.

Tout autre est chez Luc le contexte qui l'enchâsse ! Il n'est question dans le passage qui précède (à partir de 12, 35) que de la crise * imminente et des signes du temps; et Jésus a là des mots durs pour reprocher à la foule de ne pas comprendre la gravité de l'heure (12, 56 s.). Dans ce contexte, la parabole du débiteur a un tout autre accent que chez Matthieu. Chez Luc, en effet, toute l'insistance est mise sur la situation fâcheuse de l'accusé : tu vas bientôt passer devant le juge, avec le risque d'être condamné et emprisonné. A chaque instant tu peux être arrêté ! Mais tu es encore en liberté ! Agis tout de suite et règle ton affaire pendant que c'est encore en ton pouvoir ! Il n'y a pas de doute, c'est Luc qui a raison : nous

3. Ce n'est pas, bien loin de là, mépris du culte (la réconciliation est plus importante que l'offrande), mais au contraire prise au sérieux de celui-ci (la réconciliation est la condition sine qua non, pour que ton offrande soit acceptée).

avons là une parabole eschatologique, une parabole de crise. La crise est imminente, la dernière crise de l'histoire. Utilisez le temps qui vous reste avant qu'il ne soit trop tard !

La divergence des deux évangélistes révèle un déplacement caractéristique de l'accent, qui a glissé de l'appel eschatologique à l'exhortation parénétique [4] : tandis que chez Luc le regard se tourne vers l'agir eschatologique de Dieu, chez Matthieu il se pose sur l'attitude des disciples. Jésus vivait dans l'attente de la grande catastrophe — le *péirasmos* (Mc 14, 38) ou tentation finale —, et de la dernière crise de l'histoire dont sa mort serait le commencement [5]. Mais ensuite, à mesure que le temps passait, l'Église primitive s'est vue de plus en plus située entre deux crises, dont l'une appartenait au passé et l'autre au futur. Située donc entre la Croix et la Parousie, l'Église recherche les instructions de Jésus, et se trouve en particulier amenée à tirer des paraboles qui visaient à éveiller et à secouer la foule devant la gravité de l'heure, des indications pour la vie que devait mener la Communauté; pour ce faire, elle déplaça l'accent de l'annonce eschatologique vers l'exhortation morale [6]. Le contenu eschatologique de la parole de Jésus, cependant, n'est absolument pas totalement éliminé; il est au contraire " concrétisé " dans l'exigence de la réconciliation.

L'Évangile de Thomas (64) conclut la parabole du grand Festin par ces mots : " Les acheteurs et les

4. La description vivante que fait Jésus de la situation de l'accusé, et surtout l'emploi de l'impératif aida à ce déplacement de l'accent (cf. R. Bultmann, *Die Geschichte der synoptischen Tradition*, Göttingen, 1958, p. 197). Nous avons également constaté un déplacement similaire de l'accent dans la parabole de la Brebis perdue (p. 61 s.).

5. Dodd, p. 67 s.

6. *Ibid.*, p. 134 s.

marchands n'entreront pas dans les lieux de mon Père. " Certes, on pense d'abord aux riches de la parabole qui ont décliné l'invitation, mais cette formule généralisante contient aussi une pointe très dure contre les riches en général. Cette note de critique sociale a une certaine correspondance chez Luc qui fait précéder la parabole du grand Festin (Lc 14, 16-24) d'une exhortation à ne pas inviter les notables et les riches mais à appeler les pauvres, les estropiés, les boiteux, les aveugles (14, 12-14). En répétant cette énumération en 14, 21, il nous montre qu'il a compris la parabole comme une illustration de ce conseil : vous devez faire comme cet hôte qui a appelé à sa table pauvres, estropiés, boiteux et aveugles. Mais ce n'est pas ici l'intention primitive de la parabole; au contraire, comme nous le verrons plus loin [7], Jésus voulait par là se justifier face à ses critiques, d'annoncer aux pauvres la Bonne Nouvelle : puisque vous repoussez le salut, ce sont ces méprisés que Dieu appelle pour former le nouveau peuple du temps du salut. Une prédication apologétique est devenue chez Luc un exemple que l'on invite à reproduire. De nouveau l'accent s'est déplacé du plan eschatologique au point de vue parénétique.

Nous aurons l'occasion de rencontrer beaucoup d'autres cas où se sont produits de tels déplacements d'accent, mais un exemple particulièrement typique nous en est fourni dans la parabole de l'Intendant malhonnête (Lc 16, 1 s.), qui pour des raisons faciles à comprendre a subi un développement considérable. C'est une question très discutée, on le sait, que de savoir qui est appelé *kurios*, " maître ou Seigneur " au v. 8 (*kaï épènésén o kurios ton oïkonomon tès adikias*,

7. Cf. p. 180 s.

“ et le maître loua l'intendant malhonnête ”). Le changement de sujet au v. 9 (“ et moi, je vous dis ”) semble nous obliger à conclure qu'il s'agit du maître de la parabole. Il est possible que cela ait été déjà l'idée de la Tradition dans laquelle a puisé Luc, car l'expression *umin légô*, “ je vous dis ” avec le *umin*, “ à vous ” placé avant, compte parmi les particularités stylistiques de cette source [8]. Dans cette perspective, c'est le v. 9 qui donne la “ pointe ” de la parabole : alors que l'économe infidèle diminue les créances pour que les débiteurs le “ reçoivent dans leur maison ” (v. 4), les disciples de Jésus doivent utiliser le malhonnête argent pour que les anges [9] les reçoivent “ dans les tentes éternelles ” (v. 9). Mais on peut émettre quelques doutes et se demander si c'est vraiment là le sens primitif de la parabole. Il est difficile en effet d'imaginer que le *kurios* du v. 8 représente le patron de l'intendant : comment celui-ci aurait-il pu louer son employé malhonnête ! Il faut ajouter que chez Luc, le terme *o kurios* sans complément, s'il est en quelques passages employé pour Dieu, sert en outre toujours (mis à part 12, 37. 42b; 14, 23) à désigner Jésus (dix-huit fois). Enfin, l'analogie de notre passage avec Lc 18, 6 (conclusion de la parabole du Juge inique) est tout en faveur de l'identification de *kurios* et de Jésus; il ne fait aucun doute en effet qu'en 18, 16, c'est l'appréciation de Jésus qui est introduite par “ et le Seigneur dit ”, *éipén dé o kurios* et pourtant là aussi ces mots sont suivis d'un *légô umin*, “ moi, je vous dis ” (on peut remarquer aussi que la figure centrale [10] des deux paraboles est flanquée du même complément de qualité, *tès adikias*, “ d'iniquité, malhonnête ”).

8. *Umin légô*, Lc 6, 27; 11, 9; 12, 22; 16, 9.
9. Cf. n. 12.
10. En Lc 18, 1-8, c'est le juge et non la veuve, cf. p. 218.

Mais si le *kurios* du v. 8 désignait à l'origine Jésus, nous avons là entre les versets 8 et 9 la marque d'une suture; celle-ci s'explique par le fait que les différents logia (v. 9-13) reliés ensemble par le mot-crochet *mamônas*, " argent " (v. 9. 11. 13) ont été ajoutés après coup à la parabole.

Ces faits reconnus, on peut donner l'analyse suivante de la péricope Lc 16, 1-13 :

1) La parabole (v. 1-7) dépeint un homme qui a le couteau sur la gorge, car il va être démasqué; devant cette situation, il prend des mesures malhonnêtes certes, mais résolues, pour assurer sa sécurité future. Le v. 8a donne l'application que fait Jésus de la parabole : " Et le Seigneur loua l'intendant malhonnête d'avoir agi de façon avisée. " La conduite avisée et résolue de cet homme devant la catastrophe qui le menace doit être un exemple [11] pour les auditeurs de Jésus (le v. 8b veut expliquer ce surprenant éloge de Jésus; bien compris, il se borne à louer l'astuce des fils de ce monde entre eux et non pas à l'égard de Dieu).

2) Le v. 9 donne une tout autre application de la parabole que le v. 8a : " Faites-vous des amis [12] avec le malhonnête argent afin qu'au jour où il viendra

11. *Phronimos* est (Mt 7, 24; 24, 45 = Lc 12, 42; Mt 25, 2. 4. 8. 9) la qualité de celui qui a compris la situation eschatologique de l'homme.

12. Il est très possible que les " amis " soient les anges, c'est-à-dire Dieu (on pourrait amener le v. *9b* en faveur de cette hypothèse, car la 3e personne du pluriel y vise les anges, c'est-à-dire Dieu); ce peut être aussi les bonnes actions (des passages d'écrits rabbiniques y font incliner; ainsi *P Abh* 4, 11 : " Celui qui remplit un commandement, s'acquiert un intercesseur " et *Tos Pea* 4, 21 : " D'où vient que les aumônes et les œuvres de charité soient un grand intercesseur ? " En tout cas, au v. *9b*, le sujet de *déxôntaï* est Dieu, naturellement, et non les " amis " : " acquérez des intercesseurs pour que Dieu vous reçoive ". De tels changements de sujets sont fréquents dans le style sémitique.

à manquer [13], Dieu [14] vous accueille dans les tentes éternelles [15]. " Ce logion, rattaché à la parabole par le mot-crochet " argent " peut primitivement avoir été dit aux publicains ou autres gens que l'on tenait pour malhonnêtes. Dans cette application de la parabole au v. 9, l'intendant est aussi un exemple — mais non plus par sa décision avisée de se préparer, sous la menace du danger, une existence nouvelle — mais par son emploi avisé de l'argent malhonnêtement acquis : il l'emploie, pour en aider d'autres. (Mais on peut se demander si cette interprétation a place dans la parabole !)

3) Mais cet homme est-il réellement un modèle ? Les v. 10-12 (reliés au v. 9 par les mots-crochets *adikos*, " malhonnête " (v. 10) et *adikos mamônas*, " malhonnête argent " (v. 11)) apportent une troisième interprétation sous la forme d'un proverbe antithétique sur la fidélité et l'infidélité dans les petites choses, proverbe qui aux v. 11 et 12 est appliqué à l'argent-Mamon et aux biens éternels. L'intendant n'est pas un modèle, dit cette troisième interprétation, il est, au contraire, un exemple à ne pas suivre. La parabole est prise *a contrario* !...

4) Pour terminer la parabole, on a ajouté un logion, à l'origine indépendant comme le montre Mt 6, 24, mais qu'on a accroché ici à cause du mot *mamônas*, " argent " : il oppose, en un violent contraste le service de Dieu et celui de Mamon et somme les

13. A comprendre vraisemblablement en un sens eschatologique. Cf. So 1, 18, " ni leur argent ni leur or ne pourront les sauver, au jour de la colère de Dieu ".

14. Cf. n. 12.

15. " Habiter dans les huttes " (comme au temps du désert) est un des attributs de l'accomplissement eschatologique : Mc 9, 5, Ac 15, 16; Ap 7, 15; 21, 3; H. Riesenfeld, *Jésus transfiguré*, Copenhague, 1947, p. 181 s.

hommes de se décider pour l'un ou pour l'autre. Comme le remarque avec pertinence F. C. Grant, il faut lire ces additions qui servent de commentaires " comme les notes d'un prédicateur ou d'un catéchiste de l'Église primitive qui utilisaient les paraboles pour enseigner et exhorter les chrétiens [16] ".

Il faut donc simplement partir du v. 8a pour interpréter la parabole. Si, comme le suggère ce verset, celle-ci est un appel à agir avec décision dans une situation pleine de menaces, il est difficile d'y voir une parabole adressée aux disciples, mais au contraire de préférence aux " non-convertis [17] ", aux hésitants, aux indécis, à la foule [18]. Celle-ci doit entendre l'appel : la crise est imminente ! Il s'agit maintenant d'agir avec courage, intelligence et décision, et de tout risquer sur l'avenir ! Mais en appliquant la parabole à la Communauté chrétienne (Lc 16, 1 : " aux disciples "; v. 9 : " à vous "), l'Église primitive en tire un enseignement sur le bon usage de la richesse et y voit un avertissement contre toute infidélité; elle déplace ainsi l'accent de l'application eschatologique à l'application parénétique [19].

Il serait cependant faux de conclure qu'en donnant à la parabole cette application parénétique, l'Église primitive y ait introduit une idée qui lui était tout à fait étrangère. La parénèse est déjà implicitement contenue dans la parabole primitive, car l'appel de Jésus : " Agissez résolument, prenez un nouveau

16. In *Anglican Theological Review* 30 (1948), p. 120. Ce qui ne veut absolument pas dire que les logia ajoutés soient des compositions secondaires et ne remontent pas à Jésus.

17. B. T. D. Smith, p. 110, cf. Dodd, p. 30.

18. Cf. Lc 16, 14 où il est dit que les Pharisiens ont entendu la parabole, ou tout au moins que " la parabole leur est venue aux oreilles ".

19. Lc 12, 21 présente un cas semblable, cf. p. 150, n. 25.

départ ", enferme tout à la fois la générosité du v. 9, la fidélité des v. 10-12, le refus du Mamon au v. 13 : il est simplement concrétisé. Il serait également faux de dire que l'Église primitive a complètement " déseschatologisé " la parabole, car c'est précisément la situation eschatologique de l'Église qui donne à son enseignement moral tout son sérieux.

Ce n'est là ni un problème d'addition ni un problème d'omission, mais le changement même d'auditoire a provoqué un déplacement du point d'application de la parabole.

7. *L'influence de la situation de l'Eglise*

a) *L'Église missionnaire.*

Matthieu et Luc nous ont donné chacun une version de la parabole du grand Festin (Mt 22, 1-14; Lc 14, 16-24) et on la trouve aussi dans l'Évangile de Thomas (64). Les trois textes ont en commun le refus de l'invitation par ceux qui avaient été conviés et l'appel, à leur place, des premiers venus. Nous avons là une des nombreuses paraboles qui s'adressent (comme les paraboles des Ouvriers de la vigne et de la Brebis perdue dont nous avons parlé) aux critiques et aux adversaires de Jésus pour justifier devant eux la Bonne Nouvelle. Vous ressemblez, leur dit-il, à ces gens conviés qui dédaignent l'invitation ! Vous n'en avez pas voulu ! Aussi Dieu appelle-t-il les publicains et les pécheurs et leur offre ce salut dont vous n'avez pas voulu !

Mais il nous faut tenir compte des divergences des trois versions. Chez Matthieu, la parabole est très allégorisée (cf. p. 101 s.); on y a ajouté une seconde parabole (22, 11-13) et une conclusion généralisante (22, 14 cf. p. 149). Chez Luc, nous l'avons vu p. 68 s., la parabole illustre l'exhortation (14, 12-14) à inviter les plus pauvres; elle a été en outre amplifiée et l'on y voit un second appel à ceux qui n'ont pas été invités

(14, 22 s.). Occupons-nous d'abord de ce détail. Après que le serviteur ait fait venir des rues et ruelles de la ville les pauvres, les estropiés, les aveugles et les boiteux (v. 21), il reste encore de la place dans la salle (v. 22). Il reçoit alors l'ordre d'aller appeler d'autres convives " par les chemins (de la campagne) et le long des clôtures (des vignes) " [1]; il doit donc sortir de la ville, et inviter à venir, en plus des pauvres déjà cités, les vagabonds du plat pays.

Matthieu (22, 9) et l'Évangile de Thomas (64) ne parlent que d'une seule " invitation " des non-invités, aussi les deux " invitations " de Luc doivent-elles être une amplification. Dans la source lucanienne, cette transformation n'était là que pour illustrer le désir formel du maître de maison de faire occuper sa demeure jusqu'à la dernière place. En revanche, cette double invitation pourrait avoir pour Luc un sens plus large. Dans la première, il peut avoir songé aux publicains et aux pécheurs d'Israël, et dans celle des étrangers à la ville, il aura évoqué les païens. D'ailleurs, si on se reporte à Mt 21, 43 (conclusion de la parabole qui précède immédiatement celle-ci), on s'aperçoit que Matthieu, lui aussi, a vraisemblablement songé aux païens, en parlant des non-invités. Mais chez Luc, le dédoublement de l'appel a rendu l'image plus colorée; l'entrée des païens dans le Royaume de Dieu est ainsi particulièrement bien mise en relief. C'est l'Église en situation missionnaire qui a fait de la parabole un ordre du Seigneur à aller " missionner ". Cela s'est produit très tôt, comme le montre l'accord de Luc et de Matthieu, mais il est difficile d'admettre que là soit le sens primitif de la parabole (cf. p. 181 s.). Non pas que la participation

1. W. Michaelis, in : *ThWNT*, V, p. 69.

des païens au Royaume de Dieu soit en dehors de l'horizon de Jésus ! Mais, Jésus se l'est représentée de façon différente (on ne peut ici qu'y faire allusion) [2] : il envisageait la participation des païens non pas sous la forme de la mission chrétienne mais comme une irruption des païens à l'heure eschatologique, maintenant imminente (Mt 8, 11 s.). *Nous le voyons, c'est l'Église primitive qui, de par sa situation missionnaire, a interprété et amplifié la parabole de Jésus.*

La version matthéenne de notre parabole nous suggère une observation analogue. Sa conclusion (22, 11-13) a en effet été depuis toujours un casse-tête pour les commentateurs; il leur paraissait incompréhensible que les gens de la rue invités au festin dussent avoir un vêtement de noce. On doit abandonner l'explication, très en faveur, selon laquelle il était de coutume (cf. 2 R 10, 22) d'offrir aux invités un vêtement de noce, car il n'en est pas d'exemple à l'époque de Jésus [3]. Au contraire, l'absence de ces versets chez Luc, aussi bien que la transformation surprenante de *douloï*, “ serviteurs ” (v. 3, 4, 6, 8, 10) en *diakonoï*, “ valets ” (v. 13) montrent que les v. 11-13 sont une amplification; et si de plus, on les compare avec une parabole rabbinique [4] analogue, on en est amené à conclure que l'épisode de l'homme sans vêtement de noce est une parabole entièrement indépendante : le début de celle-ci pourrait se trouver en 22, 2; on s'expliquerait ainsi pourquoi cette histoire qui primitivement parlait d'un festin offert par un

2. J. Jeremias, *Jesu Verheissung für die Völker*, Suttgart, 1956, p. 47 s. (Traduction française : *Jésus et les païens*, Neuchâtel-Paris, 1957, p. 49 s.)

3. Le vêtement d'honneur dont nous parlons page 186 était une distinction et non une coutume générale.

4. *B Schab* 153*a* (*par. Midrash Qoh* 9, 8; *Midrash Prov* 16, 11), cf. p. 249.

particulier (Lc 14, 16) est devenue une " parabole royale ".

Pour quelle raison Matthieu, ou sa source, a-t-il ajouté cette seconde parabole ? C'est que manifestement, il fallait éviter une méprise : l'appel sans aucune discrimination [5] des non-invités pouvait faire croire que la conduite des gens appelés n'avait absolument pas d'importance. Jésus n'a pas craint ce malentendu, comme le montrent les autres paraboles de la Bonne Nouvelle (cf. p. 169), celle de l'Enfant prodigue par exemple; cela n'a rien d'étonnant quand on sait que toutes ces paraboles sans exception, comme nous le verrons encore, ont été dites à des adversaires et des critiques. Mais ce malentendu devait nécessairement apparaître lorsqu'on a appliqué notre parabole à la Communauté chrétienne; le v. 10 devenait de la sorte une affirmation sur le baptême : il ouvre " aux mauvais comme aux bons " (cf. note 5) la porte de la salle des noces. Cette affirmation n'était-elle pas alors défectueuse et imparfaite ? L'Église missionnaire avait continuellement à faire face au danger que l'Évangile de la pure grâce de Dieu puisse être interprété comme libérant les baptisés de leurs devoirs moraux (cf. Rm 3, 8; 6, 1. 15 et Jude 4). C'est pour enlever tout fondement à un tel malentendu qu'on a ajouté la parabole du vêtement de noce : on souligne ainsi le principe de la dignité de vie et on insiste sur la nécessité de transformer sa conduite, condition sine qua non du verdict favorable de Dieu. Nous le constatons encore une fois : l'Église applique la parabole à sa situation concrète et l'élargit pour répondre à un besoin né de son expérience missionnaire.

5. L'expression " mauvais et bons " (v. 10) marque, comme le montre Mt 5, 45, la non-discrimination.

Il est dit dans l'image de la Lampe chez Matthieu que la lumière " éclaire tous ceux qui sont dans la maison " (Mt 5, 15), chez Luc, par contre elle " éclaire ceux qui entrent dans la maison " (Lc 11, 33) : dans la version lucanienne se reflète l'architecture hellénistique (cf. p. 41) et la situation missionnaire de l'Église [6]. De même Matthieu 13, 38 " et ce champ, c'est le monde [7] " exprime cette idée de mission.

b) *Le retard de la Parousie.*

L'Église primitive a appliqué les paraboles à sa situation concrète et a ainsi provoqué un déplacement d'accent : cette observation comme Dodd l'a reconnu [8], est d'une importance capitale pour comprendre les cinq Paraboles de la Parousie.

Examinons d'abord la petite parabole du Cambrioleur nocturne (Mt 24, 43 s.; Lc 12, 39 s.) : " Mais sachez ceci : si le Maître de maison avait su à quelle heure de la nuit (Lc : à quel moment [9]) devait venir le cambrioleur, il aurait (veillé et, dit Matthieu) empêché le cambriolage [10] de sa propre maison. Vous aussi, soyez prêts, car le Fils de l'homme viendra au moment [9] où vous ne vous y attendez pas ! " En elle-même, la parabole est claire : comme le montre avec certitude l'aoriste employé (*aphèkén* chez Luc; *égrègorèsén*, *éiasèn* chez Matthieu) il s'agit d'un événe-

6. T. W. Manson, *Sayings*, p. 93.
7. Cf. là-dessus p. oo s.
8. Cf. pour la suite : Dodd, p. 154-174.
9. *ôra* = aram. *a'atha* = moment, instant. Cf. Mt 26, 45; Mc 14, 41; 1 Co 4, 11; Ga 2, 5.
10. *Diorusséin*, " percer le mur " est la traduction trop littérale de l'araméen *hathar* qui signifie : 1) percer; 2) cambrioler. De même en Mt 6, 19, il faut traduire ce verbe grec par " cambrioler ".

ment concret [11], quelque cambriolage très récent dont tout le village parle encore et Jésus se sert de cet événement excitant pour avertir ses auditeurs de la catastrophe menaçante qu'il voit approcher. Prenez garde, dit-il, qu'elle ne vous surprenne, comme récemment ce père de famille l'a été par le cambriolage.

Seulement, l'application de cette parabole au retour du Fils de l'Homme est déconcertante. Car si le sujet du récit est un cambriolage nocturne, il s'agit alors d'un événement désastreux et alarmant, tandis que la parousie sera, au moins pour les disciples de Jésus, le grand jour de joie. En fait, la pointe christologique fait totalement défaut dans l'Évangile de Thomas qui nous offre deux versions de cette parabole. L'une (21b; cf. le texte p. 124) est très proche de Matthieu, tandis que l'autre (103), une adaptation très libre en forme de béatitude, a des points de contact avec Lc 12, 35 s. Mais, dans aucune des deux, on ne trouve la comparaison du Cambrioleur et du Fils de l'homme revenant juger le monde. Les paraboles les plus proches de la nôtre sont celles du Déluge (Mt 24, 37-39, Lc 17, 26 s.) [12] et de la Pluie de feu (Lc 17, 28-32). Là aussi, pour mieux nous faire saisir l'horreur de ce qui va arriver, Jésus évoque des événements qui, bien qu'infiniment plus anciens, ont surpris les hommes qui ne s'y attendaient pas. Il voit approcher l'arrêt fatal de la Providence; la catastrophe est imminente : elle a même déjà commencé avec sa venue; mais ceux qui l'entourent, comme le père de famille de la parabole, ne se doutent de rien — tels les hommes d'avant le déluge ou de la pluie de feu, ils vivent comme si de rien n'était. Jésus veut les secouer pour

11. Dodd, p. 168 s.

12. *Ibid.*, p. 169. Il faut aussi comparer avec la seconde parabole du Déluge (Mt 7, 24-27; Lc 6, 47-49).

les réveiller et leur ouvrir les yeux sur la précarité de leur situation. Le moment redoutable approche, aussi inattendu que le cambriolage, aussi effroyable que le déluge; préparez-vous, bientôt il sera trop tard ! Ainsi les auditeurs de Jésus ont-ils dû comprendre la parabole du Cambrioleur : comme un cri destiné à réveiller la foule devant l'imminence de la catastrophe eschatologique.

L'Église primitive a appliqué cette parabole à ses membres (Lc 12, 22 : *pros tous mathètas*, " aux disciples "; Mt 24, 3). Et même — Luc y insiste expressément — elle ne concerne que les chefs responsables de la Communauté, les Apôtres; en effet, à la question de Pierre qui conclut la parabole : " Dis-tu cette parabole seulement [13] pour nous ou pour tous ? " (Lc 12, 41), Jésus répond par la parabole du Serviteur que l'absence de son Maître met à l'épreuve : oui, c'est à vous qu'est dite la parabole du Cambrioleur, à vous qui avez des devoirs particuliers ! La parabole devient donc une exhortation pressante adressée aux chefs de l'Église à ne pas s'engourdir, du fait du retard de la parousie; et par une allégorisation christologique, le cambrioleur devient une figure du Fils de l'homme.

Nous avons la chance de pouvoir montrer l'exactitude probable de notre interprétation. L'image du voleur est en effet plusieurs fois employée dans la littérature chrétienne primitive; or, elle est étrangère à l'imagerie eschatologique du judaïsme tardif; on peut donc en conclure que les passages où on la rencontre dépendent de la parabole de Jésus [14]. Cela étant,

13. Cf. p. 60, n. 18.
14. Cela confirme notre hypothèse selon laquelle Jésus s'est rattaché à un événement concret (cf. p. 35).

deux éléments caractéristiques se dégagent de ces passages. (1) En 1 Th 5, 2. 4 et 2 P 3, 10, le voleur est une image de l'irruption soudaine du Dernier jour (" Jour du Seigneur ", 1 Th 5, 2; 2 P 3, 10; " le Jour " 1 Th 5, 4). L'absence d'article devant le génitif, qui ne peut s'expliquer que comme un sémitisme, est une allusion fort claire au " Jour de Iahwé " d'Amos (*Am* 5, 18; Is 2, 12 etc.). En effet, dans les deux passages, le jour du Seigneur, qui arrive comme un voleur, est décrit comme quelque chose de terrifiant. Ce n'est que dans l'Apocalypse que le Christ est comparé à un voleur (Ap 3, 3; 16, 15). (2) Dans tous ces passages sans exception, spécialement 1 Th 5, 4 et Ap 3, 3, le dernier jour, nous dit-on, survient tel un voleur, pour les incroyants et les non-repentis. Les enfants de lumière sont prêts et ne seront pas surpris. La plus ancienne interprétation nous confirme ainsi dans l'idée que cette parabole de Jésus était à l'origine adressée à la foule et que le cambriolage était une image de la catastrophe imminente. Notre parabole n'est donc rien d'autre originairement qu'une des nombreuses paraboles de crise.

Résumons-nous : la parabole du Cambrioleur *a été appliquée par l'Église primitive à sa propre situation, caractérisée par le retard de la parousie*, et elle en reçoit ainsi un tout autre accent. Sans doute, son caractère eschatologique a été préservé, mais l'avertissement à la foule s'est transformé en une admonition à la Communauté chrétienne et à ses chefs. L'annonce de la catastrophe imminente devient une leçon sur la conduite à observer devant le retard de la parousie, et par l'interprétation allégorique on confère à la parabole une pointe christologique.

Mais il nous faut nous opposer très fortement

à un malentendu. Affirmer que Jésus applique la parabole du Cambrioleur à la catastrophe prochaine *ne veut pas dire que la parousie ait été en dehors de son champ de pensée.* Et inversement, affirmer que l'Église primitive applique cette même parabole à la parousie ne veut pas dire qu'elle ait tout ignoré de la catastrophe imminente. Au contraire, il n'y a même aucune différence entre l'attente eschatologique de Jésus et celle de l'Église primitive. Tous deux attendent que s'amorce le " tournant " eschatologique, que commence soudain le temps des dernières " tribulations " et que se démasque sur le globe la puissance satanique; et l'Église primitive comme Jésus a la certitude que ce temps des dernières " tribulations " se finira par le triomphe de Dieu, à la Parousie. La seule différence est que Jésus, parlant à la foule, met l'accent sur l'irruption soudaine de ce temps de " tribulation " (préparez-vous, les " tribulations " vont fondre sur vous de façon aussi imprévue qu'un cambriolage) tandis que l'Église primitive a le regard tourné vers la fin de ce temps (ne cesse pas de veiller, car le Seigneur reviendra à l'improviste, comme un cambrioleur).

Prenons la parabole des Dix Vierges (25, 1-13) que Matthieu est seul à nous rapporter. Le contexte (24, 32-25, 46) qui ne présente que des " paraboles de la parousie " — aussi bien que les v. 1 et 13 — montre comment l'évangéliste a compris cette parabole. Au v. 1 le *toté*, " alors ", se réfère aux v. 24. 44 et 50 où est mentionnée la parousie; c'est ce dont parle aussi le v. 13 : " Veillez, car vous ne savez ni le jour ni l'heure... ". Matthieu a donc vu dans la parabole une allégorie de la parousie du Christ, l'Époux céleste : les Dix Vierges représentent la communauté chrétienne en attente, le " retard " de l'époux (v. 5), le délai de la parousie, son arrivée soudaine (v. 6), l'arrivée inattendue de celle-ci, et le rejet sans appel des vierges " folles " (v. 11) évoque le jugement dernier. Il semble en outre que l'on ait vu très tôt Israël dans l'image des vierges " folles " et les païens dans celle des vierges sages; la tradition lucanienne, en tout cas (Lc 13, 25), voit dans le refus de recevoir ceux qui se présentent en retard à la porte, le rejet d'Israël au Jugement dernier (v. 28). Mais était-ce là le sens originel de la parabole ? Pour répondre à cette question, il nous faut laisser de côté le contexte dans lequel Matthieu a placé la parabole, ainsi que le " alors " du v. 1 qui est une des particules de transition caractéristiques et favorites de l'Évangéliste. Mais il nous faut aussi faire abstraction du v. 13, car cette exhortation finale à veiller ne rend pas le sens de la Parabole : toutes les vierges dorment, les sages comme les " folles " (v. 5) ! Ce n'est pas, en effet, leur sommeil qui est blâmé, mais l'imprévoyance des vierges " folles " qui n'ont point de réserve d'huile. L'appel à la vigilance est donc une de ces additions parénétiques, comme on a tant aimé en donner aux paraboles (cf. p. 154 s.), cet appel répète Mt 24, 42 et fait partie originairement de la parabole du Portier (Mc 13, 35). Les allusions à la parousie, dans leur ensemble, n'appartiennent donc pas à la forme originelle de la parabole et il est ainsi très douteux que Mt 25, 1-12 ait eu à l'origine un caractère allégorique. L'allégorie " Époux-Messie " est en effet absolument étrangère à tout l'A. T. et au Judaïsme tardif [15]; c'est chez Paul qu'elle apparaît pour

15. J'en ai apporté la preuve dans *ThWBNT* IV, p. 1094 s. *numphè*/*numphios*. Entre temps j'ai trouvé un exemple dans la littérature rabbinique : " Le vêtement dont un jour Dieu revêtira le messie brillera et sera de plus en plus lumineux d'une fin du monde à l'autre, et comme l'a dit Isaïe 61, 10, il sera pareil à un époux qui coiffe le diadème sacerdotal " (*Pesiq* 149*a*). Cet exemple unique et très tardif ne change pas le tableau d'ensemble.

la première fois (2 Co 11, 2). Il était donc difficile aux auditeurs de Jésus de voir dans l'époux (Mt 25, 1 s.) une allusion au Messie. Au reste cette figure allégorique est absente de toute la prédication de Jésus [16]; on en peut conclure que Mt 25, 1-13 n'est pas une allégorie du Christ-Époux Céleste mais que c'est une noce réelle [11] qu'a racontée Jésus. Tout au plus la parabole contient-elle, voilée, une déclaration de Jésus sur lui-même, que seuls pouvaient comprendre ses disciples.

Mais comment ses auditeurs devaient-ils saisir la parabole ? Surtout si, comme le laisse pressentir Lc 13, 22-30, c'est la foule qui compose son auditoire ? L'arrivée soudaine de l'époux (v. 6) correspond à l'éclatement du déluge, à l'intrusion inattendue du cambrioleur, au retour inopiné du maître de la maison, revenant d'un banquet ou d'un voyage [18]. Partout, la soudaineté est une image de l'irruption inattendue de la catastrophe. La crise est imminente. Elle surprendra tout autant que le cri qui, dans la parabole, jaillit au milieu de la nuit : " Voilà l'époux qui vient ! " Et inexorablement elle fera le tri discriminatoire des hommes, là même où pour des yeux humains il n'est

16. En Mc 2, 19*a* (Mt 9, 15*a*; Lc 5, 34) ce n'est pas non plus l'allégorie Époux-Messie qui est présentée. Car la proposition subordonnée : " pendant que l'époux est avec eux " pourrait primitivement n'être qu'une périphrase pour " pendant les noces ". On demande à Jésus pourquoi ses disciples ne jeûnent pas et celui-ci répond par une contre-question : " Les invités de la noce peuvent-ils jeûner, durant les noces ? " Un jeûne des disciples n'aurait également point de sens, eux qui participent déjà maintenant à la joie du temps du salut ! C'est seulement Mc 2, 20 (Mt 9, 15*b*; Lc 5, 35) qui présente l'allégorie Époux-Messie. Mais ce verset, qui, en contradiction avec Mc 2, 19*a* annonce cependant un jeûne des disciples, est dû — pour d'autres raisons aussi (cf. *ThWNT* IV, p. 1096, 1. 19 s.) — à la Communauté.

17. Sur la question de savoir si nous avons là une allégorie ou le récit d'une noce réelle, cf. les détails, p. 252 s.

18. DODD, p. 172.

aucune différence (cf. Mt 24, 40 s.; Lc 17, 34 s.; ÉvTh 61*a*). Malheur à ceux que cette heure ne trouvera pas prêts ! C'est ainsi que Jésus aura proclamé cette parabole (c'est un cri d'appel pour réveiller ses auditeurs devant l'imminence de la catastrophe eschatologique) et c'est ainsi qu'a dû la comprendre l'auditoire.

L'Église primitive a vu dans l'époux une figure du Christ et, dans sa venue au milieu de la nuit, la parousie. Par là, elle ne s'éloignait pas du sens originel de la parabole, pour autant que catastrophe eschatologique et Parousie messianique sont deux aspects d'un même événement; même dans l'interprétation christologique de l'époux, le jugement qui séparera vierges " folles " et vierges " sages " demeure le but et le point culminant du récit. C'était cependant considérablement déplacer l'accent que de faire d'un appel à la foule un avertissement aux disciples et de la parabole une allégorie du Christ-Époux céleste et de la Communauté qui l'attend.

La troisième des " paraboles de parousie " qu'il nous faut étudier ici est celle du Portier (Mc 13, 33-37; Lc 12, 35-38; cf. Mt 24, 42). Elle présente dans les trois synoptiques des différences plus importantes qu'à l'ordinaire; elle a été extrêmement utilisée et, sous l'influence des réflexions sur la parousie, remaniée et élargie : cela montre l'importance accordée par l'Église primitive à l'appel à la vigilance. Si nous commençons par Lc 12, 35-38, nous sommes dès l'abord frappés par la récompense donnée aux serviteurs vigilants : " En vérité je vous le dis, il (le maître de maison) se ceindra, les fera mettre à table et passant de l'un à l'autre, il les servira " (12, 37*b*). Il n'est pas un maître en ce monde qui agisse ainsi (cf. Lc 17, 7). Mais Jésus l'a fait (Lc 22, 27; Jn 13, 4-5) et il fera de même à son retour. Le verset 37*b* est donc un détail allégorique [19] qui trouble la construction de la parabole, en brisant le lien entre les v. 37*a* et 38 : il envisage le banquet messianique de la parousie. Il faut noter, encore chez Luc, un second détail curieux : alors que, chez Marc, seul le portier, comme le veut son office, reçoit l'ordre de veiller jusqu'au retour de son maître, chez Luc, ils sont plusieurs serviteurs (manifestement, tout le personnel) à devoir veiller [20]; sans aucun doute, une allusion à la Communauté s'est enchâssée ici dans la parabole de Luc.

Dans la mesure où l'ordre de veiller n'est donné qu'au portier, la version de Marc 13, 33-37 est primitive. Mais des traits secondaires y dénotent l'influence qu'ont exercée deux paraboles qui lui sont apparentées. Les mots " comme un homme parti en voyage " pourraient venir de la parabole des Talents : en effet, l'ordre de veiller donné au portier ne peut convenir que si le maître est invité à un banquet [21] (Lc 12, 36) pouvant se prolonger tard dans la nuit; si, par contre, il s'agit d'un plus long voyage, l'ordre ne cadre pas, car la date du retour n'est pas fixée et de plus, quand on connaît l'aversion des Orientaux pour les voyages nocturnes, un retour la nuit est tout à fait invraisemblable. De même que " l'homme parti en voyage ", la remise des pleins pouvoirs à ses serviteurs (*dous toïs douloïs autou tèn éxousian* Mc 13, 34) est une expression qui ne convient pas à la parabole du Portier. Elle doit venir de celle de l'Homme de confiance (Mt 24, 45; Lc 12, 42) dans laquelle il est question de l'administration consciencieuse d'un serviteur, durant la

19. Dodd, p. 161, n. 1; B.T.D. Smith, p. 107.
20. Dodd, p. 163.
21. Le grec *gamoï* traduit un mot araméen qui signifie à la fois " noces " et " banquet ".

longue absence de son maître; quelqu'un qui sort pour assister à un banquet n'a guère besoin de remettre des pouvoirs spéciaux.

Chez Matthieu, enfin, la parabole a disparu et il n'en reste que l'application : " Veillez donc, car vous ne savez quel jour va venir votre maître " (Mt 24, 42 comp. 25, 13). Si l'on compare cette sentence avec Mc 13, 35 : " Veillez donc, car vous ne savez pas quand le maître de la maison viendra, le soir, à minuit, au chant du coq ou vers le matin ", l'on voit que le maître de maison est devenu " votre maître ", les veilles de la nuit, le " jour "; l'interprétation christologique est évidente. Elle ne se trouve pas seulement en Mt 24, 42 et en Lc 12, 37*b*, mais aussi en Ap 3, 20; ce qui montre son adoption rapide dans toute l'Église primitive.

Il nous reste ainsi le noyau de la parabole du Portier : celui-ci a reçu l'ordre de veiller (Mc 13, 34*b*) et d'ouvrir aussitôt que son maître, de retour de banquet, frappera (Lc 12, 36). Heureux sera-t-il, si, quelle que soit l'heure à laquelle il puisse rentrer, son maître le trouve veillant (Lc 12, 37*a*. 38; Mc 13, 35 s.). Que voulait dire Jésus ? A quel auditoire adressait-il cet appel à la vigilance ? Si c'est aux disciples qu'il adresse cette parabole, nous pouvons alors la comparer à l'invitation à veiller de Gethsémani : " Veillez et priez, pour ne pas entrer en tentation " (Mc 14, 38) : il pense là à la tentation finale (*péirasmos*), au commencement de la tribulation eschatologique, à l'assaut de Satan contre les saints de Dieu, dont il attendait que sa Passion marquât le début [22]; si Jésus s'est adressé à la foule, on pourrait alors comparer cette parabole à celle du Déluge. La grande calamité est imminente,

22. Dodd, p. 166, n. 1.

aussi imprévisible que le retour du maître de maison ! Soyez vigilants ! Ce qui me paraît le plus probable, c'est que la parabole a été adressée à ceux qui revendiquent la possession des clés du Royaume des Cieux (Mt 23, 13; Lc 11, 52), c'est-à-dire aux Scribes : prenez garde à ne pas dormir quand viendra le moment critique.

Mais quels qu'aient été les véritables auditeurs, il reste clair que nous avons ici une parabole de crise qui contient, tout au plus voilée, une déclaration de Jésus sur lui-même. L'Église primitive a appliqué cette parabole à sa propre situation : elle était entre deux crises et attendait la parousie différée. C'est pourquoi elle a amplifié la parabole en y ajoutant une série de nouveaux traits allégorisants. Le maître de maison part, maintenant, pour un long voyage (Marc), il donne à tous ses serviteurs l'ordre de veiller (Luc), il leur remet avant son départ les pleins pouvoirs (Marc), on ne sait pas le jour de son retour (Matthieu), il servira lui-même les siens au banquet messianique; ce sera leur récompense.

La parabole de l'Homme de confiance (Mt 24, 45-51; Lc 12. 41-46) a eu un destin semblable (nous devons y insister : il s'agit bien là d'un et non de deux serviteurs, comme le montre le mot *ékéinos* " celui-ci ", Mt 24, 48 et Lc 12, 45). Ce serviteur a reçu un poste de confiance et, au retour inopiné de son maître, on verra s'il était digne de cette confiance ou si elle l'a induit à mésuser de son autorité pour terroriser ses compagnons et se payer du bon temps. Comme le montrent le contexte ainsi que la mention des peines de l'enfer, Matthieu et Luc ont vu dans le " maître " de la parabole le Fils de l'Homme revenant juger le monde et dans la parabole elle-même une exhortation adressée aux disciples de Jésus à ne pas se relâcher dans leur fidélité, du fait du retard de la parousie. La tradition à laquelle a puisé Luc est allée encore plus loin : frappée par la situation prééminente donnée au serviteur par rapport à ses compagnons [23], elle a vu en celui-ci une figure des apôtres (Lc 12, 41) et a limité à ces derniers l'application de la parabole. On leur a accordé une grande confiance — ajoutent les v. 47 s. propres à Luc — à eux qui ont connu avant tous la volonté de leur maître et à qui il a été remis plus qu'aux autres; c'est pourquoi des comptes particulièrement sévères leur seront demandés, si le retard de la parousie les pousse à abuser de leur charge. Cependant, dans les applications de la parabole que nous trouvons chez Matthieu et Luc, il nous est difficile de voir l'intention primitive de celle-ci.

Nous devons avant tout faire entièrement abstraction du contexte. Chez Matthieu, comme chez Luc, la parabole se trouve dans une collection de " paraboles de parousie " (Mt 24, 32-25, 46; Lc 12, 35-59) et dans les deux évangiles le cadre laisse voir à l'œuvre la main de la tradition. La question introductive de Lc 12, 41 qui manque chez Matthieu, présente plusieurs particularités stylistiques de la source lucanienne, et la conclusion de Luc est faite de deux logia primitivement indépendants (Lc 12, 47 s.) [24]. Chez Matthieu,

23. Cette situation prééminente est soulignée chez Luc par le mot *oïkonomos*, " intendant " (12, 42); mais ce mot n'est pas primitif, comme le montre le passage parallèle de Mt (24, 45, *doulos*, " serviteur ") ainsi que les v. 43. 45. 46. 47 de Luc où il y a partout *doulos*. Il ne convient pas au contenu de la parabole : la mission confiée au serviteur n'aurait rien de spécial et de nouveau s'il s'agissait là d'un intendant. Luc, comme le montre le v. 41, a restreint aux apôtres la signification de la parabole, c'est ce qui explique la transformation de " serviteur " en " intendant " (cf. W. Michaelis, *Die Gleichnisse Jesu*, Hambourg, 1956, p. 72 et 74).

24. Lc 12, 42-46 traite de la confiance bien ou mal placée que l'on accorde au serviteur; les v. 47-48*a* par contre (sous une forme anti-

la parabole se termine par une de ses expressions caractéristiques (24, 51*c*)[25] et la parabole suivante est reliée par " alors ", une de ses particules favorites. De plus, la mention de la peine de l'enfer qui brise le cadre de la parabole pourrait être imputable à une mauvaise traduction de l'original araméen, comme l'ont reconnu indépendamment les uns des autres plusieurs exégètes[26] : primitivement la parabole restait dans un cadre terrestre. Mais surtout, à l'origine, on n'insistait pas, dans le récit, sur le délai imprévu du retour du maître[27]; les mots *chronizéi mou o kurios* (Mt 24, 48; Lc 12, 45) servaient simplement à souligner la tentation que pouvait avoir le serviteur (" mon maître ne reviendra pas avant longtemps "). L'accent ne portait pas sur le retour retardé, mais sur la vérification soudaine à laquelle serait soumise la conduite du serviteur.

Pour trouver la signification originelle de la parabole, il nous faut de nouveau nous demander quel effet devait produire chez les auditeurs de Jésus, cette image du serviteur à qui l'on fait particulièrement confiance, à qui l'on donne une responsabilité spéciale et qui, soudain, est soumis à un contrôle par le retour inopiné de son maître. L'A. T. leur avait rendu familière l'appellation de " serviteurs de Dieu[28] ", donnée

thétique) parlant des peines différentes que l'on subira selon qu'on a, ou non, connu la volonté de Dieu et le v. 48*b* (sous forme de phrases synonymes) rappellent qu'un plus grand don de Dieu signifie une responsabilité accrue.

25. Cf. p. 94, n. 35.

26. Il s'agit de A. Mingana, C. C. Torrey, T. W. Manson, K. A. Offermann. Ils proposent différents équivalents araméens de *dichotomèséi*, (Mt 24, 51; Lc 12, 46) mais aucun n'est pleinement satisfaisant. Pour ma part, je crois que le sens de l'araméen sous-jacent était : " Les coups seront son partage et on le traitera comme un impie. "

27. Dodd, p. 159.

28. *Ibid.*, p. 160.

aux chefs, juges, prophètes et rois; pour les Juifs, les Scribes étaient les administrateurs commis par Dieu, auxquels étaient confiées les clés du Royaume des cieux (Mt 23, 13; Lc 11, 52). En entendant cette parabole, ils devaient donc penser aux chefs religieux de leur temps.

Ceci reconnu, la parabole se trouve alors étroitement liée à la situation de la vie de Jésus. C'est un des nombreux et sévères avertissements que Jésus a lancés aux chefs de son peuple et en particulier aux Scribes. La reddition des comptes est imminente, leur crie Jésus, et Dieu va examiner si vous avez justifié la confiance qu'il vous a faite ou si vous en avez abusé.

On comprend facilement que l'Église primitive ait vu dans le retard du maître de maison le retard de la parousie; le maître devient alors le Fils de l'homme monté aux Cieux qui reviendra brusquement pour juger le monde. Le serviteur est identifié aux membres — ou, chez Luc, aux chefs — de la Communauté chrétienne; on les exhorte à ne point se laisser induire en tentation, malgré le retard de la parousie.

La parabole des Talents fait un pendant plus détaillé à cette parabole de l'Homme de confiance. Elle nous est parvenue en trois versions : Mt 25, 14-30; Lc 19, 12-27 et dans l'Évangile aux Nazaréens (apocryphe) [29]. Nous commencerons par étudier cette dernière version qui est la plus éloignée de la forme originelle de la parabole. Au serviteur qui a fait fructifier le talent reçu et à celui qui l'a enfoui en terre, l'Évangile aux Hébreux en ajoute un troisième qui a dilapidé avec les prostituées et les joueuses de flûte l'argent qui lui avait été confié. Le premier reçoit l'approbation

29. E. Klostermann, *Apocrypha II* (Kleine Texte für Vorlesungen und Ubungen 8), 3e éd., Bonn-Berlin, 1929, p. 9, fragm. 15.

du maître, le second n'est que blâmé tandis que le troisième est jeté en prison. Cette transformation qui fait identifier infidélité et débauche est un grossissement moralisant qu'a subi la parabole dans l'Église judéo-chrétienne.

Luc a donné à celle-ci un tout autre " habillement " que Matthieu : c'est un " homme de haute naissance " qui, chez lui, correspond au gros négociant de chez Matthieu; il part en voyage pour se faire donner la royauté (v. 12); une ambassade de ses concitoyens tente de faire échouer sa tentative (v. 14) mais il revient avec le titre royal (v. 15*a*, cf. aussi la mention des villes aux v. 17 et 19) et fait exécuter sous ses yeux ses ennemis (v. 27). Nous avons là probablement une seconde parabole, à l'origine indépendante, qui se rattache à la situation historique de l'an 4 av. J.-C. Archélaüs partit alors pour Rome, afin de faire sanctionner son pouvoir sur la Judée; en même temps, une délégation juive de cinquante personnes voguait vers la Ville pour empêcher cette confirmation [30]. Le peuple n'avait pas oublié la vengeance sanglante qui suivit son retour et Jésus semble s'être servi de ce souvenir pour mettre ses auditeurs en garde, dans une " parabole de crise ", contre toute fausse sécurité. La ruine va fondre sur vous de façon aussi soudaine que l'ont été le retour d'Archélaüs et sa vengeance sur ses adversaires !

La tradition prélucanienne [31] avait déjà fondu la parabole du Prétendant avec celle des Talents. La suture se voit nettement au v. 24 : en effet, la mine (= cent deniers) que l'on ajoute à la récompense du premier serviteur aussi bien que l'objection des assis-

30. JOSÈPHE, *Guerre Juive*, 2, 80; *Antiq.* 17, 299 s.
31. Sur la fusion des paraboles, cf. p. 33 s. La fusion doit être plus ancienne que Luc, car celui-ci n'a pas coutume d'en faire.

tants (" Seigneur, il a déjà reçu dix mines (mille deniers) ! " sont des détails " absurdes " si le " serviteur " vient d'être nommé gouverneur d'une décapole (confédération de dix villes). La phrase (v. 11) qui introduit les deux paraboles fusionnées présente un grand nombre de particularités de style lucanien et pourrait bien avoir Luc pour auteur; il y est dit que la parabole avait pour but de récuser toute fausse attente d'une apparition immédiate du royaume. Nous voyons ainsi en 19, 11 comment Luc a compris notre parabole : en face d'une attente enthousiaste de la Parousie, Jésus annonce le délai de celle-ci et en donne la raison : ce temps intermédiaire sera pour ses disciples un temps d'épreuve. Pour Luc donc, l'homme de haute naissance qui va se faire donner la royauté et qui réclame des comptes à son retour, c'est le Fils de l'Homme monté au ciel revenant juger le monde. C'est sûrement une erreur ! Car Jésus ne s'est certainement pas comparé à un homme " qui retire ce qu'il n'a pas mis en dépôt [32] et qui récolte ce qu'il n'a pas semé " (Lc 19, 21), c'est-à-dire à un homme cupide qui " ramasse " tout l'argent qu'il peut et que rien n'arrête quand il s'agit de ses intérêts; il s'est encore moins comparé à un despote oriental cruel qui fait mettre à mort sous ses yeux ses adversaires (v. 27, " en ma présence ") et se repaît de ce spectacle.

C'est Matthieu qui nous a conservé la version la plus primitive, comme le montre une comparaison détaillée. On peut cependant constater chez lui quelques traits secondaires [33]. Matthieu aussi a compris

32. " Prendre ce que l'on n'a pas mis en dépôt " est une expression empruntée à la technique bancaire et passée en proverbe pour désigner une personne âpre au gain.

33. Chez Matthieu, les serviteurs reçoivent des sommes énormes; ils sont donc présentés comme gouverneurs et c'est à ce poste d'ailleurs

notre parabole comme une " parabole de parousie ", (mais à tort, comme nous l'avons vu chez Luc), car il l'a insérée au milieu des autres " paraboles de parousie " (24, 32-25, 13 et 25, 31-46). Comme le montre le " car " de l'introduction (25, 14) il s'agit d'inviter à la vigilance, puisque l'heure de la parousie est incertaine (25, 13). A deux reprises, cette interprétation christologique s'est marquée dans la parabole : dans l'expression " Viens au festin de ton maître " [34] (25, 21. 23) et dans l'ordre de rejeter le serviteur inutile dans les " ténèbres extérieures " (25, 30). Dans ces deux phrases, ce n'est plus un marchand terrestre qui parle, mais le Christ de la parousie, qui donne part au Monde nouveau et qui condamne à la damnation éternelle. Ces deux détails ne font pas partie de l'état premier de la parabole, comme le montre, pour les v. 21 et 23, la comparaison avec Luc, chez qui la récompense reste dans un cadre terrestre; quant aux paroles menaçantes (Mt 25, 30), qui manquent chez Luc et dépassent le cadre concret de la parabole, on y peut reconnaître une tournure favorite de Matthieu [35], qui n'est qu'une formule rédactionnelle : elle dédouble la peine, en ajoutant au châtiment terrestre (v. 28) celui de l'enfer.

Ainsi mis à part les élargissements moralisants et

qu'ils sont nommés dans la version de Luc, mais après avoir rendu leurs comptes, cf. p. 95, n. 39. Il est clair que la somme très modique de cent deniers dont parle Luc est celle qui dans le récit primitif leur était attribuée (cf. p. 43).

34. Le grec *chara* traduit un mot araméen qui signifie : 1) joie, 2) festin. Partager la table de quelqu'un signifie " être mis sur le même pied ".

35. V. 30*a* : " dans les ténèbres extérieures " (cf. Mt 8, 12; 22, 13) et v. 30*b* : " où il y aura des pleurs et des grincements de dents " (cf. Mt 8, 12; 13, 42, 50; 22, 13; 24, 51) sont des tournures, avec lesquelles Matthieu aime à conclure. Cf. la même combinaison des deux tournures en Mt 8, 12; 22, 13.

allégorisants que nous avons signalés, nous avons là l'histoire d'un riche négociant, que ses serviteurs redoutent, comme un homme sans ménagement et dur au gain; en partant pour un long voyage, il a confié à trois d'entre eux la somme de cent deniers [36] à faire fructifier (soit que simplement, il ne veuille pas laisser dormir son capital durant son absence [37], soit qu'il ait l'intention de mettre ses serviteurs à l'épreuve [38]; à son retour, il leur demande des comptes et pour récompenser les deux serviteurs fidèles, il leur donne des responsabilités accrues [39]. Mais c'est sur la reddition des comptes du troisième [40] que porte l'accent de la parabole; ce paresseux allègue de mauvaises excuses : une prudence inquiète lui a fait mettre en sûreté l'argent, sans l'utiliser; il connaissait en effet la rapacité de son maître et craignait que celui-ci ne se mît dans une colère terrible, s'il venait à perdre son argent dans de mauvaises affaires financières. D'après Luc, ce troisième serviteur aurait agi en outre avec une légèreté impardonnable : tandis que chez Matthieu, il a, au moins, cherché à mettre son argent en sûreté en l'enterrant, chez Luc, il l'a simplement conservé dans un linge et manqué ainsi à la plus élémentaire prudence [41].

36. Cf. supra note 33.
37. W. Michaelis, *o. c.*, p. 107 s.
38. T. W. Manson, *Sayings*, p. 315 qui présume cette intention de la manière dont sont récompensés les serviteurs (cf. infra note 39).
39. Manson, *Sayings*, p. 247, renvoie à une belle parole de *Pirqe Abb* 4, 2 " La récompense du devoir accompli est un (nouveau) devoir "; selon Luc 19, 17. 19 l'un est nommé gouverneur d'une décapole, l'autre d'une pentapole.
40. Dodd, p. 150.
41. " Enterrer " (Mt 25, 18) était considéré dans le droit rabbinique comme la plus sûre protection contre les voleurs : celui qui mettait en terre, en le recevant, un gage ou un dépôt, était dégagé de toute responsabilité civile (en *b B M 42a*). En revanche celui qui mettait l'argent dans un linge était civilement responsable de sa protection,

Que devaient saisir les auditeurs de Jésus en entendant cette parabole ? A quoi surtout pouvait leur faire penser ce serviteur qui avait enfoui son talent ? Leur fallait-il penser au peuple juif à qui l'on avait confié beaucoup mais qui n'avait pas fait fructifier son dépôt [42] ? Leur fallait-il songer aux Pharisiens qui cherchaient leur sécurité personnelle en pratiquant minutieusement la Loi, mais qui, en se refermant égoïstement sur eux-mêmes, rendaient stérile la religion [43] ? Nous avons vu déjà que les auditeurs de Jésus, en entendant parler des serviteurs, devaient penser d'abord à leurs chefs religieux et en particulier aux scribes. Puisque Jésus, en Lc 11, 52, reproche aussi à ceux-ci de n'avoir pas fait part du Don de Dieu à leurs compatriotes, on pourrait penser que c'est à eux que fut dite à l'origine la parabole des Talents [44]. On leur a confié quelque chose de suprême importance, la Parole de Dieu [45]. Mais, comme les serviteurs de la parabole, il leur faudra bientôt rendre des comptes et dire ce qu'ils ont fait du gage confié : en ont-ils usé comme le voulait Dieu, ou comme le troisième serviteur, égarés par leur égoïsme et un dédain inconsidéré du don de Dieu, ont-ils fait perdre à la Parole de Dieu son efficacité ?

Là aussi, l'Église primitive a, par de nombreux traits, appliqué la parabole à sa situation concrète. Ce développement a commencé lorsqu'on a expliqué l'ordre " Prenez-lui sa mine et donnez-la à celui qui

étant donnée l'insuffisance des précautions prises (*b B M* 3, 10 s.). On voit que les versions de Matthieu comme de Luc supposent des mœurs palestiniennes.

42. M. Dibelius, *Jesus*, Berlin, 1939, p. 107.

43. Dodd, p. 151 s.

44. B.T.D. Smith, p. 168.

45. On trouve aussi cette comparaison de la Parole de Dieu avec un dépôt confié en 1 Tm 6, 20 et 2 Tm 1, 12. 14.

en a dix » (Lc 19, 24; cf. Mt 25, 28), par la sentence généralisante : « Car à celui qui a, Dieu [46] donnera encore [47]; à celui qui n'a pas, Il prendra même ce qu'il a [48] » (Mt 25, 29 par Lc 19, 26). C'est en fait un commentaire tout à fait exact de l'ordre donné : effectivement, le bon serviteur reçoit encore plus et le paresseux se voit prendre ce qu'il a. Et cependant, l'adjonction de cette sentence explicative a transformé l'allure de la parabole : en effet, de par sa place — elle est presque en conclusion — elle n'est plus seulement l'explication d'un verset (25, 28), mais de toute la parabole. L'accent principal porte maintenant sur un détail secondaire (v. 28) : ainsi, pense-t-on, la parabole n'a pour but que d'être un enseignement sur la manière dont Dieu sanctionne ou récompense; mais Celui-ci paraît injuste puisqu'il enrichit encore les riches et enlève aux pauvres ce qui leur reste. Luc a d'ailleurs ici marqué explicitement la surprise des auditeurs : « Seigneur, il a déjà dix mines ! » (Lc 19, 25); mais telle est la justice de Dieu, enseigne la parénèse chrétienne. A plus forte raison devons-nous tout faire pour que nous, nous ne faillissions pas ! Dans l'Évangile aux Nazaréens, l'accent est encore plus nettement mis sur la parénèse ; la parabole est devenue un avertissement à la Communauté sur les dangers d'une vie dissolue.

Mais très tôt, à cette application parénétique de la

46. Les passifs « il sera donné, il sera enlevé » sont de nouveau, des transcriptions du nom divin.

47. Matthieu ajoute « et il aura du surplus », (25, 29, comme en 13, 12) : la tradition aime ce genre d'amplification.

48. Le v. 29 brise la continuité des v. 28 et 30 : Ce verset primitivement isolé (Mc 4, 25; Mt 13, 12; Lc 8, 18; ÉvTh 41) a été ajouté à la parabole comme conclusion généralisante; cela remonte, comme l'indique l'accord de Mt et Lc à la tradition qui précède les deux évangélistes. Le logion était peut-être à l'origine un proverbe : « Injuste est la vie. »

parabole, s'en est ajoutée une autre : on l'a mise en relation avec le retard de la parousie, ce qui a amené l'allégorisation de certains traits. Alors qu'à l'origine, on ne faisait que mentionner le voyage et l'absence du maître, pour expliquer le délai laissé aux serviteurs, ces détails secondaires occupent maintenant de plus en plus une place centrale : Le Négociant devient chez Matthieu une figure allégorique du Christ, son voyage est identifié à l'Ascension, et son retour " après un long délai " (*méta polun chronon*, Mt 25, 19) est une image de parousie, qui fait entrer l'un dans le festin messianique et rejette l'autre dans les ténèbres extérieures. La version de Luc va encore plus avant sur cette voie de l'allégorisation : le négociant devient un roi et le seul but de la parabole est de motiver le retard de la parousie (Lc 19, 11).

Primitivement toutes les paraboles que nous appelons " paraboles de parousie " étaient donc des " paraboles de crise ". Elles voulaient secouer un peuple aveuglé, ainsi que ses chefs devant la gravité redoutable de l'heure. La catastrophe va arriver de façon aussi inopinée que le cambrioleur nocturne, que l'époux qui paraît à minuit, que le maître rentrant très tard d'un banquet ou que celui qui revient d'un long voyage ! Ne vous laissez pas prendre au dépourvu !

C'est seulement l'Église primitive qui interpréta ces cinq paraboles dans un sens christologique [49] et les adressa à la Communauté pour l'avertir de ne pas se laisser aller, tandis qu'elle reste dans l'attente de la parousie.

49. Une seule fois, Jésus lui-même s'est publiquement reconnu en termes exprès comme le Messie : Mc 14, 62 et par.

c) *Les directives pour la conduite des communautés*

Dans les remarques faites jusqu'ici, il est un processus que nous avons plusieurs fois retrouvé : on a appliqué aux chefs de la Communauté chrétienne des paraboles qui, à l'origine, étaient adressées aux chefs religieux d'Israël [50] ou aux adversaires de Jésus [51]. Les images utilisées (serviteur, pasteur) facilitèrent ces transpositions qui correspondaient au besoin d'avoir des directives de Jésus pour les dirigeants des communautés. Le discours de Mt 18 qui a été composé dans ce but [52] montre combien ce besoin était vif. Ce facteur a donc joué aussi dans la transformation du sens de quelques paraboles.

50. P. 85 s. : parabole du Portier; p. 88 s. : parabole de l'Homme de confiance; p. 91 s. : parabole des Talents.
51. P. 60 s. : parabole de la Brebis perdue.
52. Cf. p. 61.

8. *L'allégorisation*

Nous venons de voir dans le chapitre précédent que l'Église a appliqué les paraboles à sa propre situation qui caractérisait surtout la Mission chez les païens et le délai de la parousie. L'interprétation allégorique a été l'un des moyens dont elle s'est servie pour leur donner une autre application. C'est l'allégorisation * christologique qui est la plus fréquente : Voleur, Époux, Maître de maison, Négociant, Roi deviennent autant d'allusions au Christ, alors qu'à l'origine les déclarations du Christ sur lui-même furent tout au plus voilées et ne se trouvent qu'en arrière-fond de quelques paraboles. Mais là où il était question de récompense ou de châtiment, on eut aussi recours aux interprétations allégoriques (festin du temps de salut : Mt 25, 21. 23; Lc 12, 37*b*; ténèbres extérieures : Mt 22, 13; 25, 30). Cependant la masse des interprétations allégoriques secondaires est encore bien plus grande. Les trois évangélistes synoptiques sont en effet d'accord pour voir dans les paraboles des récits énigmatiques, qui restent incompréhensibles pour les " gens du dehors " (Mc 4, 10-12 et par. dans leur contexte actuel).

Les différentes couches de la tradition reflètent cependant des différences dans l'emploi de l'interprétation allégorique, aussi est-il indiqué d'examiner séparément les différents niveaux de la tradition, auxquels les évangélistes sont redevables de leurs données. Nous commencerons par la parabole qu'ont en commun Matthieu et Luc [A] *a*; nous nous tournerons ensuite vers celles que rapporte Marc [B] *b*, puis vers celles que Matthieu [C], Jean [D], Luc [E] et l'ÉvTh [F] sont seuls, chacun, à nous donner.

A. En ce qui concerne tout d'abord *les paraboles communes à Matthieu et Luc*, nous avons déjà vu que celles du Cambrioleur (Mt 24, 43 s.; Lc 12, 39 s., p. 78 s.), de l'Homme de confiance (Mt 24, 45-51; Lc 12, 41-46, p. 88 s.) et des Talents (Mt 25, 14-30; Lc 19, 12-27, p. 91 s.), où les deux évangélistes sont concordants mais en s'écartant de la version primitive, ont été rattachées au Christ et à son retour. L'accord entre Matthieu et Luc permet dans les trois cas, de conclure que les interprétations allégoriques que nous avons notées, ne sont pas l'œuvre des deux évangélistes eux-mêmes mais appartiennent à la tradition qui les précède.

Des paraboles qui leur sont communes, celle du grand Festin (Mt 22, 1-14; Lc 14, 16-24; ÉvTh 64) nous offre un exemple de plus de l'interprétation allégorique. A côté de l'amplification que nous avons déjà signalée p. 75 s. et des simples variantes du récit, il y a dans la version de Matthieu toute une série de divergences avec le texte de Luc et de l'Évangile de Thomas, qui sont nées du goût pour l'allégorisation. Il est vrai qu'à la rigueur, on pourrait expliquer pourquoi chez Matthieu, le " particulier " de Lc 14, 16 et de l'ÉvTh 64 est devenu un roi (Mt 22, 2) et le " grand dîner " (Lc 14, 16), un repas de noce : nous aurions là l'introduction de la parabole du Vêtement de noce (Mt 22, 11-13) qu'on a fusionnée avec celle du Festin et où il s'agit des noces qu'a organisées un roi. Mais il y a d'autres détails pour lesquels Matthieu présente une version totalement divergente : A la place de l'unique domestique de Luc (14, 17. 21. 22 s.), il nous parle de plusieurs serviteurs : un premier groupe transmet l'invitation au repas (22, 3) [1], un second groupe (22, 4 : " d'autres serviteurs ") va renouveler l'appel lorsque le repas est prêt, bien que les premiers aient été déjà éconduits; il ne s'agit plus ici d'embellissement, comme le prouvent les v. 6 et 7. Ces deux versets jusqu'aux mots " le roi fut courroucé " (cf. Lc 14, 21), sont une amplification; ils manquent, en effet, chez Luc et dans l'Évangile de Thomas, ils brisent la continuité qui existait primitivement entre les v. 5 et 8 et sortent totalement du cadre de l'histoire. On nous dit ainsi au v. 6 que les serviteurs du deuxième groupe ne sont pas seulement éconduits, mais qu'ils sont, on ne sait pourquoi, maltraités, tués même, par les " autres " invités (qui sont-ils ?). Plus étonnante encore est la colère du roi qui, avant qu'on ait mangé le repas de noce, expédie sa garde du corps [2], fait périr les meurtriers (qui habitent tous dans une ville) et incendier leur cité. Il est évident que le v. 7, en utilisant un vieux schème de description d'expédition punitive (cf. p. 51), fait allusion à la ruine de Jérusalem; nous devons en conclure que, dans le premier groupe de

1. On dit de ce premier groupe : " et il envoya ses serviteurs pour appeler aux noces les *kéklèménous* " (22, 3). Le participe parfait *tous kéklèménous* paraît signifier qu'il y a déjà eu une invitation proprement dite; il serait ainsi question de trois invitations aux v. 3 et 4 (JÜLICHER II, p. 419; E. KLOSTERMANN, *Das Matthäusevangelium*, 2e éd., Tübingen, 1927, p. 175 à propos de Mt 22, 4). En fait, il pourrait y avoir là un sémitisme : le participe passé a souvent dans les langues sémitiques la valeur d'un gérondif et il faudrait traduire : *tous kéklèménous* par " les gens qui étaient à inviter " et non par " les invités ".

2. *Ta strateumata autou* est un pluriel généralisant : son armée. Cf. P. JOÜON, *L'Évangile de Notre-Seigneur Jésus-Christ*, Paris, 1930, p. 135. Cela désigne la " garde du corps ", cf. 4 M 5, 1; Lc 23, 11.

serviteurs (v. 3), Matthieu a vu les prophètes de l'Ancien Testament et le refus qui fut opposé à leur message; pour le second groupe (v. 4), il a songé aux apôtres et aux missionnaires envoyés à Israël, aux mauvais traitements et au martyre que subirent certains d'entre eux (v. 6); l'envoi sur les chemins (v. 9 s.) est pour lui une image de la Mission auprès des païens (cf. p. 75) et l'entrée dans la salle du festin une figure du baptême (v. 10*b*, cf. p. 77 s.). Ce festin auquel invitent les prophètes, dont les apôtres annoncent qu'il est prêt, que dédaignent les invités, où se précipitent les non-conviés et auquel on ne peut participer qu'avec un habit de noce, c'est le festin du temps de salut. De même, la visite du roi à ses hôtes est figure de jugement (v. 11) comme les « ténèbres extérieures » (v. 13) sont une image de l'enfer (cf. Mt 8, 12; 25, 30). Ainsi, chez Matthieu, l'interprétation allégorique a-t-elle fait de notre parabole une esquisse de l'histoire du salut, depuis l'entrée en scène des prophètes de l'Ancienne Alliance jusqu'au Jugement dernier, en passant par la ruine de Jérusalem [3]. On veut nous expliquer ainsi pourquoi on a porté l'Évangile aux païens : c'est qu'Israël n'en a pas voulu.

Luc est très réservé à l'égard de l'allégorie. Certes, il y a chez lui aussi quelques traits allégoriques, mais sans aucune proportion avec ce que nous trouvons chez Matthieu. Qu'il ait aussi vu dans le « grand repas », une image du festin messianique, c'est ce que montre

3. Il y a là d'ailleurs, un emprunt presque mot à mot à Mt 21, 33 s. : « de nouveau, il envoya d'autres serviteurs » (22, 4) = mot à mot 21, 36; le meurtre des serviteurs (22, 6) a son correspondant en 21, 35 s., « il fit périr ces misérables » et « il les fera périr » (21, 41). Les mauvais traitements qui en Mt 22, 6 ne sont pas motivés (les serviteurs transmettent une invitation !) trouvent leur raison en 21, 35 s.; là, les serviteurs doivent mettre les vignerons au pied du mur en leur réclamant le fermage.

Lc 14, 15 et l'expression " mon repas " au v. 24. De même, nous l'avons vu plus haut (p. 75), la " ville " est aussi pour lui symbole d'Israël et toute la parabole veut illustrer un appel aux païens. Mais on peut déjà ici se demander s'il faut imputer ces allégorisations à Luc lui-même. L'identification de la " ville " et d'Israël, du repas avec le festin messianique, n'est en tout cas pas son œuvre — comme le prouve son accord avec Matthieu —; elle doit être plus ancienne que leurs deux rédactions. Quant à Jésus lui-même, s'il n'a pas dit la parabole comme une allégorie du festin messianique, il avait cependant déjà lui-même, ce festin en vue, ainsi que le refus par Israël de l'invitation.

Il est des cas où Matthieu, dans des paraboles qui lui sont communes avec Luc, a introduit des traits allégoriques. C'est le cas de la parabole de la Brebis perdue : chez Luc (15, 4-7), elle est restée la simple description d'un incident de la vie; chez Matthieu (18, 12-14) en revanche, elle s'est transformée en une parabole ecclésiologique : le pasteur est devenu le chef de la Communauté chrétienne et la brebis un membre égaré de celle-ci.

B. Tournons-nous maintenant vers *les paraboles de Marc*. Il nous faut nous souvenir ici que nous avons déjà rencontré chez lui deux applications secondaires : en Mc 2, 19*b*-20 l'époux (cf. p. 84, n. 16) et en Mc 13, 33-37 le maître de maison (cf. p. 86 s.) sont présentés comme des figures allégoriques du Christ. Pour cette dernière parabole, on trouve la même interprétation chez Luc et chez Matthieu bien que l'un, et vraisemblablement l'autre, suivent à leur propre source; on doit donc en conclure que cette interprétation est née d'une tradition antérieure à Marc.

La parabole des Vignerons homicides nous offre un autre exemple d'interprétation allégorique chez Marc (Mc 12, 1-11, par. Mt 21, 33-44; Lc 20, 9-18; ÉvTh 65). Le caractère allégorique de cette parabole qui se rattache au " Chant de la Vigne " d'Is 5, 1-7, lui donne une place unique dans les paraboles synoptiques de Jésus : il paraît au premier abord évident que la vigne symbolise Israël, les vignerons ses souverains et ses chefs, le propriétaire Dieu, les messagers les prophètes, le fils le Christ, le châtiment des vignerons le rejet d'Israël, et l' " autre peuple " l'Église des païens. Mais une comparaison des textes modifie pour l'essentiel cette impression.

Dans les précédentes éditions de ce livre, la comparaison des différentes versions avait permis de montrer que les traits allégoriques que l'on trouve déjà chez Marc, mais surtout chez Matthieu, étaient secondaires. Ce résultat nous est maintenant confirmé par l'Évangile de Thomas.

1) *La plantation attentive de la vigne* qui sert d'introduction en Marc (12, 1), et Matthieu (21, 33) se rattache étroitement à celle décrite par Isaïe dans le Chant de la Vigne (Is 5, 1-7). C'est de lui que viennent la clôture, le pressoir et la tour de la parabole. En se référant ainsi à l'Écriture dès les premiers versets, on veut clairement indiquer qu'il ne s'agit pas d'un propriétaire de vignoble de ce monde, mais de Dieu et d'Israël, et qu'on a ici une allégorie. D'ailleurs ce renvoi à Is 5 est omis chez Luc et, ce qui a encore plus de poids, manque dans l'Évangile de Thomas qui commence ainsi : " Un homme honnête avait une vigne; il la donna à des ouvriers pour qu'ils la travaillent et pour en recevoir d'eux le fruit. " Ce qui surtout donne à penser, c'est que les évangélistes uti-

lisent le texte de la LXX [4]. Le rattachement à Is 5 pourrait être de la sorte une transformation secondaire.

2) *L'envoi des serviteurs* montre de façon plus nette encore comment l'allégorisation ne s'est emparée que progressivement de l'histoire. L'Évangile de Thomas continue après son introduction : " Il envoya son serviteur pour que les paysans lui donnent le fruit de la vigne. Mais ceux-ci s'emparèrent de son serviteur, le frappèrent, et il s'en fallut de peu qu'ils ne l'aient tué. Le serviteur alla et le dit à son maître. Son maître dit : Peut-être leur était-il inconnu. Il envoya un autre serviteur, mais les paysans frappèrent (aussi) celui-là. " Cette description reste tout entière dans le cadre d'un simple récit et rien n'indique qu'il faille y chercher plus ample signification. Nous remarquons en particulier qu'un seul serviteur est envoyé chaque fois. On retrouve ce trait chez Marc (au moins au début, 12, 2-5*a*), mais il parle, lui, de trois envois : une première fois le serviteur est rossé, le second déshonoré par des coups de poing au visage, le troisième tué. Marc introduit ainsi une progression dans les outrages. Mais, si c'est cet arrangement qui l'a entraîné à introduire la mort du troisième serviteur, il y a là une exagération maladroite, comme on en trouve dans les récits populaires; car en anticipant le sort qui sera celui du fils, on affaiblit la marche de l'histoire. Cependant, en conclusion, au verset 5*b*, Marc abandonne la " règle des trois personnages " chère aux histoires populaires, pour mentionner sommairement l'envoi de " beaucoup d'autres ", les uns étant rossés, les autres tués. Aucun doute : ce sont les prophètes et le sort

4. On saisit très nettement l'utilisation de la LXX dans la tournure : " il l'entoura d'une clôture " (Mc 12, 1); car dans le texte hébreu d'Is 5, 2 on lit : " il creusa un fossé autour ", ce que la LXX a faussement traduit par : " je l'entourai d'une clôture ".

qui leur fut réservé. Cette allégorie qui envahit la scène est certainement une amplification.

Il est significatif que Luc (12, 10-12) n'ait repris ni le meurtre du troisième serviteur, ni la conclusion allégorique de Marc. Il s'en tient au triple envoi d'un seul serviteur et aux mauvais traitements que chacun d'eux subit et il construit son récit d'une manière parfaitement symétrique. Doit-il cette sobre retenue à sa sensibilité d'écrivain ou la tient-il de la tradition orale ? Nous ne pouvons pas le dire.

Il en va bien autrement chez Matthieu (21, 34-36). Celui-ci a été plus conséquent et est allé jusqu'au bout de l'allégorisation. Dans sa version, la gradation que nous avons trouvée chez Marc et Luc disparaît totalement. Dès le début, plusieurs serviteurs sont envoyés et ces premiers déjà sont : les uns maltraités, les autres tués ou lapidés. Il n'y a ensuite qu'un seul envoi : il s'agit aussi de plusieurs serviteurs — plus nombreux que la première fois — et ils subissent le même sort. A travers ces missions, Matthieu songe aux prophètes anciens et récents et la lapidation est une allusion très claire au sort des prophètes (2 Ch 24, 21; He 11, 37; cf. Mt 23, 37; Lc 13, 34). Il ne reste donc plus rien du simple récit primitif, tel que nous le trouvons chez Luc et dans l'Évangile de Thomas et tel que nous pouvons l'inférer du texte de Marc : il n'était question pour eux que d'un seul messager que, chaque fois, les vignerons ont renvoyé les mains vides après l'avoir accablé d'injures et d'outrages.

3) Quant à *l'envoi du fils*, il faut d'abord noter que c'est le meurtre de celui-ci qui conclut de façon abrupte l'histoire proprement dite. Il en est de même dans l'Évangile de Thomas, où la parabole se termine ainsi : « Alors le maître envoya son fils. Il dit : Peut-être redouteront-ils mon fils. Ces paysans quand ils surent

qu'il était l'héritier de la vigne, le saisirent et le tuèrent. Que celui qui a des oreilles, entende. " Cette circonstance nous interdit déjà de voir, dans la parabole, une allégorie que l'Église primitive aurait mise dans la bouche de Jésus, car sa Résurrection avait pour elle une importance si capitale qu'elle l'aurait certainement mentionnée au cours du récit [5]. Mais puisque nous sommes alors renvoyés à la situation propre de Jésus, il nous faut distinguer entre sa pensée et ce qu'ont compris ses auditeurs. Il n'y a aucun doute qu'en parlant de l'envoi du fils, Jésus n'ait songé à sa propre mission, mais rien n'était donné à la foule de ses auditeurs qui puisse lui permettre d'interpréter le " fils " dans un sens messianique : on n'a pas pu montrer en effet que le " Fils de Dieu " ait été dans le judaïsme pré-chrétien de Palestine un titre messianique. " En entendant dans notre parabole raconter l'envoi du Fils et sa mort, aucun Juif ne pouvait être amené à penser à la mission du Messie [6]. " Il est d'ailleurs significatif que dans la parabole rabbinique du Roi et des mauvais fermiers, ce soit le patriarche Jacob (comme le représentant d'Israël) qui soit représenté sous les traits du fils. Ainsi la pointe christologique devait-elle rester voilée aux auditeurs.

L'Église primitive, elle, l'a très tôt mise en lumière. Chez Marc, le fils est tué à l'intérieur de la vigne et c'est ensuite seulement que les vignerons rejettent au dehors son cadavre. Ce trait veut simplement donner la mesure de leur scélératesse : les vignerons profanent encore le cadavre en le jetant par-dessus le mur et en lui refusant la sépulture. Rien ne rappelle ici les évé-

5. V. Taylor, *Jesus and His Sacrifice*, London, 1937, p. 107; A. M. Brouwer, *De Gelijkenissen*, Leiden, 1946, p. 68.

6. W. G. Kümmel in : *Aux Sources de la Tradition chrétienne* (Mélanges Goguel), Neuchâtel-Paris, 1950, p. 130.

nements de la Passion de Jésus. Mais il en va autrement chez Mt (21, 39) et chez Lc (20, 15) : chez eux, le fils est d'abord poussé hors de la vigne et là, à l'extérieur, les vignerons le tuent, allusion évidente à la mort de Jésus hors de la ville (Jn 19, 17; He 13, 12 s.). Nous nous trouvons donc ici devant une mise en lumière de la pointe christologique. On en peut voir cependant déjà les premiers indices chez Marc : d'une part, dans l'expression : " fils bien-aimé " (12, 6) qui est une réminiscence de ce que dit la " voix venue du ciel " en 1, 11 et 9, 7 [7] et d'autre part dans les v. 10 et 11 où il cite un des arguments préférés de l'Église primitive sur la Résurrection et l'élévation du Christ en gloire [8]; c'est l'image, tirée de l'A. T., de la pierre rejetée dont Dieu a fait la clef de voûte [9] (Ps 118, 22 s.). On a vraisemblablement inséré cet argument scripturaire qui suit mot à mot le texte de la LXX, parce qu'on ressentait le besoin de fonder le sort du fils sur l'Écriture et d'ajouter quelque chose sur la Résurrection dont le récit ne disait rien [10]. Tous ces éclaircissements christologiques sont absents de l'Évangile de Thomas.

4) Quant à la question finale qui se trouve dans les trois Synoptiques, elle est absente de l'Évangile de Thomas. Elle se rattache, elle aussi, à Is 5, 5 et c'est encore le texte de la Septante qui est utilisé et non l'hébreu (qui n'a pas cette forme interrogative). Et, de même que la question finale, la réponse qu'elle

7. Kümmel, *o. c.*, p. 123.
8. Cf. Ac 4, 11; 1 P 2, 7.
9. *Képhalè gônias* (que Luther traduit par la " pierre d'angle ") est la " clef de voûte " d'un portail. Cf. Jeremias, *ThWNT* I, p. 792 s.
10. B. T. D. Smith, p. 224. L'ajout de cet argument scripturaire est plus ancien que Marc, car l'absence d'argument prophétique est une de ses caractéristiques : dans les quelques passages où il en apporte, il suit une tradition plus ancienne.

provoque ne peut être considérée comme partie intégrante de la parabole.

Nous venons de voir que la référence à Is 5 au commencement et en conclusion de la parabole était secondaire, que la mission des trois serviteurs n'avait pas primitivement un sens allégorique et que la pointe christologique de la parabole ne pouvait pas être manifeste pour les auditeurs de Jésus; si ce que nous avons dit est exact, on peut cependant se demander si la parabole prise dans son ensemble ne sort pas tellement du cadre de la réalité, que l'on doive y voir, malgré tout, une allégorie. Songeons à la patience étonnante du propriétaire, à l'espoir insensé des vignerons qui pensent acquérir l'héritage en tuant le fils, ou au meurtre de ce fils : tout cela pouvait-il avoir un fondement dans la réalité ? Il semble possible, aussi surprenant que cela paraisse, de répondre affirmativement à cette question.

La parabole, comme l'a montré Dodd [11], décrit de façon réaliste l'état d'esprit révolutionnaire des paysans galiléens en face des gros propriétaires fonciers, tel que l'avait éveillé le mouvement zélote, né dans cette région. Il faut nous représenter que, non seulement toute la vallée supérieure du Jourdain — et vraisemblablement les rives nord et nord-ouest du lac de Génésareth —, mais aussi une grande part de la montagne galiléenne étaient alors des *latifundia*, dont la majeure partie appartenait à des propriétaires étrangers [12].

11. P. 124 s.

12. A l'époque de la grande révolte (66 apr. J.-C.), on nous parle de céréales qui, dans les villages de la Galilée supérieure, autour de Gishala, sont versées au compte de César (Josèphe, *Vita*, § 71) : ces villages appartenaient donc au domaine impérial. De même, la princesse Bérénice fit engranger alors de grandes quantités de blé, à Besara, à la limite du territoire de la ville de Ptolemaïs (Akko), (*o. c.* § 119). Quelques siècles plus tôt, un des papyrus Zenon nous

D'ailleurs le propriétaire de la parabole vit à l'étranger (Mc 12, 1 : " et il partit pour l'étranger ") et l'on peut supposer qu'il est lui-même étranger; voilà un fait remarquable pour comprendre la parabole. C'est seulement parce que leur maître est loin que les vignerons peuvent prendre tant de libertés à l'égard de ses envoyés et c'est aussi parce qu'il est étranger que le propriétaire doit, après avoir vu ses serviteurs chassés malhonnêtement, chercher quelqu'un qui puisse inspirer quelque respect aux récalcitrants. S'il est étranger, on comprend aussi le calcul des vignerons, qui sans cela serait incroyablement fou : ayant écarté l'unique héritier [13], ils réussiront sans difficulté à entrer en possession du fonds (Mc 12, 7). Ils ont évidemment en tête une clause du droit selon laquelle tout héritage qui n'était pas pris en possession dans un certain laps de temps, était considéré comme bien vacant que chacun peut s'approprier mais qui appartient en fait au premier occupant [14]. L'arrivée du fils leur fait penser que le propriétaire est décédé et que son fils

rapporte qu'Apollonius, ministre des finances du royaume ptolémaïque, possédait un domaine à Baitianata en Galilée d'où on lui envoyait du vin en Égypte (Pubblicazioni della Societa Italiana. Papiri Greci e Latini 6 (1920), N° 594). Ce même endroit est désigné par les papyrus comme " station de ravitaillement " et on y pourvoyait en blé les fonctionnaires égyptiens en tournée dans la région (Catalogue général du Musée du Caire 79, N° 59.004, 59.011).

13. *Agapètos* (Mc 12, 6) a ici la valeur de " fils unique " (c'est pourquoi il est aimé par-dessus tout); Dodd, p. 130, n. 1. Il est donc le seul héritier.

14. E. Bammel, *Das Gleichnis von den bösen Winzern* (Mk 12, 1-9) *und das jüdische Erbrecht*, *Revue Internationale des Droits de l'Antiquité*, 3ᵉ série, 6 (1959), p. 11-17. Pour prendre possession d'un fonds, la procédure était la suivante : on bornait, on clôturait ou on pourvoyait d'un accès une partie du terrain quelque petite qu'elle fût (*B B* 3, 3). On nous raconte un cas concret, dans lequel la prise de possession d'un jardin tombé en déshérence à la mort d'un prosélyte, se fit par la " peinture d'une figure ", c'est-à-dire en mettant un signe de possession (*b B B* 54*a*).

vient prendre possession de l'héritage : en le tuant, la vigne devient " bien vacant " et ils peuvent comme premiers occupants en revendiquer la possession. On peut cependant se demander si le meurtre du fils n'est pas un trait trop énorme pour une histoire prise dans la vie. En fait l'impression que voulait produire la parabole exigeait une progression dans la description de la rébellion des vignerons, afin qu'aucun auditeur ne puisse s'en cacher la gravité. Il fallait donc dépeindre leur dépravation de la façon la plus noire possible. Et la logique de l'histoire — qui n'a rien d'une réflexion théologique sur la filiation divine du messie — devait amener à introduire cette figure du fils unique. Cela n'exclut pas, bien au contraire, qu'en parlant du meurtre du fils du propriétaire, la parabole ne fasse allusion à la situation présente où un dernier et définitif refus est opposé au dernier message de Dieu. On peut donc conclure : Mc 12, 1 s. n'est pas une allégorie, mais une parabole qui évoque un état de chose réel.

Ce n'est que maintenant que l'on peut donner le sens originel de la parabole. Son but, comme celui de beaucoup d'autres paraboles de Jésus, est de justifier pourquoi c'est aux pauvres qu'est offerte la Bonne Nouvelle. Vous les vignerons, les chefs du peuple, vous n'avez pas voulu recevoir le Message; vous avez accumulé rébellion sur rébellion contre Dieu ! Vous repoussez même son dernier envoyé ! La mesure est comble ! Et voilà pourquoi, Dieu donnera la vigne à " d'autres " (Mc 12, 9) ! (Ni Marc, ni Luc ne donnent de plus amples détails sur ces " autres ", mais par analogie avec d'autres paraboles du même genre [cf. on p. 179] peut penser qu'il s'agit des *Ptôchoï*, des " Pauvres * ") [15].

Pour revenir à notre propos, nous pouvons résumer

15. Cf. Mt 5, 5 " car ils recevront la terre en héritage ".

les résultats de notre recherche. A priori, par sa liaison au " Chant de la Vigne " d'Is 5, 1-7 notre parabole possède un commencement d'allégorisation : " La vigne du Seigneur des armées, c'est la maison d'Israël " (Is 5, 7); tous les auditeurs connaissaient ce verset et ils devaient ainsi identifier les chefs d'Israël avec les vignerons (Mc 12, 12*b*; Lc 20, 19*b*). Mais déjà la tradition prémarcienne a poussé plus avant l'allégorisation en ajoutant l'allusion aux prophètes (" puis beaucoup d'autres " : Mc 12, 5*b*) et en marquant distinctement la pointe christologique par la prophétie sur la Résurrection (Mc 12, 10 s.) [16]. Matthieu est allé plus loin encore : chez lui la parabole (comme celle du Festin, cf. p. 101 s.) est devenue un abrégé de l'histoire du salut depuis la conclusion de l'Alliance au Sinaï (c'est ainsi qu'il doit avoir compris le " il loua " de 21, 33) en passant par la destruction de Jérusalem (21, 41, cf. 22, 7) et la fondation de l'Église des païens (21, 43) [17], jusqu'au Jugement dernier (21, 44). Luc, lui, s'est montré très réservé à l'égard de l'allégorisation, mais n'y a pas totalement échappé (20, 13, 15, 17 s.).

Dans le cadre des données de Marc, il nous faut parler encore de *l'explication de la parabole du Semeur* (Mc 4, 13-20; les parallèles Mt 13, 18-23; Lc 8, 11-15 sont dépendants de Marc, comme le montre leur contexte). Longtemps, je me suis dressé contre ceux qui prétendaient que cette explication était l'œuvre de l'Église primitive, mais, ne serait-ce que pour

16. Cf. p. 109 n. 10.

17. L'identification de *alloï*, " les autres ", avec les païens (seulement en Mt 21, 43) est plus ancienne que Matthieu, car l'expression " le Règne de Dieu " que l'on ne trouve que quatre fois chez lui, n'appartient pas à son style : lui-même emploie l'expression " Royaume des Cieux " (trente-deux fois chez lui, alors que l'on ne le rencontre qu'une fois dans le reste du N. T. comme variante de Jn 3, 5).

des raisons linguistiques, on est inévitablement amené à cette conclusion.

1) La " Parole " employée sans complément est un terme technique qu'a forgé l'Église primitive et qu'elle a très souvent employé pour désigner l'Évangile. Dans la bouche de Jésus, ce sens fort de la " Parole " ne se trouve que dans cette explication de la parabole du Semeur (on l'y trouve huit fois chez Marc, cinq fois chez Matthieu, trois fois chez Luc), et autrement jamais ! Ajoutons que, dans ce passage, l'on trouve une quantité d'affirmations sur la " Parole " qui sont étrangères au reste de la prédication de Jésus, mais très fréquentes par contre aux temps apostoliques [18] : le prédicateur répand la Parole; elle est reçue [19] avec joie; la persécution s'élève contre elle; la Parole provoque le scandale; elle croît [20] et porte du fruit.

2) Mc 4, 13-20 présente d'autre part un grand nombre de mots que l'on ne trouve pas ailleurs dans les Synoptiques, mais qui sont familiers au reste de la littérature novotestamentaire, et spécialement à Paul [21] : " semer " pour " annoncer " (la Parole); " la racine " (v. 17), métaphore qui marque la solidité intérieure (cf. Col 2, 7 et Ép 3, 17, " enracinés "); " homme d'un moment " (hellénisme qui n'a pas d'équivalent araméen) [22]; " séduction ", *ploutos*, " richesse " (on ne le trouve pas ailleurs dans les évangiles, mais on le rencontre dix-neuf fois dans le reste du Nouveau Testament dont quinze fois dans les épîtres pauliniennes); " porter du fruit ", employé métaphoriquement (seuls emplois ailleurs en Rm 7, 4 s. et Col 1,

18. J. Schniewind in : *Das Neue Testament Deutsch* I à Mc 4, 14 s.
19. 1 Th 1, 6; 2, 13; Ac 17, 11; 2 Co 11, 4; Jc 1, 21.
20. Ac 6, 7; 12, 24; 19, 20; Col 1, 6.
21. Dodd, p. 13 s.
22. P. Joüon, *L'Évangile de N.-S. J.-C.*, Paris, 1930, p. 87. Dans le N. T., ce mot ne se trouve ailleurs qu'en 2 Co 4, 18 et He 11, 25.

6, 10); *épithumia*, " convoitise " que l'on rencontre une autre fois chez Luc mais dans une acceptation différente [23]; *diôgmos*, " persécution " et *merimna*, " souci " que les Synoptiques n'utilisent qu'en un seul autre passage. En revanche, l'expression " les soucis du monde " est unique.

3) L'application des semailles à l'annonce de la Parole (Mc 4, 14) ne correspond pas à l'usage de Jésus qui compare plutôt la prédication à la rentrée de la récolte [24].

4) Outre ces constatations linguistiques, il reste le fait beaucoup plus important que l'explication de la parabole du Semeur ne tient pas compte de la pointe eschatologique de celle-ci (cf. p. 212 s.); ou, plus exactement, on ne regarde plus la parabole de ce point de vue, mais sous l'angle psychologique : dans l'Explication, la parabole devient un avertissement à des convertis pour qu'ils s'examinent eux-mêmes et jugent du sérieux de leur conversion.

5) Enfin, l'Évangile de Thomas nous rapporte la parabole sans interprétation, ce qui confirme les remarques critiques.

C'est donc à l'Église primitive que nous devons cette Explication de la parabole du Semeur. Elle y a vu une allégorie et elle l'a par conséquent interprétée trait pour trait. Deux idées, tout à fait distinctes à l'origine et qu'on trouve aussi dans le 4e livre d'Esdras, l'ont inspirée : d'une part, la comparaison de la Parole divine et de la Semence de Dieu [25] et d'autre part l'image de l' " homme-plantation divine " [26]. En

23. En Lc 22, 15 où le mot est pris en bonne part et est au singulier.

24. Mt 9, 37 s.; Lc 10, 2; Jn 4, 35. 38. Cf. Dodd, p. 187 et dans cet ouvrage p. 168 s.

25. 4 Esd 9, 31 : " Je sème aujourd'hui ma loi dans votre cœur, et elle y portera du fruit. "

26. *Ibid.*, 8, 41 : " Car de même que le paysan qui sème beaucoup

revanche, il est moins vraisemblable que l'idée stoïcienne du *logos spermatikos* ait pu avoir quelque influence. L'explication est plus ancienne que la version de Marc, car l'analyse a montré que les mots employés n'appartenaient pas à son vocabulaire.

On peut dire en résumé que, par rapport à l'assez petit nombre de paraboles que l'on trouve chez Marc, l'interprétation allégorique y a déjà une large extension, mais elle est due pour une grande part à la tradition qui précède l'évangéliste.

C. *Les paraboles que Matthieu est seul à rapporter* forment la troisième couche de la tradition, vers laquelle nous nous tournons maintenant. Après ce que nous avons déjà remarqué chez lui, nous ne serons pas étonnés, en étudiant les paraboles qui lui sont propres [27], d'y trouver un grand nombre d'interprétations allégoriques. Nous avons déjà vu [28] que la parabole des Dix Vierges a été comprise — à tort — comme une allégorie de la parousie du Christ, le Fiancé céleste. De même, en conclusion de la courte parabole du Vêtement de noce (Mt 22, 11-13) [29], nous trouvons une interprétation allégorique secondaire (" secondaire ", car elle sort du cadre de l'histoire et est caractéristique de la manière matthéenne) : l'intrus est rejeté dans les " ténèbres extérieures " où " il y aura des

de grains et repique beaucoup de plantes, ne voit pas toute la semence lever au temps de la croissance, ni tous les plançons prendre racine, ainsi de ceux qui sont semés dans le monde, tous ne seront pas sauvés. " Cette comparaison de la communauté avec une pépinière de Dieu se trouve déjà dans l'A. T. Cf. Is 61, 3 etc.

27. L'Ivraie; le Trésor; la Perle; le Filet; le Débiteur impitoyable; les Ouvriers envoyés à la vigne; les Deux Fils; l'Invité sans vêtement de noce; les Vierges sages et les Vierges " folles " ; le Jugement dernier.

28. Cf. p. 82 s.

29. Cf. p. 248 s.

pleurs et des grincements de dents ", c'est-à-dire en enfer.

La parabole des deux Fils (Mt 21, 28-32) trouve au v. 32 un emploi surprenant : elle est en effet appliquée à Jean-Baptiste. Celui-ci a fait la même expérience que le père de la parabole : il a essuyé le refus de ceux qui s'étaient engagés au service de Dieu et il a trouvé l'obéissance chez ceux qui vivaient loin de Dieu. Il est difficile de regarder cette application comme primitive. On a avancé un argument qui, à vrai dire, n'est pas à lui seul contraignant : on a dit, en effet, que le v. 32 ne convenait pas à la parabole par le simple fait qu'on ne sait rien d'un changement d'attitude vis-à-vis de Jean-Baptiste, des deux fractions du peuple qui sont ici opposées : un tel défaut de symétrie peut être en effet acceptable dans cette question déroutante (v. 31) de Jésus. Mais il est un argument de plus grand poids : le v. 32 se présente chez Luc comme un logion isolé (Lc 7, 29 s.) et il est évident que ce verset s'est introduit chez Matthieu (21, 31) à cause du " mot-crochet " : " les publicains et les prostituées "; d'autre part, l'expression " en vérité, je vous le dis " (v. 31*b*) qui si souvent termine les paraboles [30] nous oblige à voir dans le v. 31 la conclusion de celle-ci. Nous refaisons ainsi la même constatation : cette parabole voulait être primitivement une justification de la Bonne Nouvelle. (Vous n'en avez pas voulu, mais les " méprisés " ont entendu l'appel de Dieu et c'est pourquoi la promesse est pour eux !) Chez Matthieu, l'application à Jean-Baptiste en fait une image de l'histoire du salut, ce qui originairement n'était pas son sujet; elle s'apparente ainsi aux esquisses de cette histoire du salut que présentent les paraboles des Vignerons homicides [31]

30. Mt 5, 26; cf. Lc 14, 24; 15, 7. 10; 18, 14.
31. Cf. p. 105 s.

et du grand Festin [32]. Il se pourrait d'ailleurs que dans ce cas précis, l'application à Jean-Baptiste ne soit pas l'œuvre de Matthieu, mais qu'il l'ait trouvée déjà dans la tradition qui le précède : celui-ci, en effet a inséré notre parabole dans son Évangile à cause du mot-crochet " Jean " (21, 25; 21, 32) et l'a donc probablement reçue telle quelle avec son verset de conclusion (v. 32).

Il est d'une particulière importance pour notre recherche d'étudier l' " Explication " de la parabole de l'Ivraie (Mt 13, 36-43), qui fait également partie des données propres à Matthieu : les v. 37-39 expliquent allégoriquement et trait pour trait les mots les plus importants de la parabole et les v. 40-43 ne sont consacrés par contre qu'au sort opposé de l'ivraie et du blé que décrit le v. 30*b*. Nous avons ainsi un petit lexique des termes allégoriques (v. 37-39) que suit une courte apocalypse (v. 40-43) [33].

1) Ce qui frappe dans cette explication, c'est qu'elle ne dit mot de l'exhortation à la patience, qui constitue le point saillant de la parabole; et ainsi manque-t-elle la " pointe " de celle-ci [34].

2) Elle présente aussi quelques tournures qu'il est difficile, pour des raisons linguistiques, de mettre dans la bouche de Jésus, ainsi pour : *o kosmos*, " le monde " (v. 38) dont il est très douteux que l'équivalent araméen (*'al^{e}ma*) ait pu avoir ce sens à l'époque préchrétienne (c'est ce qu'ont montré les recherches attentives de Dalman [35]); il en est de même de *o ponéros*,

32. Cf. p. 180 s.

33. M. de Goedt, *L'explication de la parabole de l'ivraie*, *Rev. Bibl.*, 1959, p. 32-54; J. Jeremias, *Die Deutung des Gleichnisses vom Unkraut unter dem Weizen* (Mt XIII, 36-43), in : *Neotestamentica et Patristica* (Mélanges O. Culmann), Leyde, 1962, p. 59-63.

34. R. Bultmann, *Die Geschichte der synoptischen Tradition*, Göttingen, 1958, p. 203.

35. G. Dalman, *Die Worte Jesu I*, 2e éd., Leipzig, 1930, p. 132-136.

“ le Mauvais (le Diable) ” (v. 38), car *bisa* en araméen n’a jamais été un nom du Diable; c’est le cas aussi de *è basiléia*, employé sans complément (= le Royaume de Dieu) (v. 38) car en araméen *malkhuth* sans complément désigne toujours le gouvernement terrestre. Ces remarques s’accordent au fait que *o diabolos*, “ le diable ” (v. 39) appartient dans les Évangiles, à une couche plus récente de la tradition; la tradition ancienne appelle le diable *satanas* = *satana* (aram.) = *Satan* [36].

3) Quant au contenu même de l’explication, il offre quelques particularités qui ne s’insèrent pas dans le cadre de la prédication de Jésus. L’expression les “ fils du Royaume ” (v. 38) pour désigner les vrais citoyens du Royaume de Dieu, est une tournure singulière; elle ne se rencontre qu’une seule fois ailleurs dans le N. T. en Mt 8, 12, et a là un tout autre sens (elle désigne les Juifs qui, par leur propre faute, ont perdu leurs droits au Royaume); ici au contraire, elle est “ christianisée ”. On est étonné aussi au v. 41 d’entendre parler des “ anges du Fils de l’homme ” : à part deux autres passages de Matthieu (16, 27 et 24, 31), on ne trouve pas cette expression dans le N. T. Mais il y a surtout cette phrase extrêmement étrange où il est dit que les “ anges ramasseront de son royaume (i. e. du Fils de l’homme) tous les séducteurs et tous les séduits ” : le “ royaume du Fils de l’homme ” est une tournure propre à Matthieu (on ne la trouve que chez lui dans le N. T. : Mt 13, 41; 16, 28) et la notion

36. *O diabolos* est totalement absent chez Marc. On le trouve dans le récit de la tentation chez Matthieu et Luc, mais Marc parle là du *satanas* (1, 13); de même dans l’explication de la parabole du Semeur, il parle du *satanas* (4, 15) et Luc remplace, dans son passage parallèle ce mot araméen par *diabolos* (8, 12). En Mc 8, 33 et Lc 22, 3 (cf. Jn 13. 27), *satanas* est également plus primitif que *diabolos* en Jn 6, 70; 13, 2.

de « Royaume du Christ » est étrangère aux couches les plus anciennes de la tradition [37]. Dans notre passage, ce « Royaume du Fils de l'homme » (v. 41) qui, à la parousie (v. 40), sera remplacé par le Royaume de Dieu (v. 43) est en fait une désignation de l'Église et cet emploi est absolument unique dans les évangiles.

4) Mt 13, 36-43 nous offre en fait une accumulation tout à fait singulière de mots ou d'expressions caractéristiques de l'évangéliste; c'est là que se trouve l'explication des particularités de forme et de fond que nous venons de relever [38].

V. 36 toté, « alors » [39]; *aphéis*, « laissant » [40]; *oï ochloï*, « les foules » [41]; *èlthén*, « il vint » [42]; *éis tèn oïkian*, « à la maison » [43]; *prosèlthon autô*, « s'approchèrent de lui » [44]; « ses disciples s'approchèrent de

37. Comparer Mt 16, 28 avec Mc 9, 1 et Lc 9, 27; en outre Lc 22, 30 et Mt 19, 28; enfin Mt 20, 21 et Mc 10, 37. La plus ancienne tradition synoptique ne connaît pas le « Chiliasme », le royaume millénaire du Christ.

38. L'auteur fait ici une analyse détaillée de chaque mot des v. 36-43. Nous donnons à titre d'exemple l'analyse du premier verset (v. 36) (Note du traducteur).

39. On le trouve quatre-vingt-dix fois chez Matthieu : c'est une de ses principales caractéristiques. Dans les récits (ce qui est le cas de notre passage), on le trouve soixante fois chez lui, deux fois chez Luc et jamais chez Marc.

40. L'introduction d'une phrase avec une proposition participiale qui se rattache à ce qui a été dit précédemment, est un procédé typique de Matthieu.

41. Ce mot employé au pluriel se trouve trente-deux fois chez Matthieu, (une fois chez Marc, quinze fois chez Luc, une fois chez Jean, sept fois dans les Actes et une fois dans l'Apocalypse).

42. La succession d'un participe aoriste et d'un indicatif aoriste, pour décrire un événement qui se compose de deux actions est un procédé typique de Matthieu.

43. *Eis tèn oïkian*, dans le sens d'aller « à la maison » ne se trouve dans le N. T. que chez Mt (9, 28; 13, 36; 17, 25).

44. Mot familier à Matthieu (Mt cinquante-deux fois; Mc cinq fois; Lc dix fois).

lui " [45]; *légôn*, " disant " [46]; *phrason èmin tèn parabolèn*, " dis-nous en clair la parabole " [47]; *è parabolè tôn zizaniôn tou agrou*, " la parabole de l'ivraie dans le champ " [48].

... Devant cette accumulation écrasante de trente-sept exemples, force nous est de conclure que l'explication de la parabole de l'Ivraie est due à Matthieu lui-même : ce qui nous est confirmé par l'Évangile de Thomas (57) : celui-ci nous a rapporté la parabole mais non son interprétation allégorique.

Il en est d'ailleurs de même pour l'Explication de la parabole du Filet (Mt 13, 49 s.) qui n'est que la reprise abrégée de 13, 40*b*-43; v. 49 : " ainsi en sera-t-il à la fin du monde "; " les justes "; v. 50 : " ils les jetteront dans la fournaise ardente "; " là seront des pleurs et des grincements de dents ". Dans cette " transposition " de l'Explication de la parabole de l'Ivraie sur celle du Filet, il faut remarquer que certains termes qui convenaient aux moissonneurs (" se présenteront " v. 49) ou à la destruction de l'ivraie par le feu (" la fournaise ardente " v. 49) ne conviennent plus aux pêcheurs et aux mauvais poissons.

Nous avons donc ainsi en Mt 13, 36-43 et 49-50, deux Explications de parabole qui sont dues à la plume de Matthieu [49]. Les deux paraboles étaient à l'origine un appel à la patience adressé aux impatients : ce n'est pas encore le temps de séparer bons et mauvais, ce le sera quand viendra l'heure fixée par Dieu. Elles ont été mises chez Matthieu au service de la parénèse

45. La tournure est caractéristique de Matthieu (5, 1; 13, 36; 14, 15; 24, 3; cf. 24, 1 et 26, 17).

46. Particularité du style matthéen : 112 fois chez lui.

47. Dans le N. T., on ne trouve cette phrase qu'en Mt 13, 36 et 15, 15.

48. La citation d'une parabole par son titre ne se trouve dans le N. T. que chez Matthieu (13, 18, 36).

49. L'Explication de la parabole du Semeur qu'il a lue chez Marc (4, 14-20) lui a sans doute servi de modèle.

pour décrire de façon allégorique le Jugement dernier et mettre en garde contre toute fausse sécurité.

Ces deux explications confirment avec une particulière netteté le fort penchant de Matthieu à interpréter allégoriquement les paraboles. Dans quelle mesure, les données que lui a fournies la tradition, pour ces passages qu'il est seul à nous rapporter, offraient-elles déjà prise à cette tendance ? L'absence de toute possibilité de comparaison empêche de répondre en chaque cas. Mais il est certain que cette propension devait déjà exister; nous avons en effet remarqué plus haut que l'application de la parabole des deux fils à Jean-Baptiste et à son activité (Mt 21, 32; cf. p. 118) aussi bien que l'application de *alloï* aux païens dans la parabole des Vignerons homicides (Mt 21,43; cf. p. 105, n. 17) est plus ancienne que Matthieu.

D. Pour plus de clarté, c'est ici qu'il nous faut jeter un coup d'œil sur *l'Évangile de Jean*, avant d'en venir, en terminant, aux données propres à Luc. Nous trouvons deux paraboles dans le quatrième évangile : celle du Bon Pasteur (10, 1-30) et celle du Cep et des sarments (15, 1-10). La parabole du Bon Pasteur est construite de la même façon que les trois paraboles synoptiques suivies d'une explication [celles du Semeur (Mc 4, 1-9, 14-20 et par.), de l'Ivraie (Mt 13, 24-30, 36-43) et du Filet (Mt 13, 47-50)] : à la suite de la parabole (Jn 10, 1-6), nettement séparée d'elle, vient une explication allégorisante très circonstanciée (v. 7-18). Par contre, cette interprétation allégorisante est insérée directement dans l'image même du Cep et des sarments (" Je suis le vrai cep et mon Père est le vigneron "), et elle a ainsi entièrement absorbé la parabole ou, si l'on veut, l'image. Cela nous permet de mesurer la force avec laquelle s'impose l'explication allégorique, dans le quatrième évangile. Jean cependant connaît aussi des images qui n'ont pas ce caractère allégorique : Jn 3, 8 (le Vent), 8, 35 (Esclaves et Fils), 11, 9 s. et 12, 35 s. (Celui qui marche au soleil couchant), 12, 24 (le Grain de blé), 13, 16 (l'Esclave et l'envoyé), 16, 21 (la Femme en gésine). D'autres images sont plus proches de l'allégorie : celle de l'Ami de l'époux (3, 29) ou le groupe de logia sur la récolte (4, 35-38), comme aussi toutes les expressions imagées qui sont mal comprises des auditeurs (3, 3; 4, 32; 6, 27; 7, 33; 8, 21. 32; 13, 33; 14, 4 etc.).

E. Si nous nous tournons vers *Luc et les paraboles qui lui sont propres*, nous sommes très surpris du tableau qui s'offre à nous. Certes, dans les paraboles qu'il nous rapporte conjointement avec Marc et Matthieu ou avec Matthieu seulement, nous trouvons une série d'interprétations allégoriques, quoiqu'il n'aille pas aussi loin que Marc et surtout que Matthieu. C'est le cas, nous l'avons vu, de plusieurs paraboles : le Semeur (Lc 8, 11-15, p. 44 s.), les Serviteurs en attente et le Maître qui les sert, (12, 35-38, p. 88 s.), le Cambrioleur (12, 39 s., p. 78 s.), l'Homme de confiance (12, 41-46, p. 88 s.), le grand Festin avec le double appel des non invités (14, 16-24, p. 180 s.), les Mines (19, 11-27, p. 92) et les Vignerons homicides (20, 9-18, p. 105). Ces allégorisations ne sont vraisemblablement pas l'œuvre de Luc, mais celle de la tradition qui le précède, puisqu'on les trouve presque toutes dans les passages parallèles des autres évangiles; on doit d'ailleurs noter que les expressions et les versets allégorisants n'offrent que peu de particularités du style lucanien. Mais surtout il n'y a — autant que je puisse le voir — aucun exemple d'explication allégorique [50]

50. J. T. A. Robinson m'a montré une exception : il s'agit de la parabole de la Porte fermée qui est en fait allégorique. On peut cepen-

dans les nombreuses paraboles que Luc est seul à nous rapporter [51]. Dans la mesure où celles-ci ont été en général retouchées, c'est au contraire dans le sens d'une utilisation parénétique qu'elles ont été amplifiées et interprétées. Luc a donc repris les explications allégoriques qu'il a trouvées dans la tradition, mais il n'a pas lui-même remanié ses données dans ce sens.

F. Jetons enfin un coup d'œil sur *l'Évangile de Thomas* et sur l'aspect qu'y prennent les paraboles synoptiques. On n'y trouve des traits allégoriques que dans la première version de la parabole du Cambrioleur (21*b*). " C'est pourquoi je dis : si le maître de maison sait que le voleur vient, il veillera avant qu'il vienne, et il ne le laissera pas cambrioler sa maison de son royaume, en sorte qu'il emporte ses affaires. Mais vous, veillez en face du monde. "

On y relève deux expressions : " son royaume " et " en face du monde " qui sont des interprétations allégoriques gnostiques. Cela nous montre qu'on voit dans les " affaires " (qu'il ne faut pas laisser dérober) cette connaissance ésotérique (la " gnose ") offerte aux gnostiques et identique au " royaume "; et on exhorte à ne point se la laisser ravir par le monde. Mais, ces deux traits mis à part, le reste de la parabole est franc de toute allégorie. L'absence de traits allégoriques dans l'Évangile de Thomas est en effet une des plus grandes surprises qu'il nous cause, d'autant que le rédacteur (ou l'auteur) gnostique de la collection de

dant faire abstraction ici de cette composition secondaire (cf. p. 136), à qui le nom de parabole ne convient qu'avec réserve.

51. Les deux Débiteurs; le bon Samaritain; l'Ami à qui on vient demander de l'aide; le Riche insensé; le Figuier stérile; les Places à table; le Bâtisseur de tour et le Roi qui part en guerre; la Drachme perdue; l'Enfant prodigue; l'Intendant malhonnête; Lazare et le Riche; le Serviteur qui rentre du travail; le Juge inique; le Pharisien et le Publicain.

logia a très certainement compris les paraboles dans un sens allégorique; et c'est bien ainsi qu'il voulait les voir comprises, comme le montre l'appel qui, par cinq fois, a été mis à la suite des paraboles : " celui qui a des oreilles (pour entendre), qu'il entende " : on veut ainsi inciter le lecteur à pénétrer le sens mystérieux des paraboles [52]. Les gnostiques, par exemple, devaient voir dans la Perle de la parabole (76) une métaphore de la " gnose ", comme l'étaient les " affaires " de la parabole du Cambrioleur (21*b*). Mais, malgré tout, le texte même de la parabole n'a pas été transformé, il est resté intact : c'est ce qui donne une si grande valeur à la tradition que nous transmet l'Évangile de Thomas et aux paraboles qu'il nous rapporte. Dans cette absence de transformation allégorique, nous retrouvons ce que nous avons observé dans les paraboles propres à Luc.

Nous aboutissons ainsi à un résultat curieux : *Que ce soient les paraboles communes à Matthieu et Luc, que ce soient les paraboles de Marc ou celles qui sont propres à Matthieu ou à Jean, toutes présentent des interprétations allégoriques, mais celles qui sont propres à Luc et celles que nous rapporte l'Évangile de Thomas en sont par contre exemptes !* Nous avons d'autre part reconnu que ces interprétations sont presque sans exception secondaires; il nous faut donc conclure qu'*à l'origine l'ensemble des paraboles ne contenait pas plus d'interprétation allégorique que n'en contiennent celles qui sont propres à Luc et celles de l'Évangile de Thomas !*

Jésus s'est borné à employer abondamment dans sa prédication les métaphores consacrées, presque

52. Cf. le prologue et le logion 1 de l'Évangile de Thomas : " Voici les paroles secrètes que Jésus le Vivant a dites... Celui qui trouvera l'interprétation de ces paroles ne goûtera pas la mort. "

toutes tirées de l'A. T. et familières à ses auditeurs (Dieu = père, roi, juge, maître de maison, propriétaire de la vigne, hôte; les hommes en face de lui = enfants, serviteurs, débiteurs, invités; le peuple de Dieu = la vigne, le troupeau; bons/mauvais = blancs/noirs (cf. Mt 25, 32, cf. p. 278); le jugement = la récolte; l'enfer = feu, ténèbres; le temps de salut = noces et festin; la communauté de salut = les invités des noces, etc.); il en a même créé de nouvelles v. g. la Fin du monde = le second déluge [53]. Et bien souvent nous pouvons constater que c'est une métaphore de ce genre qui constitue le point de départ d'une parabole.

Certes, nous l'avons vu (p. 28 s.), une distinction conceptuelle nette entre métaphore, parabole et allégorie n'a rien de palestinien; d'ailleurs, on passe facilement de la métaphore à l'allégorie. Mais il suffit de comparer les paraboles de Jésus si proches de la vie, avec la grande allégorie des animaux dans le livre d'Hénoch (version éthiopienne : chap. 85-90) qui, avec une ampleur lassante, décrit sous les images des fougères, brebis et pasteurs, l'histoire du monde depuis les origines, pour voir combien Jésus est loin de cette sorte d'allégorisme. D'ailleurs le fait que dans le *mashal* rabbinique, la forme de beaucoup prépondérante soit celle d'une parabole mêlée de métaphores stéréotypées [54] apporte un appui considérable aux résultats de notre recherche.

C'est très tôt qu'a commencé l'interprétation allégorique de divers traits des paraboles et nous l'avons

53. Mt 24, 37-39 (Lc 17, 26 s.); Mt 7, 24-27 (Lc 6, 47-49). Cf. cependant déjà Is 28, 15.

54. C'est le résultat de la première partie de la recherche très étendue de M. Hermaniuk, *La Parabole Évangélique*, Bruges-Paris-Louvain, 1947, p. 169.

vu dans les trois premiers paragraphes, cette interprétation est plus ancienne que les Synoptiques : il est évident qu'elle est née sur le sol palestinien. Des évangélistes, Matthieu est celui qui a le plus de plaisir à l'utiliser, tandis que Luc se montre très réservé. La joie de trouver un sens plus profond et le désir de mettre au premier plan la parénèse expliquent le goût pour les interprétations allégoriques. On a ainsi par exemple, réinterprété la parabole du Semeur et on en a fait une exhortation à l'examen de conscience pour des convertis; on a mis les " paraboles de crise " en rapport avec le retard de la Parousie, on a fait de la parabole de l'Intendant malhonnête une leçon sur le bon emploi des richesses. Les explications sur l'histoire du salut que nous lisons en Mt 21, 28 s. 33 s.; 22, 2 s. pouvaient, elles aussi, être mises au service de la parénèse; l'ordre d'aller " missionner " chez les païens de Lc 14, 22 s. vise à renforcer le zèle missionnaire. Quant à l'influence de l'allégorisme hellénistique, en pays grec, ce fut une cause supplémentaire et nous en avons déjà parlé p. 19 s.

De façon générale, les explications allégoriques que nous trouvons en si grand nombre dans les paraboles telles que nous les possédons, ne sont pas primitives : tel est le résultat de cette septième section [55]. Ce n'est donc qu'en faisant abstraction de ces " explications " et de ces traits secondaires que s'ouvre à nouveau la voie, pour comprendre le sens originel des paraboles de Jésus.

55. Par une autre voie, T. W. MANSON, *Sayings*, p. 35 arrive au même résultat : les paraboles des Évangiles synoptiques sont " pour la plupart d'authentiques paraboles "; les quelques allégories sont des interprétations plus tardives " de ce qui, originellement était une parabole ".

9. *Collections de paraboles et fusion de paraboles*

a) *Couples de paraboles*

Notre point de départ sera le grand nombre de paraboles ou d'images couplées que l'on rencontre dans les trois premiers Évangiles. Leur caractéristique, c'est que l'une et l'autre des paraboles ainsi liées expriment la même idée [1]. Nous trouvons ainsi assemblées : les Vêtements et les Outres (Mc 2, 21 s.; Mt 9, 16 s.; Lc 5, 36-38; ÉvTh 47*b*); le Royaume divisé et la Famille divisée (Mc 3, 24 s.; Mt 12, 25); la Lampe et la Mesure (Mc 4, 21-25, cf. p. 129); le Sel et la Lumière (Mt 5, 13-14*a*); la Ville sur la montagne et la Lampe sur le chandelier (Mt 5, 14*b*-16); les Oiseaux et les Fleurs des champs (Mt 6, 26-30; Lc 12, 24-28); les Chiens et les Porcs (Mt 7, 6; ÉvTh 93); la Pierre et le Serpent (Mt 7, 9 s., cf. Lc 11, 11 s.); les Raisins et les Figues (Mt 7, 16; Lc 6, 44; ÉvTh 45*a*); le Serpent et la Colombe (Mt 10, 16; ÉvTh 39*b*); le Disciple et l'Esclave (Mt 10, 24 s.); les Garçons et les Fillettes (Mt 11, 17; Lc 7, 32); les deux sortes d'Arbre et les deux sortes de Trésor (Mt 12, 33-35; Lc 6, 43-45);

1. Mt 7, 24-27 (par. Lc 6, 47-49) : la Maison construite sur le rocher et celle construite sur le sable ou Mt 7, 13 s. : la Porte large et la Porte étroite, ne sont pas des paraboles doubles, mais des paraboles uniques construites sous forme d'opposition. Il n'en est donc pas question ici.

l'Ivraie et le Filet (Mt 13, 24-30. 47 s.); le Grain de sénevé et la Pâte levée (Mt 13, 31-33; Lc 13, 18-21); le Trésor et la Perle (Mt 13, 44-46); l'Éclair et le Vautour (Mt 24, 27 s.); le Cambrioleur et le Maître qui rentre à l'improviste (Mt 24, 43-51; Lc 12, 39-46); le Bâtisseur d'une tour et le Roi (Lc 14, 28-32); la Brebis perdue et la Drachme perdue (Lc 15, 4-10); l'Esclave et l'Envoyé (*Jn* 13, 16); le Prophète et le Médecin (*Pap. Oxyr.* 1 nº 6 = ÉvTh 31).

C'est chaque cas qu'il faut examiner, pour savoir si originellement les deux paraboles allaient de pair. On peut ainsi se poser la question lorsqu'on remarque le changement de temps qui se produit entre les deux paraboles du Trésor dans le champ et de la Perle (l'une est au présent, l'autre à l'aoriste); en fait, l'Évangile de Thomas, où nous les trouvons toutes deux, nous les rapporte séparées. Ce n'est pas là un cas isolé; au contraire ! A examiner tous les couples que nous avons énumérés plus haut, on s'aperçoit qu'une grande partie de ces paraboles ou images nous ont été rapportées de façon indépendante, soit que leur « partenaire » ne soit pas du tout donné, soit qu'il le soit en d'autres passages. Sont ainsi indépendants : la Lampe (Mc 4, 21; Lc 8, 16; 11, 33); la Mesure (Mt 7, 2; Lc 6, 38); le Sel (Mc 9, 50; Lc 14, 34); le Disciple (Lc 6, 40); les deux sortes d'Arbres (Mt 7, 17 s.); les deux sortes de Trésors (ÉvTh 45*b*); l'Ivraie (ÉvTh 57); le Sénevé (Mc 4, 30-32; ÉvTh 20); le Levain (ÉvTh 96); le Trésor (ÉvTh 109); la Perle (ÉvTh 76); l'Éclair (Lc 17, 24); les Vautours (17, 37); la Brebis perdue (Mt 18, 12-14; ÉvTh 107). Il serait cependant un peu rapide d'affirmer que, dans tous ces cas, le couplage des paraboles n'est que secondaire; car il est possible que la parabole correspondante se soit perdue dans une des branches de la tradition. Ainsi ne devrait-on peut-être pas séparer les deux paraboles de la Brebis et de la Drachme perdues, bien que la première soit rapportée seule.

Comme exemple de deux images qui, secondairement, *se sont soudées* en une double parabole, il faut étudier Mc 4, 21-25. Voici ce que donne l'analyse des versets :

a) L'image primitivement isolée (cf. Mt 5, 15; Lc 11, 13) de la lumière qui ne doit pas être sous le boisseau mais sur le chandelier (Mc 4, 21) a attiré à elle pour lui servir d'explication le logion Mc 4, 22 également indépendant à l'origine (cf. Mt 10, 26 et Lc 12, 2).

b) Le même processus s'est répété pour le logion de la " mesure " (Mc 4, 24, cf. Mt 7, 2; Lc 6, 38) : il a attiré pour lui servir d'explication le v. 25 grâce à la correspondance des mots *prostéthèsétaï* / *dothèsétaï* = " sera donné ".

c) Les deux images de la Lumière et de la Mesure, ainsi amplifiées, se sont ensuite soudées en une double parabole à cause du mot-crochet " mesure " (4, 21 : *modios* / 4, 24 : *métron*).

d) Le double appel des v. 23 (cf. v. 9) et 24*a* (cf. v. 3*a*) montre qu'en fait Marc a bien inséré dans son chapitre des paraboles, cet ensemble 4, 21-25 comme une parabole double et non comme une suite de logia.

Il y a aussi les cas où *une seule et même image* s'est trouvée *liée à différents partenaires*. Ainsi, l'image des deux sortes d'Arbres et de leurs fruits se trouve tantôt avec l'image du Chardon et des Épines (Mt 7, 16-18), tantôt avec celle des deux sortes de Trésor (Mt 12, 33-35), tandis que l'Évangile de Thomas accole les Trésors avec l'image des Chardons (45*a*, *b*); Luc enfin, les combine toutes trois (6, 43-45). De même, l'image du Chandelier, liée chez Marc (4, 21-25) avec celle de la Mesure, l'est chez Matthieu (5, 14*b*-16) avec celle de la Ville sur la montagne et chez Luc (11, 33-36) avec l'Œil, lampe du corps. La parabole du Levain a chez Matthieu et Luc le Sénevé pour partenaire, mais dans l'Évangile de Thomas, la Femme inattentive (96-97).

Voici au total les couples que la tradition nous transmet comme tels : les Vêtements et les Outres; le Royaume et la Famille; les Oiseaux et les Fleurs; les Chiens et les Porcs; la Pierre et le Serpent; les Raisins et les Figues; le Constructeur de tour et le Roi; l'Esclave et le Messager. Devant cet ensemble, on voit que c'est surtout dans les images que Jésus a utilisé le couplage — images qu'il empruntait avec prédilection à la nature et au monde animal en particulier. En revanche, nous ne trouvons qu'une seule parabole double, celle du Constructeur de tour et du Roi. Devant cet état de fait, il nous faut, si familier que nous soient les couples de paraboles, examiner en chaque cas si ceux-ci voulaient réellement à l'origine exprimer la même idée. Et là où nous devons l'affirmer, comme dans les paraboles de la Brebis et de la Drachme perdues, on doit, devant l'état de la tradition, tenir compte au moins du fait que ces deux paraboles ont pu être racontées en des occasions différentes et n'être accolées que par la suite.

b) *Collections de paraboles*

L'Église primitive a commencé très tôt à faire des collections de paraboles. Chez Marc, à côté du chapitre consacré aux paraboles 4, 1-34, nous trouvons aussi en 2, 18-22 un ensemble de trois images eschatologiques [2] (Noces, Manteau et Vin). Dans son chapitre 13, Matthieu a réuni sept paraboles : il y reprend à Marc la parabole du Semeur avec son explication (v. 1-23); il ajoute ensuite une série de trois paraboles, toutes introduites par " une autre parabole " (v. 24-23) et enfin une nouvelle série de trois qui commencent chacune par " le Royaume des Cieux est (encore) semblable " (v. 44-48) [3]. Il a en outre les groupements suivants : deux paraboles au chapitre 18 sur les devoirs fraternels; trois paraboles de menace (21, 28-22, 14); puis sept " paraboles de parousie " (24, 32-25, 46). Chez Luc, nous trouvons une collection de paraboles qui forme la troisième partie du " Discours " (6, 39-49); puis en 12, 35-59, une série de " paraboles de parousie "; en 14, 7-24, deux paraboles de repas; au chapitre 15, trois paraboles sur ce qui était perdu; au chapitre 16, deux paraboles sur le bon et mauvais emploi des richesses; en 18, 1-14, deux paraboles sur la vraie prière, qui doit être persévérante et humble [4].

Mais pour nous arrêter à ce dernier exemple, ni 18, 9-14 ni vraisemblablement 18, 1-8 ne sont à l'origine des directives sur la vraie prière. Ces deux paraboles veulent plus exactement montrer aux adversaires de Jésus combien Dieu prend en pitié les petits et les méprisés (cf. p. 217 s.; 219 s.). Nous ferons bien lorsque nous chercherons le sens d'une parabole

2. Cf. p. 166 s.

3. En conclusion de chacune des deux séries de trois, Matthieu apporte une explication (v. 36-43. 49 s.).

4. L'Évangile de Thomas a rassemblé des paraboles en quatre passages : celle du gros Poisson (8) avec celle du Semeur (9); celle du Grain de sénevé (20) avec celles des petits Enfants dans le champ (21*a*) et du Cambrioleur (21*b*). Dans les logia 63-65, il y a, combinées, trois paraboles qui commencent par " un homme avait " (le Riche insensé, le grand Festin, les mauvais Vignerons); et dans les logia 96-98 se trouvent accolées les paraboles du Levain, de la Femme inattentive et du Meurtrier.

de ne pas nous laisser conduire, sans plus, par l'intelligence que nous avons de la parabole voisine. En ce domaine, il faut être extrêmement prudent : ainsi les sept paraboles groupées en Mt 13 se retrouvent — sauf la dernière, dans l'Évangile de Thomas, mais dispersées à travers tout le livre (9. 57. 20. 96. 109. 76).

Nous pouvons parfois suivre encore le développement d'une collection de paraboles. L'ensemble des trois paraboles sur la Semence (Mc 4, 3-9. 26-29. 30-32) est antérieur à Marc (cf. p. 21, n. 4) mais celui-ci l'a amplifié et Matthieu a poursuivi dans cette ligne : Marc l'a complété par les deux paraboles de la Lampe et de la Mesure (4, 21-25) et Matthieu par cinq autres (mais il a abandonné la parabole de la Semence qui pousse toute seule). Matthieu, d'autre part, a conservé la conclusion de Marc, et elle se trouve maintenant au milieu de son chapitre (13, 34 s.), en concours avec sa propre conclusion (13, 51 s.). C'est là un très bon exemple d'élargissement d'un fond plus ancien. Les deux paraboles du Cambrioleur et de l'Homme de confiance (Mt 24, 42-51 ; Lc 12, 39-46) nous offrent un autre exemple. Elles étaient déjà réunies avant Matthieu et Luc et elles se trouvent coulées chez les deux Évangélistes dans une collection plus vaste de " paraboles de parousie " (Mt 24, 32-25, 46 ; Lc 12, 35-59).

c) *Fusion de paraboles*

Cette tendance de la tradition à grouper des paraboles, a parfois amené la fusion en une seule de deux paraboles primitivement séparées. L'exemple le plus net en est la version matthéenne de la parabole du grand Festin (22, 1-14). Il y avait là à l'origine, nous l'avons vu [5] deux paraboles qui l'une et l'autre parlaient d'un festin (la parabole de l'Invitation des non-conviés, 22, 1-10, et celle du Vêtement de noce, 22, 11-13); elles ont été réunies ensemble, puis, l'introduction de la seconde ayant disparu, elles ont fusionné en une seule [6]. Les images du bon et mauvais Arbre et du bon et mauvais Trésor nous offrent un deuxième exemple. Matthieu nous a rapporté deux fois l'image des Arbres qui portent de bons et de mauvais fruits : on la trouve d'abord, isolée, dans le Sermon sur la Montagne (7, 17 s.) et jointe au logion sur l'Arbre que l'on abat (Mt 7, 19 = 3, 10). Chez Luc, elle est réunie en une parabole double avec l'image du bon et mauvais Trésor (Lc 6, 43-45). Enfin, Matthieu en 12, 33-37, a fondu en une seule les deux images par la transition du v. 34 : celle du bon et mauvais Trésor a perdu son autonomie et s'est transformée en une explication de celle du bon et du mauvais Arbre. Il en est exactement de même, en Mt 5, 14-16, où trois images indépendantes à l'origine [7] se sont réunies de la manière suivante : celle de la Ville sur la montagne (v. 14) et celle de la Lampe (v. 15) se sont liées (par " ni ") en une double image et on y a ajouté comme explication (introduite par *outôs*, " ainsi ") l'image du v. 16. Luc 11, 33-36 nous offre un dernier exemple : l'image de l'Œil qui est la lampe du corps (v. 34-36) semble être devenue une explication de l'image de la Lampe (v. 33) [8].

Souvent, cette fusion des paraboles ne s'est accomplie que par un ou plusieurs détails qui ont passé de

5. Cf. p. 74 s.
6. D. Buzy, *Y a-t-il fusion de paraboles évangéliques ?* in : *Revue Biblique* 41 (1932), p. 31-49.
7. On peut établir cette autonomie, par le fait que la seconde image (v. 15) est transmise pour elle-même en Mc 4, 21 et Lc 8, 16; 11, 33.
8. Cf. J. Dupont, *Les Béatitudes*, 1re éd., Louvain, 1954, p. 52.

l'une à l'autre. Nous avons ainsi trouvé dans la version marcienne de la parabole du Portier (13, 33-37) deux traits venus d'autres paraboles : le long voyage du Maître (“ comme un homme parti en voyage ”, 13, 34) est tiré de la parabole des Talents, de même que la remise des pleins pouvoirs aux serviteurs (13, 34) vient de celle de l'Homme de confiance [9]. Dans la version lucanienne de cette même parabole (12, 35-38) on nous dit que le maître servira ses serviteurs vigilants : ce trait est tiré de l'image du Maître-serviteur (Lc 22, 27) ou peut-être même de l' “ action symbolique ” du lavement des pieds (Jn 13, 1 s.). Enfin, dans l'Évangile de Thomas, la parabole du Serviteur vigilant (cf. Lc 12, 35-38) a eu en plusieurs passages une influence sur celle du Cambrioleur (dans sa seconde version : 103) : “ Jésus a dit : Heureux l'homme (cf. Lc 12, 37) qui sait, en quelle partie (i. e. de la nuit; cf. Lc 12, 28) viendront les voleurs, afin qu'il se lève, rassemble sa (...) et se ceigne les reins (cf. Lc 12, 35), avant qu'ils n'entrent. ” Ce n'est certainement pas un hasard si en Luc (12, 35-40), ces deux paraboles si entrelacées se trouvent accolées. — On peut admettre — ce n'est qu'une hypothèse, mais elle est bien fondée — que la parabole des Talents, telle que nous la rapporte Luc (19, 12-27) et dont la forme diffère si totalement de la version matthéenne, s'explique par sa fusion avec une seconde parabole [10]; celle-ci avait pour objet un prétendant au trône, qui, après avoir vu reconnaître ses droits, rentrait dans son pays et sanctionnait la conduite de ses amis et ennemis.

Dans un cas, nous pouvons même observer le processus par lequel la fusion de plusieurs images

9. Cf. p. 86.
10. Cf. p. 92.

et d'une conclusion de parabole a amené la formation d'une nouvelle parabole. Il s'agit des versets de Lc 13, 24-30, qui, comme le montre le *ékéi*, " là " du v. 28, sont pensés comme une unité. Jésus exhorte ses auditeurs à s'efforcer d'entrer au bon moment par la porte étroite (v. 24), avant que le maître de la maison ne se lève (de son divan de repos) et ne la ferme (v. 25*a*). Il repoussera alors les retardataires car il ne veut pas avoir affaire avec les " malfaisants " (v. 25*b*-27). En hurlant et en grinçant des dents, ceux-ci devront être les spectateurs du festin messianique, auquel participeront les païens avec les Pères et les Prophètes (v. 28 s.) et dont ils se seront exclus d'eux-mêmes. La parole sur " les premiers qui seront les derniers et les derniers qui seront les premiers " apporte une conclusion explicative (v. 30). Il suffit de regarder les passages parallèles de Matthieu pour se rendre compte de la mosaïque que nous avons là : de la fusion d'une conclusion de parabole (Mt 25, 10-12) et de trois images très voisines (Mt 7, 13, s. 22 s.; 8, 11 s.) est née une nouvelle parabole : celle de la Porte fermée.

Il nous faut donc faire abstraction de ces ensembles secondaires, si nous voulons essayer de retrouver le sens originel des paraboles de Jésus.

10. *Le cadre*

Nous devons à l'école de la *Formgeschichte* de nous avoir montré par ses recherches, ce qu'a souvent de « secondaire » le cadre de l'histoire de Jésus; c'est là une remarque de grande portée qui vaut largement pour les paraboles et aide à les comprendre.

a) *Les contextes secondaires* *

La parabole de la Démarche auprès du juge (Mt 5, 25 s.; Lc 12, 58 s.) appartient, nous l'avons vu [1], aux paraboles de crise (ta situation est extrêmement menacée, règle ta brouille avant qu'il ne soit trop tard !). C'est donc une des paraboles eschatologiques qui veulent faire comprendre l'imminence de la catastrophe. Chez Matthieu l'accent en a été déplacé : d'eschatologique elle est devenue parénétique et elle sert, conjointement à l'image de celui qui vient apporter son offrande à illustrer l'invitation à se réconcilier (Sois accommodant, car autrement cela pourrait te coûter cher !). La parabole a donc été chez Matthieu introduite secondairement, dans un contexte qui paraissait lui convenir. On peut très souvent observer ce même processus.

1. Cf. p. 65 s.

Luc a placé la parabole du grand Festin (14, 16-24) (il en va autrement chez Matthieu) dans le cadre d'une conversation au cours d'un repas dans lequel Jésus s'adresse d'abord aux invités, puis à l'hôte, puis enfin à l'un des invités : la parabole semble convenir à cette discussion et elle illustre dans son contexte actuel l'exhortation de Jésus à inviter les pauvres, les estropiés, les boiteux et les aveugles (14, 12-14; cf. la reprise de cette énumération en 14, 21), alors que c'était à l'origine une des nombreuses paraboles qui voulaient justifier la Bonne Nouvelle [2]. C'était aussi l'intention première de la parabole de la Brebis perdue (Mt 18, 12-14), qui, telle qu'elle est placée maintenant dans le chapitre 18 explicite l'avertissement de Jésus à ne mépriser aucun des “ plus petits ” [3]. De même, la parabole du Débiteur impitoyable est devenue une illustration de l'exhortation précédente à ne jamais cesser de pardonner; il est difficile pourtant d'en voir là l'intention primitive, car il n'est pas question dans la parabole, de renouveler le pardon. On peut aussi se demander si Luc 11, 5-8 était à l'origine une exhortation à la prière inlassable [4].

Tous ces exemples que l'on pourrait multiplier, nous obligent à examiner de façon critique si le contexte dans lequel nous est donnée une parabole, correspond au sens premier de celle-ci (autant, évidemment, que l'on peut atteindre ce sens). L'Évangile de Thomas ne peut d'ailleurs nous servir ici, puisqu'il rapporte toutes les paraboles sans aucun contexte.

2. Cf. p. 68, 180 s.
3. Cf. p. 59 s., 189 s.
4. Cf. p. 218 s.

b) *Les données rédactionnelles et les transitions*

Jusqu'ici il s'est agi de paraboles que l'on a introduites dans un contexte qui paraissait leur convenir. Mais il est d'autres cas où c'est la tradition qui a ajouté les données de la situation à la parabole ou à son explication. On rencontre ainsi plusieurs fois dans les évangiles un même enchaînement de circonstances : Jésus prononce un discours en public, puis il en découvre le sens profond au cercle intime de ses disciples (Mc 4, 1 s. 10 s.; 7, 14 s., 17 s.; 10, 1 s., 10 s.; Mt 13, 24 s., 36 s.; Jn 6, 22 s., 60 s.). Daube a montré dans un article très éclairant [5], qu'il s'agit là d'un schéma que l'on trouve dès le premier siècle après J.-C. dans les histoires rabbiniques (il a été aussi employé en particulier dans les controverses judéo-chrétiennes) : un Scribe est pris à partie par un païen ou un sectaire (dans un but polémique); il lui donne le renseignement demandé, et son adversaire parti, il découvre à ses disciples le sens profond du problème. Sans doute il a dû se présenter dans l'activité de Jésus des cas analogues où, après une discussion, il donnait à ses disciples un enseignement plus approfondi. Il est cependant très vraisemblable que ce schéma soit à l'origine des passages que nous avons cités (et qu'il ne s'agisse pas là de souvenirs historiques), d'autant que les versets de transition qui introduisent l'enseignement aux disciples, trahissent maintes fois le style propre des évangélistes; nous avons déjà vu que les « explications » des paraboles du Semeur et de l'Ivraie, qui sont introduites de la sorte, sont de composition secondaire (Mc 4, 13 s. et Mt 13 36 s.).

5. *Public Pronouncement and Private Explanation in the Gospels*, in : *Expository Times*, 57 (1946), p. 175-177.

C'est en très grand nombre aussi que l'on trouve dans les transitions introductives des paraboles, les particularités stylistiques de chacun des évangélistes [6]. Il nous faut donc compter beaucoup ici avec les procédés rédactionnels de composition. Par exemple, ce n'est pas un hasard si dans les paraboles que Matthieu a introduites dans des ensembles marciens [les paraboles de l'Ivraie (13, 24-30), des deux Fils (21, 28-32) et du Festin (22, 1-14)] les transitions trahissent précisément la main de l'évangéliste.

Aussi faut-il examiner pour chaque parabole si les données de la situation sont de nature rédactionnelle. Prenons comme exemple Lc 12, 41. Il nous est dit, en conclusion à la parabole du Cambrioleur : " Mais Pierre lui demanda : ne dis-tu cette parabole que [7] pour nous ou la dis-tu aussi pour les autres ? " Et c'est la parabole de l'Homme de confiance qui donne la réponse. Déjà l'absence de ce verset chez Matthieu qui pour tout le passage est parallèle à Luc, nous rend circonspect. Mais ce qui est décisif, c'est que la question de Pierre et la réponse qui y est faite sont en contradiction avec le sens primitif des deux paraboles. Nous l'avons vu en effet (p. 78 s. et p. 88 s.), celles-ci n'étaient pas à l'origine des exhortations adressées aux apôtres (que le retard de la parousie ne vous fasse pas ralentir votre activité !) mais des appels eschatologiques à la foule (parabole du Cambrioleur) et aux Scribes (parabole de l'Homme de confiance). Nous avons donc là en 12, 41, une donnée

6. Cf. les listes de particularités stylistiques des trois premiers évangélistes dans Hawkins, *Horae Synopticae*, 2e éd., Oxford, 1909, p. 4 s. L'observation selon laquelle les particularités de vocabulaire et de style abondent dans les introductions des paraboles, peut se faire pour chacun des évangélistes.

7. Cf. p. 60, n. 18.

de situation qui est " secondaire " (le style montre d'ailleurs que Luc l'a trouvée déjà dans la tradition). C'est l'autorité donnée au serviteur sur ses compagnons qui a fait restreindre aux chefs de la Communauté la portée de la parabole.

Nous trouvons plusieurs fois, chez Luc notamment, des données sur la situation qui sont en fait empruntées au contenu de la parabole et dont un examen attentif montre qu'elles ne sont pas primitives. Ainsi, nous l'avons vu, la parabole des Mines n'était pas originellement, comme le prétend Luc 19, 11, une annonce du retard de la parousie et ce n'est pas un hasard pour nous que de trouver dans ce verset une accumulation particulièrement frappante de particularités stylistiques lucaniennes. De même, le but que Lc 18, 1, assigne à la parabole du Juge inique (" Et il leur dit une parabole sur ce qu'il leur fallait toujours prier sans jamais se lasser "), paraît difficilement être le vrai, comme nous le verrons p. 218. Le dialogue qui introduit la parabole du Riche insensé (Lc 12, 13-15), se retrouve isolé dans l'Évangile de Thomas; il pourrait donc n'avoir pas fait partie primitivement de la parabole.

Il y a cependant des cas totalement différents : on ne peut apporter, par exemple, aucune raison stylistique ou positive contre les données de situation en Lc 15, 1-2; et Lc 18, 9 paraît bien cadrer avec la parabole qui suit.

c) *Les formules d'introduction*

Comme les paraboles de ses contemporains [8], celles de Jésus se présenttent sous deux formes fondamentales :

8. P. Fiebig, *Rabbinische Gleichnisse*, Leipzig, 1929, p. 3, n. 4.

1) Les paraboles qui débutent avec un nominatif (un sujet) (ce sont de simples récits sans formule d'introduction) : Mc 4, 3 par.; 12, 1 par.; Lc 7, 41; 10, 30; 12, 16; 13, 6; 14, 16; 15, 11; 16, 1. 19; 18, 2. 10; 19, 12; ÉvTh 9 (Semeur), 63 (Riche insensé), 64 (grand Festin), 65 (mauvais Vignerons). C'est chez Luc que l'on rencontre le plus fréquemment cette forme.

2) Les paraboles avec un début au datif (complément indirect) (qui correspond à l'araméen " *le* "). La plupart des paraboles rabbiniques commencent avec ces mots : *Mashal.* Le, (on trouve très souvent par exemple : *Mashal.* Le *mélék shé.* " Une parabole. A un roi qui... "). Cette tournure est une manière raccourcie de parler ou si l'on veut, une abréviation pour *Émshol lekha, mashal.* Le*ma haddabhar domé ?* Le... = " Je veux te raconter une parabole. A quoi comparerai-je la chose ? Il en va de celle-ci comme de... " Parfois on a remplacé cette longue tournure par le seul datif.

Dans les paraboles de Jésus, on trouve une formule développée de commencement au datif dans des questions qui précèdent la parabole Mc 4, 30 s. : " A quoi allons-nous comparer le Règne de Dieu ou par quelle parabole allons-nous le figurer ? C'est comme... " ou Lc 13, 20 s. : " A quoi puis-je comparer le Règne de Dieu ou par quelle parabole allons-nous le figurer ? "

A la formule raccourcie, avec le datif initial, correspondent les mots *ôs* [9], *ôspér* [10], " comme ", grécisés en *omoïôthèsétaï* [11]; *omoïôthè* [12]; *omoïos éstin,* " il est

9. Mc 13, 34 cf. 4, 31. Avec le *outôs éstin* placé avant : 4, 26 (c'est une grécisation).
10. Mt 25, 14.
11. Mt 7, 24-26; 25, 1.
12. Mt 13, 24; 18, 23; 22, 2.

semblable " [13]; à l'origine de ces cinq formules, il y a la même préposition araméenne " *le* " Ce " *le* ", nous venons de le voir, est une abréviation et ne peut donc pas être seulement traduit par : " il est semblable " mais par : " il en est de même de... que de... ". En beaucoup de cas, le contenu même de la parabole oblige à tenir compte de cet " abrègement " de la formule introductive, car celle-ci entraîne un déplacement du point de comparaison. En Mt 13, 45, le Règne de Dieu n'est évidemment pas " semblable à un négociant ", mais à une perle; en Mt 25, 1, il n'est pas " semblable à dix vierges ", mais aux noces; en 22, 2, il n'est pas " semblable à un roi ", mais aux réjouissances d'une noce; en 20, 1, le Royaume n'est pas " semblable à un propriétaire ", mais au paiement du salaire; en 13, 24, il n'est pas " semblable " à " un homme qui fait semer de la bonne semence " mais il est semblable à la récolte; en 18, 23, il n'est pas " semblable à un roi de la terre " mais à la reddition des comptes. Dans tous ces cas, on trouve le vrai point de comparaison en se souvenant qu'au grec *omoïos éstin*, " il est semblable " est sous-jacent un " *le* " araméen et que l'on doit traduire : " il en est de même de... que de... ".

Cette remarque vaut aussi pour les autres cas où cet abrègement de la formule initiale échappe généralement au regard. On ne peut pas traduire Mt 13, 31 par " le Règne de Dieu est semblable à un grain de sénevé... ", mais on doit traduire : " il en va du Règne de Dieu comme d'un grain de sénevé... ", car ce n'est pas au grain de sénevé qu'est comparé le Règne de Dieu mais, comme nous le verrons, p. 209, au grand arbuste qui naît de lui et dans lequel viennent

13. Mt 13, 31. 33. 44. 45. 47. 52; 20, 1; Lc 6, 49; 12, 36.

nicher les oiseaux. Également en Mt 13, 33, le Royaume des Cieux n'est pas " semblable à du levain " mais ressemble à la pâte levée (cf. Rm 11, 16) et en Mt 13, 47 il n'est pas comparé à un filet de pêche, mais il est dit qu'à sa venue, il en sera comme du tri des poissons capturés dans un filet.

Ces paraboles avec un début au datif se rencontrent avec une fréquence variable, suivant les évangiles : nous en trouvons trois cas chez Marc (4, 26. 31; 13, 34, toujours avec l'introduction par *ôs*, " comme "); six chez Luc (6, 48. 49; 7, 32; 12, 36; 13, 19. 21, toujours avec l'introduction par : " il est semblable " ou sans le verbe : " Vous (soyez) semblables "), quinze fois chez Matthieu (25, 14 : avec *ôspér*, " comme "; 11, 16; 13, 31. 33. 44. 45. 47. 52; 20, 1 : avec *omoïos éstin*, " est semblable "; 7, 24. 26; 25, 1, avec *omoïothèsétaï*; 13, 24; 18, 23; 22, 2 : *ômoïôthè*), neuf fois dans l'Évangile de Thomas. Tandis que Luc emploie surtout les " débuts au nominatif ", Matthieu préfère de beaucoup les " débuts au datif ". Ainsi, la tournure " le Royaume des cieux est semblable " ne se trouve pas moins de dix fois chez lui : dans les paraboles de l'Ivraie, du Grain de sénevé, du Levain, du Trésor caché, de la Perle, du Filet, du Débiteur impitoyable, des Ouvriers de la vigne, du Festin de noce, des Dix Vierges. L'Évangile de Thomas en fournit huit exemples. Marc, lui, ne l'emploie que deux fois (le Grain qui pousse tout seul, le Grain de sénevé); de même Luc (le Grain de sénevé, le Levain); mais elle manque totalement aux paraboles qui sont propres à celui-ci. Il s'agit donc d'une formule d'introduction que Matthieu et l'Évangile de Thomas aiment à utiliser, et il est fort possible qu'on l'ait dans tel ou tel cas substituée à une autre (cf. Mt 22, 2 et Lc 14, 16 et l'ÉvTh 64).

Les paraboles qui commencent sous forme d'interrogation : *éan*, si [14]; *mè*... [15] *mèti*... [16] (particules interrogatives) : *tis*, qui [17]; *tis éx umôn*, " qui de vous [18] " sont un cas particulier de " début au nominatif ". La formule " qui de vous ", par la façon dont elle est posée, veut provoquer les auditeurs à prendre nettement position. Qui ne répondra d'un " non " indigné, à la question : " Pouvez-vous vous représenter quelqu'un qui, lorsque son fils lui demande du pain, lui donne une pierre ? " (Mt 7, 9). Ce " qui de vous " est d'ailleurs remarquable, car il ne semble pas avoir de parallèles dans la littérature contemporaine de Jésus. On ne le trouve que chez les prophètes (Is 42, 23; 50, 10; Ag 2, 3) où il n'est cependant pas une formule d'introduction de parabole. Nous sommes donc ici " extrêmement proches des paroles mêmes du Seigneur [19] ". Cette manière insistante de questionner, Jésus l'a surtout employée dans les controverses avec ses adversaires ou en s'adressant à la foule [20]. C'est ce que dit expressément Mt 12, 11 (par. Lc 14, 5); Lc 15, 4 (aux adversaires) et 14, 28 (à la foule. On a de bonnes raisons de le penser pour Mt 7, 9 (par. Lc 11, 11, cf. p. 204 s.) et on peut en admettre la possibilité pour Mt 6, 27 (par. Lc 12, 25 cf. p. 231 s.) et Lc 17, 7 (cf. p. 261).

14. Mc 9, 50; Mt 18, 12.
15. Mc 2, 19 par.
16. Mc 4, 21; Lc 6, 39.
17. Mt 24, 45; Lc 14, 31; 15, 8.
18. Mt 6, 27 (par. Lc 12, 25); Mt 7, 9 (par. Lc 11, 11); Mt 12, 11 (par Lc 14, 5); Lc 11, 5; 14, 28; 15, 4; 17, 7.
19. H. Greeven, *Wer unter euch... ?* in : *Wort und Dienst, Jahrbuch der Theol. Schule Bethel*, N. S. 3 (1952), p. 100.
20. La seule exception pourrait être Lc 11, 5 (cf. p. 221).

d) *La conclusion des paraboles*

Comment doit-on interpréter les paraboles ? Qu'ont-elles à dire à la Communauté chrétienne ? Quels enseignements pratiques, quelles consolations, quelles promesses le Seigneur nous donne-t-il dans ses paraboles ? Telles étaient les questions qui préoccupaient l'Église primitive, lorsqu'elle proclamait les paraboles de Jésus et qu'elle réfléchissait sur celles-ci. On comprend ainsi que ce soit dans la conclusion des paraboles que se trouvent les amplifications et les remaniements les plus conséquents, là où précisément, il s'agissait de suggérer l'interprétation et l'application de la parole. Il faut distinguer ici entre les amplifications qui portent sur le corps même de la parabole et celles où il ne s'agit que de l'application de celle-ci.

1) Ce n'est pas un hasard — cela correspond au contraire à ce que nous avons déjà dit — si sont isolés les cas où l'on a amplifié les données mêmes de la parabole ou, si l'on veut, d'une partie de l'image. Ces amplifications sont parfois dues à des motifs extrinsèques à la parabole. Ainsi, à celle du Vin nouveau que l'on ne peut verser dans de vieilles outres (Lc 5, 37 s.), la tradition a ajouté la phrase : « Et personne qui a bu du vin vieux, n'en veut du nouveau. On se dit en effet : C'est le vieux qui est meilleur [21] » (5, 39; ÉvTh 47 *b*). C'est là une addition maladroite : la parabole, en effet, traite de l'incompatibilité qu'il y a entre vin nouveau et vin vieux (le vin nouveau étant une image du temps de salut) et la phrase ajoutée

21. *Chrèstos* (litt. « bon ») = meilleur. Les langues sémitiques n'ont pas de comparatif.

vient insister sur le plus de valeur du vin vieux. Il est évident que c'est une raison tout extérieure qui a joué, c'est en l'occurrence le mot-crochet : *oînos néos*, " vin nouveau ". On trouve un cas semblable, moins voyant cependant, dans la parabole de l'Homme de confiance, telle que la rapporte Luc 12, 42-46 : on y a ajouté un logion, construit en parallèle antithétique, qui annonce le châtiment proportionné réservé aux serviteurs désobéissants selon qu'ils auront ou non connu la volonté de leur maître (v. 47-48*a*). Ce logion qui manque chez Matthieu, convient mal au contenu de la parabole, car il ne s'agit pas dans celle-ci de savoir si l'on connaît ou non la volonté du maître, mais du bon emploi ou de l'abus que l'on fait de la confiance accordée. C'est la description de la peine infligée au serviteur infidèle (v. 46) qui a amené l'insertion de ce logion (v. 47-48*a*).

Comme autres conclusions qui amplifient une partie de l'image utilisée, on peut citer : Mc 2, 19*b*-20 (cf. p. 84, n. 16); Mt 21, 41*b* (cf. Mc 12, 9); Mt 22, 11-13 (cf. p. 76 s.); Lc 12, 37*b* (cf. p. 86); Lc 19, 27 (cf. p. 92 s.). Notons enfin la formule caractéristique de Matthieu (on la trouve six fois chez lui, une seule fois chez Luc), qu'il a par trois fois ajoutée en conclusion d'une parabole : " là, il y aura des pleurs et des grincements de dents " (Mt 22, 13; 24, 51*c*; 25, 30); en deux cas, il a en outre fait précéder cette formule de l'expression typique chez lui (on ne la trouve dans le N. T. que dans son évangile), (" jeté dans les ténèbres extérieures " (22, 13 et 25, 30). " Les pleurs et grincements de dents " sont le symbole du désespoir et plus particulièrement du désespoir d'avoir par sa propre faute méprisé le salut.

2) A côté de ces cas où la conclusion amplifie une partie de l'image, il est beaucoup plus fréquent de

trouver des *amplifications qui n'ont trait qu'à l'application de la parabole*, soit que celle-ci n'en eût point, soit qu'on ait élargi une première application.

a) Voyons d'abord les cas où *des paraboles sans interprétation se sont vu secondairement adjoindre une application*. Huit paraboles se terminent encore brusquement : le Paysan patient, le Grain de sénevé, le Levain, le Trésor dans le champ, la Perle, le Serviteur fidèle ou infidèle, le Figuier stérile, l'Enfant prodigue. Mais primitivement le nombre de ces paraboles où Jésus laissait le soin à ses auditeurs de tirer eux-mêmes la conclusion était notablement plus important. C'est ce que montre l'Évangile de Thomas où toutes les paraboles, sauf celles du Cambrioleur, du grand Festin, et de la Perle se terminent sans qu'on les interprète. Mais on comprend facilement qu'ait très vite joué la tendance à pourvoir d'une application ces paraboles sans interprétation. Comme exemple le plus clair, nous avons les trois cas où l'on a ajouté une explication détaillée : le Semeur (cf. p. 113 s.), l'Ivraie et le Filet (cf. p. 118 s.). Mais ces trois cas ne sont pas les seuls.

L'ensemble de logia de Lc 11, 9-13, que Matthieu (7, 7-11) nous a rapporté isolés au milieu du Sermon sur la Montagne, sert d'application à la parabole de l'Ami importun (Lc 11, 5-8); la transition (11, 9: " et moi, à vous, je dis ", avec le " à vous " placé avant le verbe et sur lequel on insiste) est caractéristique de la source lucanienne; la composition repose d'ailleurs sur une association d'idées (" frapper à la porte " v. 5 et 9 s.), et c'est pourquoi la liaison des deux passages, chez Luc est secondaire. Mais cette amplification de la parabole par cet ensemble de logia a provoqué un déplacement de l'accent. Primitivement, comme nous le verrons, p. 221, l'ami à qui on vient demander aide était le personnage principal (Dieu vous secourra aussi inconditionnellement que celui-ci), mais l'interprétation lucanienne a mis l'ami suppliant au centre de la scène (ne vous fatiguez pas, ne vous lassez pas de prier !). — La parabole des Ouvriers dans la vigne ne nous est devenue compréhensible que lorsque nous en avons écarté l'interprétation secondaire qui lui sert de conclusion (Mt 20, 16 cf. p. 56). — Le logion qui interprète la parabole du Festin chez Matthieu ne convient pas à celle-ci (22, 14 " beaucoup sont appelés et peu sont élus "). Comment conclure cela du récit alors que cela ne ressort ni de Mt 22, 1-10 (la salle du festin est pleine !) ni de Mt 22, 11-13 (il n'y a qu'un seul hôte qui soit trouvé indigne et qui soit chassé).

L'application donnée chez Matthieu comme conclusion de la parabole sur le Retour du démon chassé vise le peuple juif (12, 45*c*, " ainsi en sera-t-il de cette génération mauvaise "); elle fait défaut chez Luc (11, 26), ce qui est d'autant plus frappant que Mt 12, 43-45 et Lc 11, 24-26 se recouvrent mot à mot, à part de minimes divergences de détail. — On peut aussi voir une amplification dans l'exhortation à la vigilance qui interprète en conclusion la parabole des Dix Vierges (Mt 25, 13), car elle ne convient pas au récit (cf. p. 83). — Il en est de même de la sentence qui termine la parabole du Riche insensé (Lc 12, 16-21) : " Il est aussi insensé (que cet homme), celui qui thésaurise et ne pense qu'à lui-même [22] au lieu d'amasser des richesses près de Dieu " [23]. Ce pourrait être une

22. C'est ainsi que W. MICHAELIS, *Die Gleichnisse Jesu*, Hambourg, 1956, p. 221, rend avec raison le *autô*.

23. *Ploutéin* a ici le même sens actif que le verbe analogue *thésaurizéin*, c'est-à-dire " s'enrichir " (P. JOÜON in : *Rech. Sc. Relig.* 29

addition [24], car elle manque dans l'Évangile de Thomas (63), et donne à la parabole un sens moralisant qui émousse le mordant de l'avertissement [25]. — La sentence de Mt 25, 29 (par. Lc 19, 26) nous est donnée ailleurs (Mt 13, 13) comme un logion indépendant (cf. p. 97, n. 48).

b) C'est un problème plus particulier que posent les cas où *une seule et même parabole*, ou image, nous *a été transmise avec deux applications concurrentes.* Ainsi l'image de la Lampe sous le boisseau est-elle chez Matthieu appliquée aux disciples de Jésus (5, 16), alors que chez Marc (4, 22) et dans l'Évangile de Thomas (33) elle l'est à l'Évangile, cf. p. 170 s. — Matthieu donne au début de l'image du Sel l'application de celle-ci : " Vous êtes le sel de la terre " (5, 13*a*); Marc ne la donne qu'à la fin et elle est toute différente (9, 50*b*). — C'est exactement le cas de la parabole du Festin dont Luc donne l'application par un logion qui précède le récit (14, 12-14), tandis que Matthieu ne la donne qu'en conclusion (22, 14 : elle diverge d'ailleurs totalement de celle de Luc). — En Mt 20, 28, le manuscrit D (Codex Bezae) fait précéder de son application, la parabole des Invités (" Mais vous, vous cherchez de petits à devenir grands et de grands vous vous rendez petits [26] "), Luc par contre, l'a placée après

(1939), p. 487). Il s'agit ici donc comme en Mt 6, 19-21 de l'endroit où l'on dépose ses biens : c'est un insensé celui qui accumule les richesses sur la terre, c'est un sage par contre, celui qui les confie à Dieu.

24. Cf. D. Buzy, *Les sentences finales des paraboles évangéliques*, in : *Rev. Bib.* 40 (1931), p. 321-344; M. Dibelius, *Die Formgeschichte des Evangeliums*, 2ᵉ éd., Tübingen, 1933, p. 258.

25. La parabole qui était un avertissement eschatologique (Insensé qui t'accroches à l'argent et qui ne vois pas l'épée de Damoclès suspendue sur la tête, cf. p. 229 s.), est devenue un avertissement sur le mauvais emploi des richesses (Insensé, qui entasse des richesses au lieu de confier ton bien à Dieu).

26. Sur cet agraphon, cf. J. Jeremias, *Unbekannte Jesusworte*, Gutersloh, 1963, p. 13.

(elle est certes parente, mais d'un autre genre cependant : " Celui qui s'élève, Dieu l'abaissera, mais celui qui s'abaisse, Dieu l'élèvera " Lc 14, 11). Cette dernière application revient en Luc 18, 14*b*, comme conclusion de la parabole du Pharisien et du Publicain, et en Mt 23, 12 (cf. Mt 18, 4) où elle forme un logion indépendant : on pourrait donc penser qu'elle est secondaire en Lc 14, 11. Or cette déduction serait fausse, ce qui nous invite à la prudence... En effet en Lv r 1, 5 (sur 1, 1) nous trouvons une règle analogue de bonne tenue à table, que donne R. Shimon b. 'Azzaï (vers 110 ap. J.-C.) : " Tiens-toi deux ou trois places en retrait de la tienne (de celle qui te revient) et attends que l'on te dise : Avancez ! etc. "; cette " règle " se termine par une phrase très proche de Luc, 14, 11 : " Et ainsi a dit Hillel (20 avant J.-C.) : Mon abaissement est mon élèvement et mon élèvement mon abaissement. " (En revanche, on ne peut pas dire avec la même certitude que Lc 18, 14*b* soit primitif; il convient fort bien, certes, au contenu de la parabole, mais on a objecté qu'il donne à celle-ci " un sens de morale courante qui est loin de la teneur de la parabole [27] ".)

Lorsqu'on a ainsi des applications concurrentes, on peut soit dire que Jésus a lui-même employé la même image de façon différente, soit affirmer que c'est telle application qui est primitive, soit encore soutenir que l'image n'avait point d'application et que toutes celles qui nous sont données sont secondaires. Le plus souvent, il vaut mieux laisser la question ouverte et ne point trancher...

27. C'est l'idée de M. Dibelius (*o. c.*, p. 254), mais c'est peut-être un peu osé car il ne tient pas compte de la possibilité que le futur puisse se rattacher à l'action divine au jour du jugement.

3) Très souvent *une interprétation déjà donnée a été transformée ou amplifiée.* La parabole de l'Intendant malhonnête nous en fournit un exemple typique; nous nous souvenons que la plus ancienne interprétation (Lc 16, 8*a*) a été augmentée de toute une série d'autres (16, 8*b*-13 cf. p. 70 s.). — De même la parabole des Vignerons homicides (Mc 12, 1-9 par.) s'est vu adjoindre secondairement, chez Marc déjà, un argument scripturaire (v. 10 s.); Matthieu et Luc y ont ajouté une description de l'action destructrice de cette pierre dont parle l'Écriture (Mt 21, 44; Lc 20, 18) et chez Matthieu, on trouve en outre une application de la parabole à Israël et aux païens (Mt 21, 43).

Nous avons vu que Mt 21, 32 était une application secondaire à Jean-Baptiste de l'explication de Jésus (21, 31*b* cf. p. 117 s.). — L'impératif qui sert de conclusion en Mc 13, 37 manque en Lc 12, 35-38; Matthieu, lui, a mis ce même impératif (" veillez ") avant la parabole du Cambrioleur (24, 42), si bien que celle-ci est encadrée par deux exhortations qui sont matériellement les mêmes. Dans l'Évangile de Thomas, la conclusion impérative s'élargit encore par rapport à Matthieu et Luc : " Vous, ceignez-vous les reins avec grande force " (21*b*). — La petite parabole du Signe de Jonas fait pour Luc allusion à la légitimation de l'envoyé de Dieu par son retour de la mort (11, 30). Cette interprétation a été amplifiée chez Matthieu (12, 40) et l'accent de la parabole s'en est trouvé déplacé : pour lui, c'est la donnée temporelle des trois jours et trois nuits (*Jonas* 2, 1) qui est le point de comparaison avec la vie de Jésus.

Particulièrement intéressante est la manière dont on est arrivé à donner une nouvelle interprétation à l'image du bon et mauvais Arbre : on l'a tellement fondue avec celle du bon et mauvais Trésor que cette dernière sert à expliquer la première (Mt 12, 33-35). — La double image de la Ville sur la montagne et de la Lampe (Mt 5, 14*b*-15) a maintenant deux interprétations, l'une au début (v. 14*a*) et l'autre à la fin (v. 16); cette dernière peut avoir été primitivement une image indépendante.

Mais une interprétation déjà donnée peut changer de sens, sans que les termes en soient changés : c'est ce que montre Mt 18, 35 (" C'est ainsi que vous traitera mon Père céleste, si chacun (de vous) ne pardonne pas à son frère du fond du cœur "). Les mots " chacun à son frère ", sont la traduction littérale de l'araméen *g^{e}bhar l^{e}ahuhi*, par lequel le Targum fait une périphrase pour transcrire en accord avec l'hébreu *ish l^{e}ahiw* le pronom réciproque qui n'existe pas dans ces langues. La tournure a donc un sens tout à fait général (= " l'un à l'autre ") ce que montrent Mt 6, 15 (" aux hommes ") et Mc 11, 25 (" quelqu'un "). En revanche, lorsque Matthieu écrit en 18, 35 le mot " frère ", il le prend certainement dans son acception chrétienne (" membre de la Communauté ") et " christianise " ainsi l'application de la parabole; c'est d'ailleurs sur ce verset qu'il conclut son chapitre 18, qui précisément, donne les règles de vie de la Communauté chrétienne.

Toute une série de paraboles se termine par cet appel : " Que celui qui a des oreilles (pour entendre), entende ! " On ne le trouve chez les trois Synoptiques qu'en conclusion du Semeur (Mc 4, 9; Mt 13, 9; Lc 8, 8), de l'image de la lampe chez Marc (4, 23) et de celle du Sel chez Luc (14, 35); Matthieu nous la rapporte après la parabole sur Élie (11, 15) et en conclusion de son explication de l'Ivraie (13, 43). En revanche, dans l'Évangile de Thomas, nous ne le trouvons pas moins de cinq fois à la fin des paraboles [28] : il ne fait aucun doute que c'est ici un appel aux Gnostiques à approfondir le sens secret des paraboles. Cet aperçu suffit à montrer que cet appel pourrait être dans la plupart des cas un apport secondaire.

4) Ce qui ressort surtout des observations que nous venons de faire sur les interprétations secondaires et leur amplification, c'est *la faveur avec laquelle on a ajouté des logia généralisants en conclusion des paraboles.* Là où on trouve des généralisations de cette sorte, elles apparaissent la plupart du temps [29] secondaires, par rapport au contexte. Nous disons bien, par rapport au contexte ! Car on ne veut pas du tout prétendre que l'authenticité de ces logia soit douteuse; on veut seulement dire qu'à l'origine, ils n'ont pas été prononcés en conclusion des paraboles [30] (ils manquent totalement d'ailleurs dans l'Évangile de Thomas). On s'en est servi pour donner à celles-ci une application la plus large possible : un exemple typique en est la parabole des Ouvriers dans la vigne à laquelle on a ajouté par deux fois un logion généralisant (Mt 20, 16*a* et 16*b* cf. p. 53 s., 56 s.).

D'après ce que nous avons étudié dans les pages précédentes voici les paraboles et images qui semblent avoir reçu après coup une conclusion généralisante :

La Lampe (Mc 4, 22) :

— Car il n'y a rien de caché, qui ne doive être manifesté et rien n'est demeuré secret que pour venir au grand jour.

28. Le gros Poisson (8), le Cambrioleur (21*b*), le Riche insensé (63), les mauvais Vignerons (65), le Levain (96) et le logion 21.

29. Pas toujours ! Cf. ce que nous avons dit sur Luc 14, 11, p. 151 s.

30. L'exégèse catholique a largement aussi reconnu ces faits : (cf. p. 150, n. 24); M. Hermaniuk, *o. c.*, passim.

La Mesure (Mc 4, 25) :
— Car à celui qui a, on donnera; et à celui qui n'a pas, on prendra même ce qu'il a.

Le Portier (Mc 13, 37) :
— Et ce que je vous dis à vous, je le dis à tous, veillez !

Les Ouvriers dans la vigne (Mt 20, 16*a* et 16*b*) :
— 1) Voilà comment les derniers seront premiers et les premiers seront derniers,
2) Car beaucoup sont appelés mais peu élus.

Les Vignerons homicides (Mt 21, 44; Lc 20, 18) :
— Et celui (Lc : quiconque) qui tombera sur cette pierre s'y fracassera; et celui sur qui elle tombera, elle l'écrasera.

Le Festin de noces (Mt 22, 14) :
— Car beaucoup sont appelés et peu sont élus.

Les Dix Vierges (Mt 25, 13) :
— Veillez donc, car vous ne savez ni le jour ni l'heure.

Les Talents (Mt 25, 29; par. Lc 19, 26) :
— Car à tout homme qui a, l'on donnera et il aura du surplus; mais à celui qui n'a pas, on enlèvera même ce qu'il a.

Le Vin nouveau (Lc 5, 39) :
— Et personne après avoir bu du vin vieux, n'en veut du nouveau. On se dit en effet : C'est le vieux qui est meilleur.

L'Ami à qui on vient demander aide (Lc 11, 10) :
— Car quiconque demande reçoit...

Le Riche insensé (Lc 12, 21) :
— Ainsi en est-il de celui qui thésaurise et ne pense qu'à lui-même, au lieu d'amasser des richesses près de Dieu.

L'Homme de confiance (Lc 12, 48*b*) :

— A qui on aura donné beaucoup, il sera beaucoup demandé, et à qui on aura confié beaucoup, on réclamera davantage.

La Porte fermée (Lc 13, 30) :

— Oui il y a des derniers qui seront premiers et des premiers qui seront derniers.

L'intendant malhonnête (Lc 16, 10) :

— Qui est fidèle pour très peu de choses est fidèle aussi pour beaucoup. Et qui est malhonnête pour très peu est aussi malhonnête pour beaucoup. (Lc 16, 13) :

— Nul serviteur ne peut servir deux maîtres.

Le Pharisien et le Publicain (Lc 18, 14*b*) :

— Car tout homme qui s'élève sera abaissé, mais celui qui s'abaisse, sera élevé [31].

Si l'on parcourt ce tableau, on s'aperçoit qu'il y a peu de " règles de vie " dans ces conclusions généralisantes, mais que dominent surtout des promesses eschatologiques, des menaces, des exhortations. Il est très important d'avoir pu reconnaître que ces conclusions sont secondaires par rapport au contexte, afin de pouvoir mieux comprendre les paraboles qu'elles concernent, car cela y a provoqué presque toujours un déplacement d'accent, souvent fondamental.

Cette constatation garde toute son importance, même là où la nouvelle conclusion semble s'accorder au

31. On pourrait ajouter Lc 14, 33 à ces exemples (" Pareillement, quiconque parmi vous ne renonce pas à tous ses biens ne peut être mon disciple ") au cas où ce logion, comme le pensent la majorité des commentateurs, n'appartiendrait pas originellement à la parabole double du Bâtisseur de tour et du Roi partant en guerre (cf. F. HAUCK in : *ThWNT* V, p. 752; l. 24-26). Dans cette parabole double, il est question de s'examiner soi-même et non pas de se dépouiller de ses biens.

sens de la parabole (Lc 18, 14*b*) ou paraît, pour le moins, bien s'y adapter (Lc 12, 21); car les paraboles auxquelles on a ajouté ces sentences générales, en reçoivent un sens moralisant qui voile la situation originelle où se trouvait Jésus, les luttes qu'il a menées, le mordant de son appel eschatologique, la sévérité de ses menaces. La parabole des Ouvriers dans la vigne voulait dans une situation concrète, justifier la Bonne Nouvelle, face à ceux qui la critiquaient (Telle est la bonté de Dieu !); la conclusion généralisante (les derniers seront premiers et les premiers, derniers) en a fait une leçon passe-partout sur la hiérarchie dans le Royaume des Cieux ou sur la liberté de la grâce divine [32]. La parabole de l'Intendant malhonnête appelait les hésitants à oser prendre un nouveau départ avant la crise qui les menaçait; la sentence, " celui qui est fidèle dans les petites choses est fidèle dans les grandes et celui qui est infidèle dans les petites choses est infidèle dans les grandes ", l'a transformée en un conseil moral de valeur générale, etc.

Mais d'avoir vu le caractère secondaire de ces conclusions est important aussi pour comprendre l'ensemble des paraboles. Dans ces logia généralisants ajoutés à la fin de celles-ci, on retrouve les prédicateurs ou les catéchistes chrétiens qui expliquaient la parole du Seigneur. En étudiant ces conclusions, nous voyons comment très tôt s'est fait jour cette tendance à rendre les paraboles utilisables par la Communauté : on en tirait ainsi un sens général qui servait à l'instruction religieuse ou morale de chacun. C'est cette tendance qui a fait finalement de Jésus un maître de sagesse : l'explication des paraboles par Jülicher, à la fin du siècle dernier a marqué, nous l'avons vu p. 27 s.,

32. Cf. p. 54 s.

le triomphe de cette conception. Luc surtout (ou sa source) s'est engagé dans cette voie afin de faciliter l'utilisation des paraboles dans la prédication morale de l'Église, tandis que Matthieu préférait dans le même but employer l'allégorie. Ainsi se précise à nouveau notre tâche : il nous faut tout à la fois être conscient que cette tendance existe et savoir l'abstraire des textes, car ce n'est qu'ainsi que l'on peut espérer retrouver le sens originel des paraboles de Jésus.

Les paraboles, avons-nous dit, se situent dans le temps d'une double manière. A l'origine, comme toutes les paroles de Jésus, elles se sont insérées dans son activité et correspondent à des situations précises et concrètes de celle-ci. Mais ensuite, elles ont “ vécu ” dans l'Église et nous ne les connaissons que dans la forme que leur a donnée celle-ci. Notre tâche est donc de retrouver, dans la mesure du possible, leur visage originel. Pour ce faire, nous serons aidés par l'observation d'un certain nombre de lois qui ont joué dans leur transformation :

1) La traduction des paraboles en grec a inévitablement apporté des glissements de sens.

2) Les détails des images utilisées sont aussi parfois “ traduits ”.

3) Nous remarquons la joie que très tôt l'on a pris à embellir les paraboles.

4) Parfois des passages de l'Écriture et des thèmes de récits populaires ont influencé la matière de la parabole.

5) L'Église a largement appliqué à la Communauté des paraboles qui étaient à l'origine adressées à des adversaires ou à la foule.

6) Le résultat en est très souvent un déplacement de l'accent vers l'enseignement parénétique; on passe en particulier de l'appel eschatologique à l'application morale.

7) L'Église primitive a rattaché les paraboles à sa propre situation dont la mission et le retard de la Parousie sont les problèmes essentiels; pour cela, elle leur a donné une interprétation nouvelle et les a amplifiées.

8) Pour servir à sa prédication morale, l'Église primitive a, dans une proportion croissante, expliqué allégoriquement les paraboles.

9) Elle a rassemblé des collections de paraboles, ce qui a produit des " fusions ".

10) Elle a donné un cadre aux paraboles, ce qui a souvent provoqué un glissement du sens; en particulier, en dotant beaucoup d'entre elles de conclusions généralisantes, elle leur a donné un sens de portée générale.

C'est sur la base de ces lois de transformations, qu'a été conduite, dans les cinq premières éditions de ce livre, l'analyse des paraboles. Depuis, nous avons connu l'Évangile de Thomas et celui-ci a étonnamment confirmé nos résultats. Cela montre que l'analyse emprunte bien la bonne voie.

Ces dix lois de transformation sont autant de moyens pour retrouver la signification originelle des paraboles de Jésus et pour ici et là, soulever quelque peu le voile souvent si fin, souvent presque indéchirable qui s'est déposé sur elle ! Entendre à nouveau la voix même de Jésus, telle est notre tâche ! Et quel résultat magnifique si l'on arrive à retrouver ici et là derrière le voile, le visage du Fils de l'Homme ! Seule la rencontre avec Lui, donnera toute sa force à notre annonce de la Parole !

Troisième partie

Le message des paraboles de Jésus

En tenant compte des lois de transformation découvertes dans notre seconde partie et en essayant avec leur aide de retrouver la signification originelle des paraboles de Jésus, on est conduit à une simplification extraordinaire de l'image d'ensemble que celles-ci nous offrent. On s'aperçoit en particulier que beaucoup de paraboles n'expriment qu'une seule et même idée, mais illustrée par différentes images. Des différenciations que nous avons coutume de faire entre telle et telle parabole ne sont en réalité que secondaires. Et c'est en fait un très petit nombre d'idées-maîtresses qui se détachent avec toute leur force de l'ensemble des paraboles. Jésus ne s'est manifestement jamais lassé d'inculquer dans des images toujours nouvelles les thèmes centraux de son message. D'elles-mêmes, paraboles et images se combinent en des groupes dont huit apparaissent nettement et qui récapitulent tout le message de Jésus. (Mais avant d'essayer de les présenter, qu'il soit bien entendu que dans ce travail, le mot " parabole " est pris dans le sens très large qu'a le mot araméen *mathla* [cf. p. 29] [1].)

1. La matière que nous avons à étudier prend ainsi une extraordinaire extension, étant donnée la joie qu'a eue Jésus à parler en images. C'est pourquoi, on n'essayera d'expliquer complètement que les seules paraboles détaillées.

1. *Le salut est là!*

“ Les aveugles voient
les boiteux marchent
les lépreux sont guéris
les sourds entendent
les morts ressuscitent
la Bonne Nouvelle est annoncée aux pauvres ”,

telle est la réponse de Jésus, d'après Lc 7, 22; Mt 11, 5, à Jean-Baptiste prisonnier. Il est évident que cela ne veut pas dire que tous ces miracles aient eu précisément lieu en présence des envoyés du Baptiste, comme si ceux-ci n'avaient qu'à rapporter à leur Maître ce qu'ils auraient vécu (c'est ce que pense Lc 7, 21 s.) [2]; et le passage cité ne veut pas non plus énumérer les miracles de Jésus; mais il s'agit là en fait de très anciennes images du Temps de salut, que reprend celui-ci :

“ Alors les yeux des aveugles se dessilleront,
les oreilles des sourds s'ouvriront,
alors le boiteux bondira comme un cerf,
et la langue du muet criera de joie,

2. Il en est de même de Matthieu. Ce n'est pas un hasard si celui-ci rapporte avant cette scène les guérisons d'un aveugle (9, 27-31); d'un boiteux (9, 1-8); d'un lépreux (8, 1-4); d'un muet (9, 32-34) et une résurrection des morts (9, 18-26).

car de l'eau jaillira dans le désert,
des torrents dans la steppe... (Is 35, 5 s.) [3].

La parole de Jésus est précisément une citation libre de ce passage et de celui d'Isaïe 61 (la Bonne Nouvelle est annoncée aux pauvres); la mention des lépreux et des morts dépasse le texte d'Is 35, 5 s., mais cela souligne que la réalisation dépasse toutes les espérances, toutes les attentes [4]. C'est là un cri de joie de Jésus ! L'Heure est arrivée ! Les aveugles voient, les boiteux marchent, l'eau vivifiante coule à travers le pays desséché, car le salut est là, présent ! Le temps de malédiction touche à sa fin, le paradis revient, l'achèvement du monde est commencé : cela se manifeste d'une double façon, comme chaque fois qu'agit l'Esprit, par les faits et par la Parole. C'est ce qu'il répond à Jean-Baptiste et il ajoute : " Heureux celui pour qui je ne suis pas une occasion de scandale " (Mt 11, 6; Lc 7, 23). Heureux celui qui croit en dépit de la piètre apparence et de tout ce qui semble contraire à ces affirmations.

Une autre parole de Jésus, tirée elle aussi d'un passage d'Isaïe (61, 1 s.) est très proche de cette image : " L'Esprit de Dieu est sur moi, parce qu'il m'a consacré par l'onction. Il m'a envoyé porter aux pauvres la Bonne Nouvelle, annoncer aux captifs la délivrance, aux aveugles le retour à la vue, rendre la liberté aux opprimés, proclamer une année de grâce du Seigneur " (Lc 4, 18 s.) [5]. Nous en sommes là. Aujourd'hui se réalise ce passage de l'Écriture (Lc 4, 21). L'Esprit

3. Cf. aussi la suite : Is 35, 7-10, ainsi que 29, 18 etc.
4. On a remarqué aussi que Jésus ne mentionne pas la vengeance divine (Is 35, 4; cf. p. 293, n. 53).
5. De nouveau, Jésus ne mentionne pas l'annonce de la vengeance de Dieu (Is 61, 2), cf. p. 293, n. 53.

créateur, qui avait disparu avec le dernier prophète inspiré [6], souffle à nouveau sur le pays desséché : la nouvelle création a commencé. Les malheureux entendent la Bonne Nouvelle, les portes des prisons s'ouvrent, les opprimés reprennent haleine, les pèlerins aveugles sont dans la lumière : le temps de salut est arrivé.

" *L'eschatologie réalisée* [7] ", c'est aussi le sens du Mc 2, 19. Lorsqu'on lui demande pourquoi ses disciples ne jeûnent pas, Jésus répond : " Durant des noces, les invités peuvent-ils prendre une attitude de deuil ? " [8] Dans la langue imagée de l'Orient, les noces sont une figure du temps de salut; l'Apocalypse nous l'a rendue familière : " Voici les noces de l'Agneau " (Ap 19, 7 cf. v. 9; 21, 2. 9; 22, 17). Le jour de joie est arrivé et partout retentit l'allégresse des noces. A quoi " rimerait " un chant funèbre ? Voici maintenant la joie des noces, comment mes disciples pourraient-ils jeûner ?

Il est possible que les images du Manteau neuf et du Vin nouveau qui conclurent ce passage (Mc 2, 21 s. par. Évangile de Thomas 47*b*) aient été dites en une autre occasion; mais c'est avec raison que les trois Synoptiques les ont rapprochées de l'image des Noces, car toutes deux décrivent une façon absurde d'agir (qui va réparer des haillons en se servant d'un tissu de valeur, tout neuf ? ou qui va verser du vin nouveau, en pleine fermentation, dans des outres usées ou détériorées ?) et toutes deux utilisent des symboles du temps de salut. En ce qui concerne l'image du Manteau, il n'est pas besoin de présenter ici le riche

6. J. Jeremias, *Jesus als Weltvollender*, Gütersloh, 1930, p. 13 s.; Bill. II, p. 128 s.

7. Dodd, p. 198.

8. Mc 2, 19 par. Mt 9, 15; Lc 5, 34. La traduction proposée ici est motivée p. 84, n. 16.

matériel qu'a rassemblé l'histoire des religions sur la comparaison du Cosmos et du manteau du monde; qu'il suffise de renvoyer à deux exemples du N. T. En He 1, 10-12, on utilise le psaume 102, 26-28 pour décrire de quelle façon à la parousie, le Christ repliera le cosmos comme un vieux manteau et déploiera le cosmos nouveau. Le passage d'Ac 10, 11 s. et 11, 5 s. est encore plus clair. Pierre y voit sous l'image d'une nappe, tenue aux quatre coins et où se cachent toutes sortes d'animaux, le cosmos nouveau tel que Dieu le restitue dans sa pureté. Tente, nappe, manteau sont autant d'images du cosmos. C'est à ce contexte qu'appartient Mc 2, 21 : le temps de l'ancien monde est fini; il ressemble au vieux manteau qu'il ne vaut plus la peine de raccommoder avec du tissu neuf. Les temps nouveaux sont arrivés [9] ! Ceux à qui cette explication paraît trop osée peuvent se souvenir des passages dans lesquels le vin dont parle le verset parallèle de Mc 2, 22, est le symbole du temps de salut. Ici aussi, quelques exemples bibliques peuvent suffire, les exemples extra-bibliques étant légion. Après le déluge, sur la terre renouvelée, Noé plante de la vigne (Gn 9, 20). C'est à un cep de vigne que le Rédempteur attache son ânon, c'est dans le vin qu'il lave son vêtement et ses yeux sont troubles de vin (Gn 49, 11-12). C'est aussi une grappe de raisin que les messagers rapportent de la Terre promise (Nb 13, 23 s.). Jean (2, 11) pense aussi que le vin est un symbole du temps de salut, lorsqu'il dit que Jésus dévoila sa gloire dans le miracle de Cana : en donnant du vin à profusion, Jésus se révèle en effet comme celui qui introduit ce temps de salut. Vieux manteau — vin nouveau, tout ce qui est ancien est passé, le temps de salut est arrivé.

9. Endosser un vêtement neuf est une image du temps de salut, cf. p. 186.

De même que les noces ou le vin, la moisson est une image très employée dans la Bible pour désigner le temps de salut :

> " Tu as multiplié leur allégresse, tu as fait éclater leur joie ;
> ils se réjouissent devant toi, comme on se réjouit à la moisson, comme on jubile au partage du butin... " (Is 9, 2)

> " On s'en va, on s'en va en pleurant,
> on porte la semence,
> on revient, on revient en chantant,
> on rapporte les gerbes. " (Ps 126, 6)

Moissons et vendanges, en particulier, sont des images du Jugement dernier qui amène le temps de salut :

> " Lancez la faucille, la moisson est mûre.
> Venez, foulez, le pressoir est comble,
> les cuves débordent, tant leur malice est grande ",

s'écrie Joël (4, 13).

Jean-Baptiste voit le Juge qui s'avance, tenant en main un van et engrangeant la récolte (Mt 3, 12 ; Lc 3, 17) ; Paul compare lui aussi à une moisson le Jugement dernier (Ga 6, 7 s.).

> " Jette ta faucille et moissonne, car c'est l'heure de moissonner, la moisson de la terre est mûre " (Ap 14, 15),

crie l'Ange au Fils de l'homme, dans le dernier livre de la Bible, l'Apocalypse, et l'Ange préposé au feu répond :

> " Jette ta faucille aiguisée
> et vendange les grappes dans la vigne de la terre,
> car ses raisins sont mûrs " (Ap 14, 18).

Nous en sommes là, dit Jésus et ce n'est pas pour semer, mais pour récolter qu'il envoie ses disciples en mission [10]. Les champs sont blancs (Jn 4, 35); semailles et moissons coïncident (4, 36). " La moisson est abondante, mais les ouvriers sont peu nombreux. Priez donc le maître de la moisson pour qu'il envoie des ouvriers à sa moisson " (Mt 9, 37 s.; Lc 10, 2; ÉvTh 73). C'est aussi de l'époque de la moisson qu'il s'agit dans la courte parabole du Figuier dont les bourgeons et la première verdure annoncent l'été : " Dès qu'apparaissent les jeunes pousses et les premières feuilles, vous dites : " l'été est proche ". De même, vous aussi, quand vous verrez " cela " (*tauta*) arriver, sachez qu'il est proche, à la " porte ", (Mc 13, 28 par. Mt 24, 32; Lc 21, 29-31). Qui est " à la porte " ? Le Messie [11] ! Et à quoi reconnaît-on qu'il est proche ? Aux choses épouvantables qui annoncent la fin. Mais on peut se demander si c'est là le sens primitif. Car le contexte actuel de la parabole (le Discours eschatologique) est une composition secondaire et l'image du figuier renvoie à une autre signification : le figuier verdissant est signe de la bénédiction qui vient (Joël 2, 22).

Ce n'est donc pas pour montrer la terreur des derniers temps mais pour insister sur les signes du Temps de salut, que Jésus a dû employer cette image. Le figuier se distingue des autres arbres de Palestine, tels l'olivier, le chêne vert ou le caroubier, en ce qu'il perd tout son feuillage en hiver : avec ses branches dénudées qui pointent vers le ciel, il paraît mort, aussi peut-on très facilement observer la montée de la sève nouvelle [12]. Ses bourgeons, irruption de la vie dans

10. Dodd, p. 187.
11. Lc 21, 31 : le Règne de Dieu.
12. M. Meinertz, *Die Gleichnisse Jesu*, 4e éd., Münster, 1948, p. 67-73.

la mort, symboles du grand mystère de la mort et de la vie, sont un signe précurseur de l'été. Le Messie, lui aussi, dit Jésus, a des signes précurseurs. Regardez-les. Le figuier engourdi reverdit, ses pousses sortent, l'hiver est définitivement passé, l'été est tout proche; le peuple de Dieu est réveillé pour une vie nouvelle (Mt 11, 5). Nous en sommes là, l'achèvement définitif commence, le Messie frappe à la porte (Ap. 3, 20).

Le temps de salut est arrivé, car le Sauveur est maintenant là. La lampe est allumée.

Nous ne savons pas malheureusement quelle était l'intention de Jésus, en développant l'image de la Lampe sur le chandelier (Mc 4, 21; Mt 5, 15; Lc 8, 16; 11, 33; ÉvTh 33*b*). Selon le contexte que lui donne Marc, elle a trait à l'Évangile; pour Matthieu elle s'applique aux disciples et pour Luc à la lumière intérieure. En se fondant sur l'exégèse, on peut émettre une hypothèse sur son application primitive. Que veut dire : « On ne met pas la lampe sous le boisseau ? » sinon qu'on étouffe la petite lampe de terre en la coiffant d'une mesure [13].

Dans les petites maisons paysannes faites d'une pièce unique, ordinairement sans fenêtre ni cheminée, on peut avoir volontiers employé cette méthode pour éteindre la lampe; car en la soufflant il se dégageait une fumée d'une odeur désagréable et on courait toujours le risque d'une étincelle qui mît le feu. Nous pouvons donc raisonnablement traduire : « On n'éclaire pas la lampe pour l'éteindre aussitôt ! » Non ! elle doit être mise sur le chandelier pour éclairer toute la maisonnée (et cela toute la nuit, comme il est encore

13. *Modios* = « boisseau » d'une capacité de 8,75 l et aussi « mesure », en général. C'est le second sens qui est employé ici.

d'usage chez les paysans palestiniens) (Mt 5, 15). On comprendra bien mieux le contraste frappant : éclairer / éteindre, si l'on suppose que Jésus s'en est servi pour parler de sa mission, un jour qu'on l'avertissait des dangers qu'il courait et qu'on lui conseillait de prendre quelques précautions (cf. Lc 13, 31). Précisément, il ne peut pas le faire, la Lampe est allumée, la lumière brille, ce n'est pas pour aussitôt l'éteindre.

De sa mission, Jésus a volontiers parlé en utilisant dans ses images les professions qui, depuis longtemps dans l'Ancien Orient, étaient symboles du " sauveur " [14]: toutes ces figures ont en commun une signification eschatologique. Au troupeau abandonné et maltraité, aux " brebis perdues de la maison d'Israël " est envoyé un pasteur (Mt 15, 24; cf. 10, 6; Jn 10, 1-5) qui va à la recherche de l'animal perdu et le ramène au bercail (Lc 19, 10) [15]; il rassemble autour de lui le petit troupeau (Lc 12, 32) et donne sa vie pour lui (Mc 14, 27; Jn 10, 11 s.); il séparera un jour les brebis des chèvres (Mt 25, 32) (cf. p. 279 s.) et après la grande crise, il sera de nouveau le pasteur qui marche en avant des siens (Mc 14, 28) [16].

Le médecin est venu au chevet des malades (Mc 2, 17). Le maître instruit ses élèves de la volonté divine (Mt 10, 24; Lc 6, 40). Le messager appelle les gens à

14. J. Jeremias, *Jesus als Weltvollender*, p. 32 s.
15. C'est l'image du Pasteur qui est présentée en Lc 19, 10 (" il est venu chercher et sauver ce qui était perdu "), car c'est une citation d'Éz 34, 16.
16. *Progéin*, " précéder ", est un terme technique dans le langage des bergers : le v. 28 continue ainsi l'image du v. 27 (cf. p. 297). Deux observations permettent de montrer le caractère archaïque de Mc 14, 27 : d'une part la citation de Za 13, 7 est faite sur le texte hébreu et n'a pas du tout subi l'influence de la traduction, ici tout à fait divergente, des LXX; d'autre part, on y mentionne la fuite des disciples.

venir au repas messianique (Mc 2, 17). Le père de famille groupe autour de lui la *familia Dei* (Mt 10, 25; Mc 3, 35; ÉvTh 99). Le pêcheur prend des pêcheurs d'hommes à son service (Mc 1, 17). Le maître d'œuvre édifie le sanctuaire de la fin des temps (Mc 14, 58; Mt 16, 18). Le roi fait son entrée et la joie éclate autour de lui (Mc 11, 1-10 et par.); les pierres elles-mêmes parleraient pour accuser l'homme au cœur trop dur qui voudrait se taire (Lc 19, 40). Mais sans doute ne doit-on pas oublier que ces déclarations de Jésus sur lui-même à travers les images qu'il emploie n'ont de valeur que pour les croyants, et qu'elles laissent voilé pour " ceux du dehors " le secret du Fils de l'homme.

Ce qui caractérise la présence du Sauveur, ce sont les dons du salut qu'accorde Dieu. Les corps malades sont guéris et la mort a perdu de sa réalité terrifiante : elle est devenue un sommeil (Mc 5, 39). La Bonne Nouvelle est annoncée et les péchés sont pardonnés; c'est là " Le " grand don des temps messianiques : " Dieu [17] te pardonne tes péchés " (Mc 2, 5). Mais de tous les dons du temps de salut, il en est un qui ressort particulièrement des images de Jésus : le triomphe sur le " Satan ". Jésus le voit rejeté du ciel [18] et tomber sur la terre, comme un éclair (Lc 10, 18). Les esprits impurs doivent céder à l'esprit de Dieu (Mt 12, 28); les possédés du Satan sont délivrés (Lc 13, 16). L'homme fort est ligoté, sa proie lui est arrachée (Mc 3, 27 par. Mt 12, 29; ÉvTh 35), car est arrivé Celui qui vaincra le fort : le Serviteur de Dieu (cf. Is 53, 12), le Triomphateur. En parlant de l'enchaînement du Fort, il est certainement fait allusion à un événement

17. Le passif, en Mc 2, 5 (*aphièntai*, " sont pardonnés ") est une transcription du nom divin. Cette remarque est de très grande portée (cf. p. 282, n. 26).

18. Cf. Ap 12, 9.

concret, et donc évidemment à la tentation de Jésus.

L'analyse des récits de la tentation (Mc 1, 12 s.; Mt 4, 1-11; Lc 4, 1-13) montre que les trois " tentations " que rapportent Matthieu et Luc, ont eu tout d'abord une existence indépendante. Comme le suggère en effet Mc 1, 12 s., la tentation au désert fut primitivement transmise de façon isolée, et l'Évangile aux Hébreux fait soupçonner qu'il en fut de même pour la " tentation sur la montagne ". Plutôt que de trois tentations, on devrait parler de trois versions du même récit. Que ce soit la tentation au désert, celle sur le pinacle du temple ou celle sur la montagne, chacune d'elles raconte comment Jésus a triomphé de la tentation d'une fausse espérance messianique. Cette tentation a sa place avant la Passion : dans l'Église primitive en effet, la tentation politique n'a plus eu d'importance et on ne peut attribuer le noyau de cette histoire à l'imagination poétique de la première communauté. Mais, connaissant Lc 22, 31 s. où Jésus parle à ses apôtres d'un combat contre " le Satan ", il est possible de penser que ce sont les paroles de Jésus lui-même qui sont à la base des différentes versions du récit de la tentation; il peut avoir raconté à ses disciples, sous forme de *mashal* comment il a triomphé de la tentation de se présenter en messie politique, voulant peut-être les mettre en garde sur ce point [19]. Disons donc que le récit de la tentation dans ces diverses variantes est extrêmement proche de Mc 3, 27 : les *mashal* de Jésus à ses disciples témoignent de cette même expérience dont il fait ici part à ses adversaires : " le Satan " est vaincu ! Maintenant, aujour-

19. Cf. T. W. Manson, *The Servant-Messiah*, Cambridge, 1953, p. 55 : l'histoire de la tentation est " une expérience spirituelle de Jésus mise sous forme de récit parabolique pour l'instruction des disciples ".

d'hui ! Le Christ est plus grand que « le Satan »[20] !

Si l'on jette un coup d'œil sur ce premier paragraphe, on est frappé de voir que dans ces paroles qui annoncent la présence du salut, il n'y a que des images. Aucune des grandes paraboles n'appartient à ce groupe. Ce n'est pas un hasard : car, nous le verrons dans le prochain paragraphe, les paraboles détaillées ont été pour Jésus des armes de discussion en même temps que des menaces, des appels et des moyens d'illustrer ses enseignements. Par contre ici où il ne s'agit que d'une pure annonce de message, Jésus a préféré dans la ligne des prophètes de l'A. T. (Isaïe surtout) n'utiliser que de brèves images.

20. En Mc 3, 27, Satan est l'assailli, tandis qu'en Mt 4, 1 s., il est l'assaillant; il ne s'agit là que d'une différence d'image, non de fait; dans les deux cas, il est question du triomphe remporté sur lui.

2. *La miséricorde de Dieu pour ses « débiteurs »*

Nous en venons maintenant au second groupe de paraboles, à celles qui contiennent la Bonne Nouvelle proprement dite. Car celle-ci ne dit pas seulement : " Le temps de salut est arrivé, le monde nouveau est là, le Sauveur est venu ", mais, " le salut est envoyé aux pauvres ! "; Jésus est venu, comme Sauveur des pécheurs ! Toutes les paraboles de ce groupe qui sont les plus connues et les plus importantes ont toutes, sans exception, une note qui leur est propre : on la saisit si l'on tient compte de leurs destinataires. Les paraboles de la Brebis et de la Drachme perdues sont dites aux Scribes et aux Pharisiens qui murmuraient (Lc 15, 2), celle des Deux Débiteurs à Simon le Pharisien (Lc 7, 40), le logion des Malades qui ont besoin de médecin vise nombre de théologiens de tendance pharisienne qui critiquaient Jésus (Mc 2, 16); la parabole du Pharisien et du Publicain est adressée aux Pharisiens (Lc 18, 9) [1], celle des deux Fils aux Sanhédrites (Mt 21, 23).

Ainsi — et vraisemblablement sans exception — les paraboles qui ont pour objet le message du salut, au sens étroit du mot, n'ont pas été dites aux pauvres,

1. Cf. sur Lc 18, 9, p. 199.

mais aux adversaires de Jésus [2]. C'est là leur note distinctive, leur situation concrète (*Sitz im Leben*). Elles ne sont pas d'abord présentation de l'Évangile, mais défense et justification de celui-ci; ce sont les armes de Jésus dans le combat qu'il mène contre les critiques et les adversaires de la Bonne Nouvelle : tous ces gens pour qui il est révoltant de penser que Dieu veuille avoir affaire avec les pécheurs et qui sont choqués de la commensalité de Jésus et des méprisés.

Comment Jésus justifie-t-il l'Évangile face à ceux qui le critiquent ? Il le fait de trois manières :

1) Tout d'abord dans une série de paraboles, *il oriente le regard de ses adversaires sur les " pauvres "* à qui il annonce la Bonne Nouvelle. L'image du Médecin décrit leur situation en une formule lapidaire, " les malades ont besoin du médecin " (Mc 2, 17). Vous ne comprenez pas comment je peux appeler à ma suite des gens méprisés ? Mais regardez ! Ils sont malades, ils ont besoin d'aide ! La parabole des deux Fils (Mt 21, 28-31) en dit encore plus à leur sujet; en voici la conclusion [3] : " en vérité, je vous le dis, publicains et prostituées [4] entreront, avant vous, (au Jugement dernier) [5] dans le Royaume de Dieu ". Vous pensez qu'il est

2. Nous avons montré p. 39 s. la tendance de la tradition à donner les disciples comme destinataires de paraboles adressées aux adversaires ou à la foule; cela n'a donc pas joué pour celles que nous venons de citer — ce qui parle fort en faveur de l'authenticité de ces données.

3. Sur le v. 32, cf. p. 117 s.

4. L'article a une signification générique, on ne doit pas le traduire en français (*aramaïsme*).

5. Au *proagousin*, " arrivent ", correspond en araméen un participe qui est intemporel : c'est le contexte et le sens qui déterminent sa valeur temporelle. Dans le cas présent le participe a un sens futur, car toutes les paroles de Jésus sur l'entrée dans le Royaume ont un sens eschatologique.

très difficile aux publicains de faire pénitence [6] et pourtant ils sont plus près de Dieu que vous, les bien-pensants ! C'est vrai, ils ont dit non au commandement de Dieu, mais ils se sont repentis et ils ont fait pénitence. C'est pourquoi ils trouvent l'entrée du Règne de Dieu et vous ne la trouvez pas ! Mais s'ils sont plus proches de Dieu que les dévots qui ne comprennent pas l'amour de Dieu pour les pécheurs, c'est pour une autre raison, qu'illustre la brève *parabole des deux Débiteurs* (Lc 7, 41-43).

Pour la comprendre, il est important de faire quelques remarques exégétiques : il en ressortira en effet que d'autres événements significatifs ont précédé celui que rapporte Luc 7, 36-50;

a) Dans cette invitation de Jésus chez le Pharisien, il s'agit d'un festin (*katéklithè*, “ s'étendit ”, v. 36 [7]); et c'est là une marque de déférence à son égard, car Simon tient pour possible que Jésus soit un prophète (cf. v. 39) : avec lui paraît être revenu l'Esprit qui avait disparu [8]; le temps de salut est donc arrivé. C'était d'autre part une œuvre méritoire que d'inviter à sa table pour un repas de sabbat, un maître itinérant, surtout quand celui-ci avait prêché à la synagogue [9]. De ces remarques, on peut conclure qu'une prédication de Jésus a vraisemblablement précédé l'histoire que nous rapporte Luc, et justement, cette prédication a “ emballé ” tout le monde : son hôte, les invités et celle qu'on n'attendait pas, la femme.

6. A cause de la difficulté de rendre l'argent volé — condition de la pénitence, et à cause de la rapacité des publicains (BILL. II, p. 247 s.).

7. Dans les repas ordinaires, on était assis, cf. J. JEREMIAS, *Die Abendmahlsworte Jesu*, 3e éd., Göttingen, 1960, p. 42 s.

8. Cf. p. 165.

9. Cf. Mc 1, 29 et 31. F. HAUCK, *Das Evangelium des Lukas*, Leipzig, 1934, p. 102.

b) Celle-ci est appelée “ pécheresse ” (v. 37) : ce peut être soit une prostituée, soit la femme d'un homme exerçant un métier déshonnête, mais, étant donné le v. 49, c'est le premier sens qui est le bon. On ne nous dit cependant pas pourquoi elle pleure : on nous révèle seulement sa reconnaissance sans limite, car le baiser sur les genoux ou les pieds est signe de la plus humble reconnaissance, celle que l'on doit par exemple, à celui qui vous a sauvé la vie [10]. Un détail nous révèle combien la femme est débordante de reconnaissance pour son sauveur : sans hésiter [11], elle ôte son voile et dénoue ses cheveux pour essuyer ses larmes, bien que ce soit pour une femme le suprême déshonneur que de se décoiffer devant les hommes [12]. Il est évident qu'elle est tellement effrayée d'avoir souillé Jésus de ses larmes, qu'elle en oublie ceux qui l'entourent. Ainsi, depuis le v. 37 s'exprime la reconnaissance éperdue de la femme (d'après les v. 41-43, 47 : pour le pardon reçu); c'est ce que confirme une remarque linguistique d'importance : l'hébreu, l'araméen, le syriaque n'ont aucun mot pour “ remercier ”, “ reconnaissance ” [13], et ils doivent employer d'autres mots; ici, “ aimer ”. Le sens de la question de Jésus au v. 42 est précisément : “ Qui des deux débiteurs aura la plus grande reconnaissance ? ” et cela nous montre qu'aux v. 44-46 Jésus interprète les gestes de la femme comme des signes de reconnaissance; enfin au v. 47 *agapan*, “ aimer ”, connote également ce sentiment. Mais ainsi on établit définitivement le sens controversé du v. 47*a* :

10. *b Sanh.* 27*b* : un homme accusé de meurtre embrasse les pieds du scribe à qui il doit la vie et l'acquittement.

11. L'aoriste, *éxémaxén*, “ essuyait ” (v. 38), à côté de l'imparfait qui suit, marque l'aspect impulsif de l'action.

12. D'après *Tos Sota* 5, 9; *j Gitt* 9, 50*d*, c'était un motif de divorce !

13. P. Joüon, *Reconnaissance et action de grâces dans le* N. T. in : *Rech. Sc. Rel.* 29 (1939), p. 112-114.

le pardon y est premier (c'est très clair au v. 47*b* et dans la parabole) et le " parce que " du v. 47*a* donne la raison pour laquelle on reconnaît que Dieu lui a pardonné : " C'est pourquoi je te dis : " Dieu [14] doit lui avoir pardonné ses péchés, si nombreux qu'ils fussent, car elle montre [15] une si grande reconnaissance (un amour si reconnaissant); si Dieu pardonne peu, petite est la reconnaissance (l'amour reconnaissant). " Cela montre donc que Jésus a prêché et donné le pardon. Il faut tenir compte de cet arrière-fond, pour comprendre la parabole des deux Débiteurs : devant les critiques informulées de Simon, Jésus explique pourquoi il s'est laissé toucher par la pécheresse.

Il met simplement côte à côte : grande et petite dette — grande et petite reconnaissance. Seuls ceux qui connaissent l'étendue de leur dette peuvent mesurer ce que signifie la bonté. Ne comprends-tu pas, Simon, que cette femme, malgré sa vie coupable, est plus près de Dieu que toi ? Ne vois-tu pas que la reconnaissance qu'elle montre est précisément ce qui te manque ?

2) Ceux qui critiquent la Bonne Nouvelle n'ont pas seulement à regarder les " pauvres " mais *à se regarder eux-mêmes*. Dans les paraboles que nous allons étudier ici, la justification de l'Évangile devient une accusation sévère. Vous êtes comme ce fils qui répond servilement " oui " à ce que lui commande son père, mais qui refuse ensuite de lui obéir (Mt 21, 28-31); vous êtes comme ces vignerons qui ont refusé année après année,

14. " Sont remis " : le passif marque l'agir divin.
15. L'aoriste traduit ici un parfait statif araméen (M. Black, *An Aramaic Approach to the Gospels and Acts*, 2e éd., Oxford, 1954, p. 254), qui en français, se rend par le présent : " elle montre " et non " elle a montré ".

de payer leur fermage au propriétaire et qui ont accumulé crime sur crime (Mc 12, 1-9 par.; ÉvTh 65)[16]. Vous ressemblez à ces hôtes de marque qui brusquement repoussent l'invitation à dîner qu'ils ont reçue. Qui vous donne le droit de déverser sarcasmes et moqueries sur la troupe misérable qui s'assied à ma table (Mt 22, 1-10; Lc 14, 16-24; ÉvTh 64) ?

Nous avons déjà vu combien cette *parabole du grand Festin* a été très fortement retouchée dans l'Évangile de Matthieu, au point de devenir une véritable esquisse de l'histoire du salut[17]. Il semble en revanche que Luc et l'Évangile de Thomas (mis à part la double invitation des non-conviés [cf. p. 75] chez l'un et l'amplification des excuses chez l'autre [cf. ici, n. 17]) aient gardé pour l'essentiel, la version originelle. — V. 16: Le " particulier " qui n'a qu'un serviteur paraît plus primitif que le roi dont parle Matthieu (22, 2, cf. p. 43). Les invités sont des gens en vue, de gros propriétaires (cf. v. 19). — V. 17 : Le repas est prêt depuis longtemps (*èdè*) comme en Lc 11, 7 (p. 220). Renouveler l'invitation à l'heure du repas était une marque particulière

16. Sur le texte, cf. p. 104-113.

17. Cf. p. 67 s., 76-80, 101-104. Voici le texte de la parabole dans l'Évangile de Thomas (64) : " Jésus a dit : Un homme avait des hôtes et quand il eut préparé le repas, il envoya son serviteur pour inviter les hôtes. Il (le serviteur) alla vers le premier et lui dit : " Mon maître t'invite ! " Il dit : " J'ai de l'argent à recevoir des marchands; ils viennent chez moi le soir et j'irai et je leur donnerai des instructions. Je m'excuse pour le repas. " Il alla vers un autre et lui dit : " Mon maître t'a invité ! " Il lui dit : " J'ai acheté une maison et on me réclame pour une journée. Je n'aurai pas de temps. " Il vint vers un autre et lui dit : " Mon maître t'invite ! " Il lui dit : " J'ai acheté un village et je vais y chercher les redevances. Je ne pourrai venir. Je m'excuse. " Le serviteur vint et dit à son maître : " Ceux que tu as invités au repas se sont fait excuser (ou : ont refusé). " Le maître dit : " Va dehors sur les chemins et amène tous ceux que tu trouveras pour qu'ils prennent part au repas. Les acheteurs et les marchands n'entreront pas dans les lieux de mon Père. "

de politesse, d'usage chez les gens distingués de Jérusalem. — V. 18 : L'expression *apo mias* qui est un hapax, est l'exacte traduction du syro-palestinien *min hadha*, " tout à coup ". — V. 19 : " paire de bœufs " : chez les Arabes de Palestine, le *feddan* est la mesure agraire courante : c'est la surface qui peut être, en un jour, travaillée avec une paire de bœufs. On trouve aussi le feddan légal qui correspond au travail annuel d'une paire de bœufs, c'est-à-dire, en bonne terre, une moyenne de 9 - 9,45 ha. En général, le paysan dispose d'une ou deux paires de bœufs, donc de 10 à 20 ha. La lettre d'Aristée (§ 116) (entre 145 et 127 av. J.-C.) attribue à chaque Israélite, un domaine moyen quelque peu supérieur : 100 " aroures " (27, 65 ha). L'homme de la parabole vient d'acheter cinq paires de bœufs. Il possède ainsi, pour le moins, 45 ha, et vraisemblablement beaucoup plus; c'est donc un gros propriétaire foncier. — V. 20 : *Gunaika égèma*, le parfait sémitique que traduit ici cet aoriste décrit une action qui vient d'avoir lieu : " je viens tout juste de me marier ". On n'invitait aux banquets que les hommes et celui-ci ne veut pas laisser seule sa jeune femme [18]. — V. 21 : " estropiés, aveugles et boiteux " sont en Orient ipso facto, des mendiants. Ce n'est pas par sens social ou (comme au v. 13) par motif religieux, mais par dépit qu'ils sont invités. — V. 23 : En plus des mendiants, le serviteur doit aller chercher aussi les sans-abri qui hantent les bords des routes ou les clôtures des vignes; " de force " : même les plus pauvres conservaient la politesse orientale et par humilité, refusaient l'hospitalité tant qu'on ne les avait pas pris par la main et tirés avec une douce violence à l'intérieur de la maison.

18. W. Michaelis, *Die Gleichnisse Jesu*, Hambourg, 1956, p. 156.

Si cette histoire ne nous était si familière, nous sentirions plus fortement tout ce qu'elle a d'invraisemblable. Deux traits, en particulier semblent défier les réalités de la vie : 1) comme sur un mot d'ordre tous les gens conviés refusent tout à coup l'invitation; 2) et l'hôte pour les remplacer, appelle mendiants et sans-logis à venir à sa table [19]. Il semble inévitable de conclure que nous avons affaire à une allégorie. Cette conclusion pourtant serait fausse : Jésus en effet, comme l'ont montré de façon convaincante des recherches récentes, fait allusion ici à *l'histoire bien connue* (on la trouve dans le Talmud palestinien) *du riche publicain Bar Majan et du pauvre scribe*. Nous sommes certains que Jésus la connaissait, car il en a utilisé la conclusion dans la parabole du Riche et du pauvre Lazare, comme nous le verrons plus loin [20].

Le riche publicain Bar Majan, nous dit-on, mourut et reçut une sépulture magnifique. Toute la ville chôma, car tous voulaient l'accompagner à sa dernière demeure. En même temps, mourut un Scribe fervent et personne ne s'informa de son enterrement. Comment Dieu peut-il être assez injuste pour permettre cela ? C'est que Bar Majan, qui était loin de mener une vie dévote, venait juste de faire une bonne action lorsqu'il fut surpris par la mort. Or l'heure de la mort est décisive et toutes les mauvaises actions ne pouvaient plus supprimer cette bonne œuvre; Dieu se devait d'en prendre acte : ce furent ces magnifiques funérailles. Mais quelle était cette bonne action de Bar Majan ? Il avait organisé un grand festin pour les conseillers municipaux, mais ceux-ci ne vinrent pas. Il donna l'ordre alors de faire

19. C'était une bonne œuvre que d'inviter un miséreux à partager un repas de fête (Tb 2, 2). Mais dans notre récit, c'est toute la salle qui est remplie de mendiants.

20. Cf. p. 243.

venir les pauvres et de leur faire manger le repas préparé, pour qu'il ne se gâte pas. A la lumière de cette histoire, nous comprenons maintenant l'attitude énigmatique des invités de Lc 14, 18-20. L'hôte est donc un publicain enrichi qui a lancé cette invitation, désirant vivement se faire admettre dans le milieu des vieilles familles de l'endroit. Mais celles-ci, comme sur un mot d'ordre, lui battent froid et refusent, sur de mauvaises excuses, son invitation. Dans sa colère il apppelle alors chez lui les mendiants, pour bien montrer aux notables qu'il n'y a pas qu'eux sur la terre et qu'il ne veut plus avoir affaire avec eux.

Jésus n'a pas craint ailleurs d'illustrer avec l'exemple de l'intendant malhonnête la nécessité d'agir résolument (p. 68 s., 240 s.), ou de montrer avec les images du juge inique (p. 216 s.), du berger méprisé (p. 189-194) et de la pauvre femme (*ibid.*) l'incommensurable bonté de Dieu. De même ici, il n'a pas hésité à choisir la conduite du publicain pour illustrer la colère et la bonté divine. Certes, les raisons d'agir du publicain ne sont ni désintéressées ni élevées, pas plus d'ailleurs que celle du juge inique qui se débarrasse d'une plaignante pour n'avoir plus à supporter ses récriminations (p. 217). Mais cela n'a pas gêné Jésus, il n'en a été au contraire que confirmé dans le choix de ses exemples, car ses conclusions y acquièrent une force inouïe. Il nous faut nous représenter le sourire des auditeurs de Jésus entendant les refus successifs qu'essuie le parvenu et s'imaginant la colère croissante de celui-ci. Il nous faut les voir éclater de rire à la pensée de toute la bonne société tapie à ses fenêtres et observant d'un œil amusé le cortège étrange de ces convives miteux qui se pressent vers la maison toute décorée du publicain. Il nous faut enfin éprouver leur surprise lorsque tout à coup, rompant le charme, Jésus s'écrie : Ne voyez-vous pas ce dont il s'agit ? En vous moquant de ce pauvre rustre, vous vous moquez du Dieu vivant. Ne vous a-t-Il pas invité par l'Évangile ? Mais dans votre orgueil et votre suffisance, vous avez repoussé son invitation. Et maintenant, vous regardez avec mépris, sarcasmes et railleries la troupe misérable des invités qu'Il a appelés à votre place ? Aucun de vous ne mangera le pain dans le Royaume de Dieu.

On ne comprend bien cette parabole que si on ne fait pas semblant de ne point entendre la joie qui résonne dans le cri : " Tout est prêt ! " " Le voici maintenant le temps favorable, le voici maintenant le temps du salut " (2 Co 6, 2). Dieu accomplit sa promesse et sort de l'ombre. Mais si les " Enfants du Royaume ", les théologiens, les cercles de gens pieux tiennent pour du vent l'appel de Dieu, ce seront les méprisés et ceux qui paraissent loin de Dieu qui entreront à leur place (cf. p. 74 s.), et les autres ne pourront alors que s'entendre répondre, de derrière la porte fermée de la salle du festin : Trop tard !

3) Mais il nous faut surtout envisager le troisième angle sous lequel Jésus justifie la prédication de la Bonne Nouvelle aux méprisés et aux abandonnés : c'est là un point de vue essentiel qui laisse dans l'ombre toute autre considération. Il apparaît au mieux dans la parabole de l'Enfant Prodigue — cette parabole qu'il serait plus exacte d'appeler *la parabole de l'Amour du père* [21] (Lc 15, 11-32).

Ce n'est pas une allégorie, mais une histoire prise dans la vie, comme le montrent les deux périphrases des v. 18 et 21 par lesquelles on cite le nom divin :

21. C'est le père, et non le fils, qui est au centre de l'histoire.

" Père, j'ai péché contre Dieu (le Ciel) et contre toi. " Le père n'est donc pas Dieu, mais un père terrestre. Il est évident cependant que son amour est une image de l'amour divin. — V. 12 : Le fils cadet réclame " la part qui lui revient ", c'est-à-dire selon Dt 21, 17, un tiers des biens, car l'aîné reçoit double part. Du point de vue légal, il y avait de père à fils deux formes de transmissions des biens : soit par testament, soit par donation entre vifs. Dans ce dernier cas, il était de règle que le bénéficiaire reçût aussitôt le capital et n'eût le revenu qu'à la mort du père. 1) Le fils reçoit alors le droit de propriété (le père ne peut pas, par exemple, vendre une terre léguée), 2) mais le fils ne peut en disposer (si le fils vend le fonds, l'acheteur ne peut en prendre possession qu'à la mort du père), ni n'en a la jouissance. Cette situation légale correspond exactement aux données de la parabole, si c'est bien le frère aîné qui, au v. 31, est désigné comme l'unique propriétaire futur, bien que son père ait encore la jouissance du fonds (v. 22 s., 29). Le cadet au v. 12 exige non seulement d'avoir le droit de propriété, mais aussi le droit de disposer des biens; il veut donc être indemnisé et pouvoir s'organiser une vie indépendante. — V. 13 : " Rassemblant tout son bien ", i. e. après qu'il eut tout transformé en argent. " Il partit pour un pays lointain ", i. e., il émigra. On estime à plus de quatre millions le nombre des Juifs de la Diaspora, en face d'un demi-million de Juifs palestiniens : cela nous montre l'extension de l'émigration que provoquaient à la fois les perspectives alléchantes de la vie dans les centres commerciaux du Levant et les famines si fréquentes en Palestine. Il semble bien que le jeune garçon n'ait pas été marié, ce qui permet d'en déduire son âge, car les hommes se mariaient vers dix-huit, vingt ans. —

V. 15 : Il doit s'occuper d'animaux impurs (Lv 11, 7), il ne peut plus sanctifier le sabbat : il est donc tombé au plus profond de la misère et il est ainsi perpétuellement forcé de renier sa religion [22]. — V. 16 : Pourquoi ne prend-il pas pour lui de la nourriture des cochons ? La traduction suivante nous en fournit la réponse : " Il aurait bien voulu [23] se remplir le ventre de caroubes dont se nourrissaient les porcs (i. e., si ça ne l'avait pas tant dégoûté) et personne ne lui donnait (i. e. à manger) " [24]; il lui fallait voler sa nourriture ! — V. 19 : " comme l'un de tes journaliers " : ayant reçu sa part d'héritage, il n'a plus rien à réclamer, pas même la nourriture et le vêtement; il veut donc pouvoir les gagner. — V. 20 : " En courant " : pour un vieil Oriental, c'est là une démarche tout à fait inhabituelle, car c'est s'abaisser que de courir, même si l'on est très pressé. " Il l'embrassa longuement " : le baiser est signe de pardon (2 S 14, 33). Le v. 21 reprend le v. 18 jusqu'à : " Traite-moi comme l'un de tes journaliers ", mots que le père ne lui laisse pas prononcer. Il prend précisément le contre-pied de cette phrase inexprimée et traite celui qui revient à la maison, non comme un journalier, mais comme un hôte de marque. — V. 22 s. (comp. avec Gn 41, 42 : le Pharaon et Joseph) : 1) On remet d'abord la robe de fête, ce qui est en Orient marque de haute distinction. Il n'existait alors aucune " décoration " et lorsqu'un roi voulait honorer un de ses dignitaires particulièrement méritant, il lui offrait un vêtement luxueux; c'est pourquoi, le fait de revêtir un vêtement neuf est un symbole du temps de salut [25]. Ici l'enfant pro-

22. *b B Q* 82*b* : " Maudit soit l'homme qui élève des cochons ! "
23. Le conditionnel a valeur d'irréel (cf. par ex. Lc 17, 22).
24. C'est A. Fridrichsen qui a proposé cette restitution.
25. Cf. supra p. 167, n. 9.

digue est traité en invité d'honneur. 2) Comme nous l'ont montré les fouilles, il faut voir dans l'anneau qu'on lui remet une bague-cachet : la remettre à quelqu'un, c'était lui donner les pleins pouvoirs (cf. 1 M 6, 15). Quant aux souliers, c'était un luxe et seuls les hommes libres en portaient : le fils ne doit pas plus longtemps courir pieds nus comme un esclave. 3) Il était rare de manger de la viande et on ne tuait le veau gras que pour des occasions très spéciales; c'est ici signe de joie et de fête pour la maison et les domestiques; et un symbole de l'accueil solennel du fils qui revient s'asseoir à la table familiale. Ces trois marques d'honneur sont la manifestation visible du pardon : l'enfant prodigue retrouve sa situation de fils et tout le monde doit l'apprendre. — V. 24 : Le père emploie ici deux images très réalistes qui sont synonymes : la résurrection des morts et la découverte de la bête égarée.

V. 25 : Dans les festins, il y avait de la musique (chants bruyants, scandés par des claquements de doigts) et des hommes dansaient [26]. V. 28 : *Parékaléi*, " il lui parlait amicalement ", ou " lui disait toutes sortes de bonnes paroles ". — V. 29 : Le fils aîné apostrophe son père et le couvre de reproches. — V. 30 : Il refuse d'appeler " frère " celui qui vient de rentrer; dans ce " fils que voilà ", " celui que voilà " a valeur péjorative comme en Mt 20, 12; Lc 18, 11; Ac 17, 18. — V. 31 : La réponse du père, bien différente, est particulièrement affectueuse : *téknon*, " mon cher enfant ". — V. 32 : " Il fallait " n'a pas ici un sens réel (" je me devais d'organiser cette fête ", ce qui serait une excuse) mais un sens irréel (" tu devrais éclater de joie et de bonheur ", ce qui est un reproche).

26. Cf. " les sauts de joie " en Lc 6, 23 (" exultez ").

Car celui qui vient de nous revenir est tout de même " ton " frère [27] !

Dans sa magnifique simplicité, la parabole décrit la bonté divine : c'est ainsi qu'est Dieu, si bon, si indulgent, si plein de miséricorde et si débordant d'amour. Comme ce père qui organise un festin, Il est plein de joie lorsque celui qui était perdu rentre au bercail. Ce n'est là cependant que le sens de la première partie (v. 11-24) : nous avons en effet ici une parabole à double pointe. Le logion de conclusion qui revient par deux fois, comme un refrain (v. 24 et 32) souligne d'ailleurs cette division bipartite. La première moitié semble se suffire à elle-même, et la seconde partie peut paraître au premier abord, superflue. Pourquoi Jésus l'a-t-il ajoutée ? Il n'y a qu'une réponse possible : à cause de la situation concrète dans laquelle il se trouve. Il a raconté la parabole à des hommes qui ressemblent au fils aîné, c'est-à-dire à ces gens pour qui l'Évangile est un scandale. Jésus veut les atteindre dans leur conscience, aussi leur dit-il : Voilà ce qu'est l'amour de Dieu pour ses enfants égarés et vous, vous êtes sans joie, froids, insensibles, ingrats et infatués de vous-mêmes ! Soyez donc charitables, et non pas égoïstes comme vous l'êtes ! Les morts spirituels ressuscitent ! Ceux qui étaient perdus reviennent à la maison du Père ! Réjouissez-vous donc avec moi ! Ainsi, comme dans les trois autres paraboles à double pointe l'accent porte ici sur la seconde " pointe " [28].

27. Le " celui-là " du v. 32 est un démonstratif explétif, cf. p. 60), n. 19 (ce n'est pas le même cas que celui du v. 30).

28. Cf. sur Mt 20, 1-15, p. 58; sur Mt 22, 1-14, p. 76 s.; sur Lc 16, 19-31, p. 246.

La parabole de l'Enfant prodigue n'est donc pas d'abord une proclamation de la Bonne Nouvelle aux pauvres, mais une justification de celle-ci face à ceux qui la critiquent. La justification de Jésus, c'est cet amour sans limite que montre Dieu. Mais Jésus n'en reste pas à cette apologie, la parabole s'arrête brusquement : le dénouement reste ouvert. Là aussi se reflète la réalité que Jésus a en face de lui. Ses auditeurs sont dans la situation du fils aîné (répondra-t-il à l'invite de son père, se réjouira-t-il avec lui ?). Jésus ne les condamne pas encore sans recours, il conserve encore quelque espoir; il veut les aider à surmonter le scandale que leur cause l'Évangile, à reconnaître combien leur manque d'amour et leur " justice " satisfaite les séparent de Dieu; il veut qu'ils puissent trouver la grande joie qu'apporte l'Évangile (v. 32*a*). La justification de la Bonne Nouvelle se change en reproche et devient sollicitation pour gagner le cœur de ses adversaires.

Ainsi Lc 15, 11-32 est d'abord une parabole apologétique : face à ses adversaires, Jésus s'y justifie de manger avec les pécheurs (cf. v. 1 et 2). Le reconnaître entraîne des conséquences d'importance. Jésus justifie sa manière choquante d'agir en disant dans la parabole : l'amour de Dieu pour le pécheur qui rentre à la maison n'a point de borne et mon attitude correspond à la nature et à la volonté même de Dieu. *Jésus revendique ainsi d'actualiser, par sa façon de faire, l'amour de Dieu pour les pécheurs repentants.* Et par là, la parabole qui n'a aucune déclaration christologique, apparaît cependant comme une affirmation voilée de la filiation de Jésus : Celui-ci réclame pour lui d'agir en lieu et place de Dieu, d'être son représentant (son " tenant-lieu ").

Les deux paraboles de la Brebis et de la Drachme perdues

(Lc 15, 4-7; Mt 18, 12-14. — Lc 15, 8-10) sont très proches de celle de l'Enfant prodigue [29].

V. 2 : Jésus a fait bon accueil aux publicains et aux pécheurs. Sous le nom de " pécheur " on désignait soit ceux qui avaient une conduite immorale (adultères, menteurs Lc 18, 11), soit ceux qui exerçaient des professions " déshonnêtes " (i. e. des professions qui de façon notoire, portaient à la malhonnêteté ou à la dépravation); on leur retirait leurs droits civiques (possibilité d'accès dans l'administration, droit de témoigner en justice); c'était le cas des publicains, des collecteurs d'impôt, des bergers, des âniers, des colporteurs, des tanneurs. Ce n'est donc pas de l'étonnement qu'exprime la question des pharisiens et des scribes se demandant pourquoi Jésus accepte de manger avec de tels hommes; bien au contraire, c'est une accusation contre lui (ce n'est pas un homme pieux !) et une invite à ses " supporters " à se séparer de Lui.

V. 4-10 : La double parabole avec laquelle répond Jésus est bâtie sur l'opposition : homme / femme; riche / pauvre. Certes le propriétaire du troupeau n'est pas ce que l'on appelle un Crésus. La grandeur du troupeau varie chez les Bédouins entre vingt et deux cents têtes de petit bétail [30] : cent moutons représentent donc un chiffre moyen. Le propriétaire les garde lui-même, s'il ne peut se payer un berger. Cependant, par rapport à la pauvre veuve, c'est un homme qui a quelques biens. Voici le texte de la parabole de la Brebis perdue dans l'Évangile de Thomas (107) : " Jésus a dit : le Royaume est semblable à un

29. Sur la parabole de la Brebis perdue, cf. p. 59 s.
30. Cf. Gn 32, 14 : un troupeau de chèvres et de moutons de 220 têtes, chacun.

berger qui a cent brebis; l'une d'elles se perdit — la plus grosse; — il laissa les quatre-vingt-dix-neuf et il chercha celle-là seule, jusqu'à ce qu'il l'eût trouvée. Après qu'il eut peiné, il dit à la brebis : Je t'aime plus que les quatre-vingt-dix-neuf. " Chez Luc, elle est construite comme une seule question qui s'étend jusqu'au v. 6. La comparaison de Lc 15, 4-7 et Mt 18, 12 montre un grand nombre de variantes de traduction (v. g., dans le désert [31] : Lc 15, 4; dans la montagne : Mt 18, 12).

V. 4 : " Lequel d'entre vous " : on incluait les bergers dans la catégorie des " pécheurs ", car on les soupçonnait de pousser leurs bêtes sur les terres du voisin et de soustraire quelque peu du revenu du troupeau. Cela n'empêche pas Jésus de prendre l'exemple de ce pasteur pour illustrer l'attitude de Dieu. " Et vient à en perdre une " : le berger palestinien a coutume de compter son troupeau lorsqu'au soir il le pousse vers le parc à moutons, pour s'assurer qu'aucune bête ne s'est égarée; le chiffre de quatre-vingt-dix-neuf indique que le comptage vient d'avoir lieu. " Il abandonne les quatre-vingt-dix-neuf autres " : Il est totalement exclu — tous les connaisseurs de la Palestine sont unanimes pour en témoigner — qu'un berger abandonne purement et simplement son troupeau. Quand il doit partir à la recherche d'une bête, il confie son troupeau aux bergers qui utilisent le même parc que lui (Lc 2, 8; Jn 10, 4 s.) ou bien il le pousse dans une grotte.

Le jeune berger Mohammed ed-Dib qui découvrit la grotte I de Qumran, compta exceptionnellement son troupeau vers 11 heures du matin, parce qu'il

31. " Dans le désert ", " dans la montagne " sont deux traductions du même mot araméen *bétura*, " dans la montagne ", laquelle équivalait en Palestine, au désert.

avait par deux fois laissé passer l'habituel comptage du soir; puis il demanda aux deux bergers avec lesquels il avait coutume d'aller faire paître, de veiller sur son troupeau (cinquante-cinq bêtes), avant de s'en aller à la recherche de sa chèvre disparue.

" Dans le désert " : " désert " désigne ici soit le parc à moutons, soit un pâturage dans la montagne déserte. — " Pour s'en aller après celle qui est perdue " : selon l'Évangile de Thomas, c'est la bête la plus grosse et la plus précieuse qui s'est égarée et il y voit le motif de la recherche infatigable du berger, car il aime cette brebis plus que toutes les autres. Mais il y a là un contresens total, ainsi que le montre la comparaison avec Matthieu et Luc comme avec la teneur générale de la prédication de Jésus. Chez Matthieu, l'application de la parabole parle d' " un des plus petits " (cf. p. 280); chez Luc, les données de situation et de v. 5 font plutôt voir dans l'égarée, un animal particulièrement faible. Ce n'est donc pas la grande valeur de la bête qui pousse le berger à sa recherche, mais tout simplement le fait qu'elle lui appartient et qu'elle ne pourra pas, sans son aide, rejoindre le troupeau. — V. 5 : Ce n'est pas à une influence grecque de l'Hermès Kriophore que l'on doit cette évocation du berger rapportant la brebis " sur ses épaules " (ce détail manque chez Matthieu); c'est en Orient, un trait de la vie quotidienne. Car une brebis qui s'est éloignée du troupeau pour errer çà et là, a coutume, éreintée, de s'étendre et on ne peut plus ni la faire se lever ni la faire marcher; il ne reste au berger qu'à la porter, en la mettant autour du cou, sur ses épaules [32]. — V. 6 : Le mot " il assemble " évoque peut-être l'organisation d'une fête.

32. Cf. A. M. Brouwer, *De Gelijkenissen*, Leiden, 1946, p. 225.

V. 8 : (On doit lire aussi la parabole de la Drachme perdue comme une seule question qui se continue au v. 9.) Les " dix drachmes " rappellent à tout connaisseur de la Palestine arabe, ces monnaies avec lesquelles les femmes se parent le haut du visage ; elles représentent leur dot et elles ne les enlèvent même pas la nuit pour dormir. Et en fait, le traité rabbinique *Tosephta* mentionne l'usage de deniers d'or comme bijoux d'apparat. Il reste que cette femme était très pauvre ; car dix drachmes ne représentent qu'une très humble parure, comparée aux centaines de pièces d'or et d'argent dont s'orne aujourd'hui la tête des femmes arabes. La femme allume la lampe, non pas parce qu'il fait nuit, mais parce que dans sa masure sans fenêtre, la porte très basse ne laisse filtrer que peu de lumière ; elle balaye la maison avec un rameau de palme, pour entendre dans l'obscurité tinter la pièce sur le sol rocheux.

La conclusion des deux paraboles évoque dans une périphrase le nom divin, car on doit éviter de parler des sentiments de Dieu. On doit donc traduire Lc 15, 7 : " Ainsi Dieu (au Jour du Jugement) aura plus de joie pour un seul pécheur qui a fait pénitence que pour quatre-vingt-dix-neuf gens corrects qui n'ont commis aucune faute grave " (ou selon Mt 18, 14 : " Ainsi Dieu ne veut-il pas qu'un seul des moindres ne se perde ")[33]. De même, il faut traduire Lc 15, 10 : " Oui, je vous le dis, Dieu se réjouira si un pécheur a fait pénitence. " En Lc 15, 4-7, le point de comparaison n'est donc pas le rapport du berger et de son troupeau (comme en Jn 10 ; il n'y aurait plus alors de parallèle avec la parabole de la Drachme perdue) ;

33. Cette traduction est motivée, p. 60 s.

ce n'eſt pas non plus la recherche infatigable (comme dans le contexte actuel de Mt 18, 12-14), mais c'eſt uniquement la joie. Comme le berger se réjouit d'avoir ramené au bercail la brebis perdue et la pauvre femme d'avoir retrouvé sa drachme égarée, Dieu se réjouira (le futur de Lc 15, 7 doit être pris dans un sens eschatologique). Au jour du Jugement Dieu se réjouira s'il peut annoncer, outre le salut des juſtes, l'absolution d'un de ces " plus petits ", d'un pécheur repenti; oui, sa joie en sera encore plus grande. C'eſt ainsi qu'eſt Dieu ! Il veut sauver ceux qui sont perdus, car ils sont des siens; leur égarement l'a douloureusement peiné et il se réjouit de leur retour au bercail. C'eſt de la " joie sotériologique " de Dieu que parle Jésus, la joie de pouvoir pardonner. C'eſt là une apologie de son Évangile : la miséricorde de Dieu eſt tellement inconcevable que sa joie à pardonner eſt la plus grande de ses joies; voilà pourquoi, dit Jésus, mon rôle de Sauveur eſt d'arracher sa proie au Satan, d'aller chercher et de ramener ceux qui étaient perdus. Une fois encore : Jésus eſt le représentant de Dieu (cf. p. 189) !

Cette juſtification de la Bonne Nouvelle face à ses adversaires eſt aussi, nous l'avons vu p. 52 s., le sujet de *la parabole du Patron généreux* (Mt 20, 1-15) [34].

V. 1 : Nous avons là une parabole avec un début au datif : " il en va du Royaume des Cieux... " Il n'eſt comparé ni au maître, ni aux ouvriers, ni à la vigne, mais comme très souvent, c'eſt à un règlement de comptes que l'on compare son apparition [35]. En Mt

34. Le maître eſt le principal personnage, le nom que l'on donne habituellement à cette parabole : " les Ouvriers de la vigne " cache ce fait (cf. p. 184, n. 21).

35. Mt 25, 14; Lc 16, 2; cf. Mt 6, 2. 5. 16; 24, 45 s. par. Lc 12, 42 s.; Mt 18, 23 s., cf. p. 284.

20, 1, le Règne de Dieu est donc pensé aussi comme eschatologique. " Dès le matin ", c'est-à-dire " au lever du soleil ". — V. 2 : Un denier était le salaire quotidien habituel des journaliers. — V. 3 : A la troisième heure : 8-9 h [36]. *Estôtas én tè agoraï*, " se tenant sur la place du marché " (*éstôtas* a ici le sens faible de " séjourner " comme en Jn 1, 26; 18, 18; Mt 13, 2). Il n'est point d'Orientaux à rester debout des heures durant sur la place du marché [37]; ils sont donc assis désœuvrés et bavardant. — V. 4 : " Un salaire équitable ", ils doivent comprendre par là que leur salaire sera une fraction de denier. — V. 6 : Le maître va encore vers 4-5 h de l'après-midi chercher de nouveaux ouvriers ce qui nous montre combien le travail presse terriblement. Il faut terminer la vendange avant que n'arrive la saison des pluies et la fraîcheur de ses nuits : avec une belle récolte, ce pouvait devenir une course contre la montre. — La question du v. 6*b* n'exprime pas l'étonnement, mais le reproche. — V. 7 : Les mauvaises excuses voilent une indifférence bien orientale. — V. 8 : Il était absolument normal (Lv 19, 13; Dt 24, 14 s.) de payer le salaire le soir; c'est pourquoi l'ordre spécial qu'en donne le propriétaire montre que celui-ci a en tête quelque chose de particulier. Ce n'est pas, comme on pourrait le croire, de payer les premiers les derniers embauchés, mais c'est de payer à tous sans exception la même journée de salaire. *Apodos ton misthon* signifie donc " paye le (plein) salaire " et *arxaménos apo* a peut-être le sens

36. Bien que le jour légal commençât au coucher du soleil (cf. la " sanctification " du sabbat qui commençait le vendredi soir), on ne comptait les heures qu'à partir du lever du soleil, ce qui est compréhensible puisqu'on n'avait pas de montre. La nuit, par contre était divisée en trois veilles (Lc 12, 38), cf. p. 42, n. 5.

37. P. Joüon, *L'Évangile de N.-S. J.-Ch.*, Paris, 1930, p. 122.

restreint " d'y compris " [38]. V. 11 : " Contre le propriétaire " : celui-ci n'est peut-être pas présent, aussi s'avancent-ils vers sa demeure en protestant. — V. 12 : " Ceux-ci " : ils amènent de force leurs compagnons privilégiés qui n'ont pourtant aucun motif de se mêler à leurs protestations. Dans leur indignation, ils donnent libre cours à leurs récriminations; on vient de leur faire un double tort : ils ont peiné douze heures, tandis que les autres ne travaillaient qu'une heure et ils ont dû, de surcroît, vendanger sous la chaleur du sirocco alors que les derniers venus profitaient de la fraîcheur du soir. La durée et la difficulté du travail leur donne droit à un salaire bien plus élevé. — V. 13 : " A l'un d'eux " : le propriétaire saisit parmi les protestataires le plus " fort en gueule ". " Ami " : ils ont omis d'appeler le propriétaire par son nom ou par son titre, et celui-ci leur fait honte en commençant ainsi sa réponse (cf. Lc 15, 31). On emploie cette apostrophe en parlant à quelqu'un dont on ignore le nom; elle est à la fois pleine de bonté et de reproche : " mon vieux ", " camarade ". Dans les trois passages du N. T. où elle apparaît (Mt 20, 13; 22, 12; 26, 50), celui à qui on l'adresse s'est rendu coupable de quelque chose. — V. 14 : " Va-t'en " = " tu n'as plus rien à chercher ici ". *Thélô* : " voilà ce que je veux ". — V. 15 : *Ophthalmos ponèros* " œil mauvais ", désigne la jalousie (cf. Mc 7, 22). — V. 16 : pour ce verset, cf. p. 56. Sur le présent historique aux v. 6, 7 (deux fois), 8 cf. p. 269, n. 1.

La limpidité et la simplicité avec lesquelles notre parabole exprime la Bonne Nouvelle, ressortent de façon éclatante lorsqu'on la compare au parallèle rabbinique que nous donne le Talmud de Jérusalem.

38. Cf. p. 55, n. 8.

Un Docteur de la loi, remarquable, Rabbi Bun bar Hijja mourut jeune vers 325 ap. J.-C., le jour même où naissait son fils celui qu'on a appelé Rabbi Bun II. Ses anciens maîtres devenus ses collègues se réunirent pour lui rendre un dernier hommage et l'un d'eux, Rabbi Zeʼéra, prononça l'oraison funèbre qu'il présenta sous forme de parabole. Il en est de lui, commença-t-il, comme d'un roi qui avait embauché une grande quantité de travailleurs. Deux heures après le début du travail, il vint voir ses ouvriers. Il aperçut alors l'un d'eux qui se distinguait par son application et son habileté. Il le prit par la main et se promena avec lui jusqu'au soir. Lorsque les ouvriers vinrent percevoir leur salaire, celui-ci reçut la même somme que les autres. Ces derniers murmurèrent et dirent : " Nous avons besogné tout le jour et à cet homme qui n'a travaillé que deux heures, tu donnes le plein salaire ! " Mais le roi rétorqua : " Il n'y a là aucune injustice de ma part; cet ouvrier a plus fait en deux heures que vous, dans toute la journée. " Eh bien, conclut l'oraison funèbre, Rabbi Bun bar Hijja a plus fait aussi en vingt-huit ans que maints docteurs blanchis sous le harnais, en cent ans (i. e., c'est pourquoi, après un temps si court, Dieu l'a pris par la main et l'a rappelé à Lui).

Les contacts entre la parabole du N. T. et celle du Talmud sont si frappants qu'on ne peut parler de hasard. Jésus a-t-il repris et transformé une parabole juive ? Ou R. Zeʼéra a-t-il utilisé celle de Jésus sans savoir peut-être d'où elle venait ? Nous pouvons dire avec une vraisemblance qui touche à la certitude que la priorité en revient à Jésus, même si l'on fait abstraction que R. Zeʼéra vécut trois cents ans plus tard. La version rabbinique, en effet, présente nombre de traits secondaires : le propriétaire par exemple, est devenu un roi; elle est quelque peu artificielle (le roi se promène de 8 heures du matin à 6 heures du soir — 10 heures durant donc — avec le bon ouvrier), mais surtout, les murmures des ouvriers n'ont de raison d'être que dans la situation concrète de Jésus, cette situation que devait éclairer la parabole. La transformation de la parabole dans la bouche de R. Ze'éra n'en est que plus riche d'enseignement. Alors que la marche de l'histoire est à peu près la même, dans les deux versions, il y a cependant un passage où elles diffèrent profondément. Dans la version rabbinique, l'ouvrier, dans le temps très court où il a œuvré, en a plus fait que les autres, il a donc pleinement mérité son salaire et on raconte la parabole pour montrer la récompense de son activité. Chez Jésus, les derniers arrivés n'ont aucun mérite qui puisse leur donner droit à percevoir un plein salaire. S'ils l'ont reçu, ils n'ont qu'à remercier le propriétaire de sa bonté. Ainsi dans cette différence qui pourrait paraître de médiocre importance, se distinguent deux mondes : là, le mérite, ici la grâce; là, la Loi, ici l'Évangile.

Notre parabole est empruntée à la vie quotidienne d'une époque sur laquelle flottait le spectre du chômage [39]. Dite à l'origine, nous l'avons vu [40] à des hommes qui ressemblaient à ces ouvriers grommelants, elle se conclut avec la question pleine de reproches du v. 15. " Faut-il que tu sois jaloux parce que je suis bon ? " Dieu ressemble à ce propriétaire qui a eu compassion des chômeurs et de leur famille. Telle est maintenant sa manière d'agir : sans aucun mérite de

39. Il fallut par exemple, après l'achèvement du temple de Jérusalem, lancer des travaux d'urgence pour occuper 18 000 chômeurs (JOSÈPHE, *Ant.*, 20, 219 s.), cf. Lc 16, 3.

40. Cf. p. 58.

leur part, il donne aux publicains et aux pécheurs, part à son salut. Et ainsi fera-t-il au jour du Jugement. Tel est Dieu, telle est sa bonté, et c'est parce qu'Il est ainsi, que moi aussi je suis bon car j'agis en son lieu et place. Voulez-vous récriminer contre la bonté de Dieu ? Voilà tout simplement la justification de l'Évangile : Dieu est plein de bonté.

Nous n'avons pas encore épuisé toutes les paraboles qui contiennent cette seule idée, que jamais Jésus ne s'est lassé de reprendre. *La parabole du Pharisien et du Publicain* (Lc 18, 9-14) en est encore une illustration; selon le v. 9, elle fut dite " à l'adresse de certains qui mettent leur confiance en eux-mêmes (au lieu de la placer en Dieu), parce qu'ils sont " justes ", et qui n'ont que mépris pour les autres " [41], c'est-à-dire aux Pharisiens (le contenu de la parabole montre que cette donnée de situation est exacte).

Il n'est point d'autre parabole de Luc où l'asyndète (v. 11. 12. 14) sémitique, soit si fréquente; la langue et le contenu prouvent d'ailleurs que nous avons là une vieille tradition palestinienne. — V. 10 : Les deux hommes montent au Temple, à l'heure de la prière, qui avait lieu le matin à 9 heures et l'après-midi à 3 heures. — V. 11 : *Pros éauton* ne dépend pas de *prosèuchéto*, " il priait " (comme le soutiennent les manuscrits Vaticanus, Koridèthi, etc.) : on ne priait pas " en

41. Il ne faut pas traduire seulement par : " à l'adresse de certains qui se flattaient d'être justes et n'avaient que mépris pour les autres ", car il s'agit ici d'une tournure beaucoup plus violente. Comme le montre la comparaison avec 2 Co 1, 9 " la confiance que certains mettent en eux-mêmes " s'oppose à la confiance en Dieu. Aussi doit-on traduire le *oti* par " parce que ". Il n'est pas seulement reproché aux Pharisiens d'avoir trop bonne opinion d'eux-mêmes, mais aussi de mettre leur confiance dans leur vie dévote, au lieu de la mettre en Dieu. (T. W. Manson, *Sayings*, p. 309).

soi-même ", mais à mi-voix [42]. Il est le complément de *stathéïs*, " se tenant debout " (cf. les manuscrits Alexandrinus, Freer, etc.) : " il se plaça en évidence ". La prière du Pharisien énumère au v. 11*b*, les fautes dont il s'est gardé et au v. 12 ses bonnes œuvres. — Le V. 12 forme logiquement une phrase indépendante, mais il dépend cependant encore de " Je te rends grâce ". Il énumère là deux " œuvres surérogatoires " : — 1) Alors que la Loi ne prescrivait qu'un jeûne par an, pour la fête de l'Expiation, c'est volontairement qu'il jeûne deux fois par semaine, le lundi et le jeudi, sans doute pour expier les péchés de son peuple [43]. Celui qui connaît l'Orient sait que la plus grande privation, un jour de jeûne, est de s'interdire toute boisson malgré la chaleur. — 2) De toutes les marchandises soumises à la dîme qu'il achète, il donne le 1/10 afin d'être vraiment sûr de ne jouir d'aucun bien pour lequel il eût dû payer la dîme; le producteur pourtant avait dû déjà la payer pour le grain, le moût et l'huile [44]. C'est la marque d'un grand esprit de sacrifice, car cette seconde " œuvre " le touche non seulement en son corps, mais dans ses biens. — V. 13 : Les impôts (impôts fonciers et capitation) étaient perçus par des fonctionnaires d'État; les douanes d'un district, étaient par contre affermées (sans doute au plus offrant). Les publicains les exploitaient donc pour eux. Il y avait bien un tarif d'État mais les publicains trouvaient toujours un moyen de flouer le public. Dans l'opinion publique, ils étaient mis au même rang que les brigands.

42. On lisait aussi à mi-voix (cf. Ac 8, 30).

43. BILL. II, p. 243 s.

44. On a proposé une explication moins vraisemblable : il donnerait la dîme de tout — au-delà même de ce qui est prescrit, — comme des herbes potagères, menthe, fenouil, cumin (Mt 23, 23) ou rue (Lc 11, 42); ou bien : il donnerait dix pour cent de son revenu pour des fins charitables.

Ils n'avaient pas de droits civils et tous les hommes de bien les tenaient à l'écart. Au contraire du Pharisien (v. 11), le publicain, " reste à distance " : " Il n'osait pas ", litt. " il ne voulait pas [45] (lever les yeux) ". Se frapper la poitrine, ou plus exactement le cœur (regardé comme le siège du péché) était l'expression d'un profond repentir.

V. 14*a* : " Il rentre chez lui *dédikaïôménos.* " Le verbe *dikaïousthaï* signifie dans le judaïsme tardif : " être acquitté, trouver justification, trouver grâce ". A ce point de vue, un passage du 4e livre d'Esdras (version latine) est très instructif, pour comprendre Lc 18, 14*a* : " Seigneur, mon Maître, si j'ai trouvé grâce à tes yeux et si je suis justifié devant toi, contrairement à beaucoup, et si ma prière monte certainement devant ta face... " Le parallélisme : " j'ai trouvé grâce / je suis justifié ", que nous fournit cette prière, nous indique avec certitude que *dikaïousthaï*, " être justifié " signifie bien " trouver grâce ". Si on ajoute que le passif sert à transcrire le nom divin, on peut donc traduire *dédikaïômenos* : " comme quelqu'un à qui Dieu a accordé sa grâce ".

Ce passage est le seul de l'Évangile où le verbe *dikaïoun* soit employé dans un sens analogue à celui qu'il a couramment chez Paul. Ce n'est pas là pourtant une trace d'influence paulinienne : la construction très sémitique et non paulinienne de *dikaïoun* avec *para* ou *è* interdit cette hypothèse. Ce passage montre au contraire que l'enseignement de Paul sur la justification a ses racines dans celui de Jésus. *Par' ékéinon* (manuscrits Sinaïticus, Vaticanus, L) ou *è ékéinos* (Freer, Koridéthi) sont des essais de rendre un *min* comparatif

45. Les langues sémitiques n'ont pas de mot pour " oser ", cf. P. Joüon, *L'Évangile de N.-S. J.-C.*, p. 216; cf. Mc 6, 26; Lc 18, 4; Jn 7, 1.

(le sémite n'a ni comparatif ni superlatif et doit les rendre tous deux par *min*). Il faudrait donc traduire " plus justifié que l'autre ". Cependant ce *min* comparatif a très souvent un sens exclusif [46]. Puisqu'en Lc 18, 14*a* la traduction avec le comparatif n'a presque aucun sens, il faudrait préférer ici le sens exclusif courant : *Dieu lui a accordé sa grâce et à l'autre, non*. Mais alors la phrase devient d'une sévérité extraordinaire : la prière du Pharisien n'a pas trouvé grâce devant Dieu. — Le V. 14*b* nous donne une conclusion généralisante qui utilise le motif si fréquent dans l'Évangile du renversement des situations. C'est un parallèle antithétique qui traite de l'agir de Dieu au Jour du jugement [47] : il humiliera les orgueilleux et élèvera les humbles !

La parabole dut surprendre ses premiers auditeurs et leur paraître incompréhensible. Le Talmud nous donne une prière du premier siècle qui est très proche de celle du Pharisien : " Je te remercie, Seigneur mon Dieu, de m'avoir donné part avec ceux qui s'assoient dans la maison d'enseignement et non pas avec ceux qui s'assoient au coin des rues; car comme eux je me mets tôt en route : mais je m'en vais tôt vers la Parole de la Loi et ceux-ci vont tôt vers des futilités. Je me donne de la peine, ils s'en donnent aussi : je me donne de la peine et reçois ma récompense et eux se donnent de la peine mais ne reçoivent aucune récompense. Je cours et ils courent, je cours vers la vie du monde

46. J'ai donné de nombreux exemples du *min* exclusif et de ses différentes traductions dans la LXX, dans : *Unbekannte Jesusworte*, Gütersloh, 1951, p. 74, n. 1. Cf. aussi 4 Esd 12, 6 (version latine) : " *Justificatus sum apud te prae multis* = je suis justifié près de toi, contrairement à beaucoup. "

47. Sera abaissé / sera élevé : le passif sert à transcrire le nom divin. Le futur est eschatologique.

futur et ils courent vers la fosse de perdition" (*b Ber* 28*b*).

La prière du Pharisien (Lc 18, 11 s.) est donc prise sur le vif et nous avons dans *b Ber* 28*b* le commentaire exact du " Je te rends grâce " de Lc 18, 11. Le Pharisien remercie vraiment Dieu, de la manière dont il dirige sa vie. Il sait que c'est à Lui qu'il doit d'être différent des autres et meilleur que ceux-ci et que c'est Lui qui lui a donné part avec ceux qui prennent au sérieux leurs devoirs religieux. Il ne voudrait à aucun prix changer avec l'autre, même si celui-ci avait la vie plus belle, car il a la promesse que sa route, quelles que soient les difficultés qu'il y rencontre, conduit vers " la vie du monde futur ". N'a-t-il pas nombre de raisons de rendre grâce [48] ? Remarquons aussi que sa prière ne contient aucune demande, elle n'est que gratitude. " C'est la plus belle chose qu'un homme puisse se souhaiter; c'est un avant-goût de la vie éternelle [49]. " Qu'y a-t-il à redire à sa prière ?

C'est aussi avec les yeux des contemporains qu'il nous faut observer la prière du publicain. Il n'osait même pas, nous dit-on, lever les yeux et encore moins — ce qui est sous-entendu — les mains, vers le ciel, comme il était alors d'usage pour prier. Il a baissé la tête et s'est croisé les mains sur la poitrine; il fait alors un geste tout à fait inhabituel, qui trahit un profond désespoir [50]. L'homme se frappe le cœur, il oublie complètement l'endroit où il se trouve; il est accablé par la douleur de se sentir si loin de Dieu; sa situation, comme celle de sa famille, est sans espoir car pour faire pénitence, il ne lui faut pas seulement

48. Le v. 12 appartient aussi à l'action de grâce.
49. Jülicher II, p. 604.
50. Il est en effet très rarement fait mention du geste de se frapper la poitrine (*tuptéin*) dans la prière. On évoque par contre très souvent ce geste — traduit par un autre verbe (*koptésthai*) lorsqu'il s'agit de femmes qui chantent une plainte funèbre.

renoncer à sa vie pécheresse, c'est-à-dire à son métier, mais aussi réparer, ce qui entraîne la restitution des sommes détournées, augmentées d'un cinquième. Comment savoir quels sont les gens qu'il a volés ! Sa situation comme sa prière, est sans espoir.

C'est alors que " claque " la conclusion du v. 14*a* : " Je vous le dis, lorsque celui-ci s'en retourna, Dieu l'avait " justifié ", l'autre non. " Dieu lui avait pardonné et il ne l'avait pas fait à l'autre ! C'est là une conclusion qui dut surprendre complètement les auditeurs de Jésus; aucun d'eux certainement ne s'y attendait. Qu'avait donc pu faire le Pharisien ? Et comment le publicain avait-il réparé sa faute ? Si l'on doit faire abstraction du v. 14*b* [51], Jésus ne daigne donner en fait aucune réponse. Il dit simplement : voilà comment Dieu juge. Mais indirectement, il indique le pourquoi de cette attitude divine qui paraît injuste. Le publicain dans son cri de détresse cite les premiers mots du Ps 51 (le " Miserere ") auquel il ajoute seulement " à moi, pécheur " (dans un sens adversatif) : " Pitié pour moi, mon Dieu, bien que je sois pécheur " (Lc 18, 13). Mais il est dit dans ce même psaume 51 : " Le sacrifice que Dieu agrée, c'est un esprit brisé; d'un cœur brisé, ô Dieu, tu n'as point de mépris " (Ps 51, 19). Dieu, dit Jésus, est comme le décrit le Psaume : Il dit " oui " au pécheur désespéré et " non " à celui qui ne compte que sur sa propre " justice ". Il est le Dieu des désespérés et sa miséricorde est sans limite pour ceux dont le cœur est brisé. Tel est Dieu ! Et maintenant c'est de la même façon qu'il agit par moi, son représentant.

Il est possible que l'image du Père et du Fils (Mt 7, 9-11; Lc 11, 11-13) soit, elle aussi, une justification

51. Cf. p. 151. Il n'est pas possible de dire avec certitude si le v. 14*b* est primitif ou non.

de l'Évangile. A. T. Cadoux [52] a fait plusieurs remarques à son propos :

a) Jésus n'a pas employé ailleurs pour ses disciples sa dure apostrophe " vous qui êtes méchants "; mais c'est aux Pharisiens qu'il l'adresse en Mt 12, 34.

b) D'autre part, en Mt 7, 11*b*, on est frappé par le passage de la seconde à la troisième personne (alors que dans le contexte actuel, on attendrait : " Il vous donnera ", on a " Il donnera à ceux qui l'en prient "). Au groupe interpellé par " à vous qui êtes méchants " sont donc opposés " ceux qui prient Dieu ". Cadoux en conclut que nous avons là une parole polémique de Jésus. Il se prononce d'autre part pour la priorité du texte parallèle de Luc (11, 13 : " Il donnera l'Esprit-Saint "); la situation originelle du logion serait, selon lui, la discussion dans laquelle les adversaires de Jésus le traitent de disciple de Béelzéboul : de même que vous donnez de bonnes choses à vos enfants, Dieu donne à ceux qui l'en prient cet Esprit, par lequel je chasse les démons.

Que Mt 7, 9-11 par. soit une parole polémique, c'est là une hypothèse qu'étayent à l'évidence la référence à Mt 12, 34 et le changement de personne en 7, 11. On pourrait ajouter que la formule interrogative (qui de vous ?) introduit souvent des propos de Jésus à ses adversaires (Mt 12, 11, cf. par. Lc 14, 5; 15, 4; cf. p. 145 s.). Mais il n'est pas nécessaire de préférer le texte de Luc. Car " les bonnes choses " de Mt 7, 11 ont le même sens eschatologique que l'Esprit-Saint de Luc : *agatha*, " les choses les meilleures " (les langues sémitiques n'ont pas de superlatif) est un terme courant pour désigner les dons du temps de salut (Rm 3, 8; 10, 15 = Is 52, 7; He 9, 11; 10, 1, cf. Lc 1, 53). Mt 7,

52. *The parables of Jesus*, New York, 1931, p. 76 s.

9-11 et par. répondrait ainsi aux interprétations défavorables que l'on donnait des actes et paroles de Jésus. Ce qui motiverait au mieux ce passage serait donc ce qui scandalisait habituellement les adversaires de Jésus : l'annonce de la Bonne Nouvelle aux méprisés. Des publicains prient et ils sont exaucés (Lc 18, 13). Quel scandale ! et Jésus réplique : " Vous êtes aveugles devant la bonté paternelle de Dieu. Pensez à votre attitude avec vos enfants : si, malgré votre méchanceté, vous pouvez donner à ceux-ci de bonnes choses, pourquoi ne croyez-vous pas Dieu capable d'offrir les dons du temps de salut, à ceux qui l'en prient ? "

Il faut ici se rappeler une fois encore la parabole des deux Débiteurs insolvables dont le créancier remet les dettes, l'une importante, l'autre minime (Lc 7, 41-43 cf. p. 177 s.). Voilà bien un créancier qui est un " merle blanc ". Où le trouver ? Il est évident que Jésus parle de Dieu : telle est son inconcevable bonté ! Ne comprends-tu pas, Simon ? L'amour de cette femme, sur qui tu fais la petite bouche, est l'expression de sa reconnaissance débordante pour cette bonté incompréhensible de Dieu ! Comme tu nous fais du tort, à elle et à moi ; tu ne vois donc pas qu'il te manque le meilleur ?

Toutes les paraboles de l'Évangile sont des apologies de la Bonne Nouvelle. L'annonce de la Bonne Nouvelle aux pauvres, Jésus l'a faite d'une autre manière : en donnant le pardon, en invitant les pécheurs à sa table, en les appelant à le suivre. Ce n'est donc pas à eux, mais aux " justes " qu'il a adressé les paraboles de l'Évangile, à ces hommes qui s'écartaient de lui parce qu'il appelait les méprisés, qui étaient déçus parce qu'ils attendaient un jour de vengeance. Ils se fermaient à la Bonne Nouvelle, en voulant pourtant marcher intrépidement sur la route de Dieu et vivre sérieusement leur religion, mais c'est ce qui leur donnait trop bonne opinion d'eux-mêmes. Ces hommes s'emportent contre l'Évangile : (il s'agit là, et c'est important pour la question d'authenticité, non pas du scandale après la résurrection [cf. 1 Co 1, 23], mais de celui qui précède Pâques) *ils sont choqués par l'aspect " servil " de la Communauté de salut*. Pourquoi, — ne cessent-ils de demander à Jésus — pourquoi te commets-tu avec cette racaille, alors qu'aucun homme de bien n'a affaire avec elle ? Parce qu'ils sont malades et qu'ils ont besoin de moi, parce qu'ils font réellement pénitence et savent, comme des enfants de Dieu pardonnés, être reconnaissants; et parce que vous, vous ne voulez rien entendre, engoncés que vous êtes dans votre égoïsme, votre désobéissance et votre suffisance. Mais surtout parce que Dieu est si bon pour les pauvres, si plein de joie en retrouvant ceux qui étaient perdus, si débordant d'amour paternel pour son enfant qui a mal tourné, si clément pour les désespérés, les abandonnés et tous ceux qui sont dans le besoin. Voilà mes raisons !

3. *La grande confiance*

Ce groupe de paraboles où nous trouvons d'une part les quatre paraboles construites en contraste (le Grain de sénevé, le Levain, le Semeur et le Paysan patient) et d'autre part les paraboles du Juge inique et de l'Homme à qui l'on vient demander un service durant la nuit, est au cœur de la prédication de Jésus.

Les paraboles du Grain de sénevé (Mc 4, 30-32; Mt 13, 31; Lc 13, 18 s.; ÉvTh 20) et *du Levain* (Mt 13, 33; Lc 13, 20 s.; ÉvTh 96) sont dans leur contenu si étroitement parentes qu'on se doit de les étudier ensemble, bien qu'elles aient pu être racontées dans des occasions différentes (cf. supra, p. 129 s.).

En voici le texte dans l'ÉvTh 20 : " Les disciples dirent à Jésus : Dis-nous à quoi le Royaume des cieux est semblable. Il leur dit : Il est semblable à un grain de sénevé, qui est la plus petite de toutes les semences; mais quand il tombe sur la terre que l'on travaille, il produit une grande branche et il devient un abri pour les oiseaux du ciel. " — ÉvTh 96 : " Jésus a dit : Le Royaume du Père est semblable à une femme. Elle a pris un peu de levain, l'a caché dans de la pâte, et en a fait de grands pains. Que celui qui a des oreilles, entende ! "

Les deux paraboles ont une couleur très palestinienne. Pour le bien comprendre, il est important de noter que la traduction : « le Royaume de Dieu est semblable à un grain de sénevé » ou « semblable à du levain », est inexacte. Nous avons là en effet, deux paraboles avec un début au datif qui correspond au « *le* » araméen et il faut donc traduire : « Il en est du Royaume de Dieu, comme d'un grain de sénevé » ou « comme d'un peu de levain ». C'est au stade final de leur développement qu'est comparé le Royaume de Dieu : à l'arbuste qui offre un abri aux oiseaux, à la pâte levée. L'arbre qui abrite les oiseaux est en effet une image courante d'un royaume puissant qui assure la protection de ses sujets [1] et la pâte en Rm 11, 16 est symbole du peuple de Dieu.

L'image de l'arbre (ou de l'arbuste) possède un caractère eschatologique, comme le montre le mot employé *kataskènoun*, « faire son nid » (Mc 4, 32; Mt 13, 32; Lc 13, 19) qui est un terme technique de l'eschatologic pour signifier l'incorporation des païens dans le peuple de Dieu. Cf. Joseph et Aseneth 15 [2] : « Et désormais tu ne t'appelleras plus Aseneth, mais ton nom sera la ville du refuge, parce qu'en toi se réfugieront des peuples nombreux, sous tes ailes ils feront leur nid (*kataskénôsousin*), par toi seront abrités des peuples nombreux et dans tes remparts trouveront protection ceux qui sont attachés au Dieu Très-Haut, par la pénitence. »

Matthieu et Luc ont en outre souligné le caractère eschatologique des deux paraboles en exagérant certaines données : le moutardier devient un arbre, et

1. Dodd, p. 190 renvoie à Éz 17, 23; 31, 6; Dn 4, 9. 11. 18; T. W. Manson, *Teaching*, p. 133, n. 1 montre avec des exemples apocalyptiques, rabbiniques et targumiques que les oiseaux symbolisent les païens arrivant en foule.

2. Éd. P. Batiffol, *Le livre de la prière d'Asneth*, Studia patristica 1, Paris, 1889, p. 61 l. 9 s.

la quantité énorme de farine eſt illuſtrée par le chiffre de trois *sea* (39,4 litres) tiré sans doute de Gn 18, 6. Le pain fabriqué avec cette masse de farine pouvait suffire pour un repas de plus de cent personnes [3]. Ces détails qui dépassent le cadre de la réalité (*déndron*, " arbre ", Mt 13, 32; Lc 13, 19 : le moutardier que donne un grain de sénevé n'eſt pas un arbre ! *sata tria*, " trois mesures " : il n'eſt point de ménagère qui cuise une si grosse quantité de farine) ont pour but de montrer qu'il s'agit de réalités divines !

Les deux paraboles ont pour sujet un contraſte très accusé : la concordance de leur ſtructure eſt la raison pour laquelle Matthieu et Luc les rapportent comme une double parabole. Voici le grain de sénevé (le grain de moutarde) qui, gros comme une tête d'épingle, eſt la plus petite des choses visibles à l'œil nu, " la plus petite de toutes les graines qui sont sur la terre " (Mc 4, 31) : chaque mot insiſte sur sa petitesse. Et, une fois qu'il a poussé, " il devient la plus grande de toutes les plantes potagères et il lui pousse de grandes branches, au point que les oiseaux du ciel peuvent nicher sous son ombre " (v. 32) : chaque mot, là aussi, nous décrit la grandeur de l'arbuſte qui, au bord du lac de Génésareth, atteint de 2,5 m à 3 m de haut. Voici une poignée de levain — une toute petite pincée —, la ménagère l'enfouit, recouvre le tout d'un linge et laisse le mélange reposer toute la nuit; au matin, toute la pâte a fermenté.

Dans les deux paraboles on ne nous parle pas du développement comme le ferait un Occidental. L'Oriental, en effet, pense autrement : il n'envisage que l'état initial et l'état final et ce qui, dans les deux cas, le

3. Une miche de pain (0,675 litre de farine) faisait pour deux repas.

surprend, c'est la succession de deux réalités radicalement différentes. Ce n'est pas un hasard si pour le Talmud (*b Sanh* 90 b) comme pour Paul (1 Co 15, 35-38), Jean (12, 24) et la première épître de Clément (24, 4-5), le grain de semence est le symbole de la résurrection et du mystère de la mort et de la vie. Tous voient en lui deux états totalement différents : ici le grain, là le champ ondulant sous la brise, ici la mort, là la vie qu'a produite l'action miraculeuse de la toute-puissance divine. " Regardons les fruits. Comment les semailles se font-elles ? Le Semeur sort pour jeter en terre les différentes semences; celles-ci, toutes sèches et nues, tombent dans le sol pour s'y perdre. Mais de leur dissolution même, *la magnifique providence du Maître les fait ressusciter* et l'unique graine se multiplie et *porte fruit* " (1 Clém 24, 4-5). L'homme moderne va dans les champs, regarde à ses pieds et voit un développement biologique. Les gens de la Bible vont dans le même champ, regardent vers le haut et voient se succéder les miracles : ce ne sont que résurrections de la mort. C'est ainsi que les auditeurs de Jésus ont compris ces paraboles construites en contrastes. De ces débuts misérables, de ce qui n'est rien aux yeux des hommes, Dieu s'emploie à créer son Règne puissant qui embrassera tous les peuples de l'univers.

Si cette analyse est exacte, on en peut déduire l'occasion qui provoqua ces deux paraboles : certains exprimaient des doutes sur la mission de Jésus. Quelle différence n'y avait-il pas entre ce temps de salut dont Jésus disait qu'il était commencé et ce à quoi on s'attendait ! Était-ce cette troupe misérable, mêlée de tant de gens à la réputation mauvaise, qui devait former le cortège des noces messianiques ? Oui, dit Jésus, c'est elle ! Vous savez avec certitude que, d'un minuscule grain de sénevé, jaillira nécessairement un grand arbuste, ou que, d'une pincée de levain, toute la pâte fermentera; eh bien, vous pouvez de même être assurés que la merveilleuse action divine transformera ma petite troupe en un peuple de Dieu qui groupera toutes les nations. " Vous méconnaissez la puissance de Dieu " (Mc 12, 25); " vous êtes grandement dans l'erreur " (v. 27).

Ajoutons enfin une remarque qui nous permettra de saisir pleinement la force de cette réponse. Les auditeurs de Jésus, familiers de l'Écriture, regardaient le grand arbre comme une image de la puissance terrestre (cf. Éz 31, Dn 4) et auditeurs de la " *haggada* (catéchèse) pascale " ils savaient bien qu'une pincée de levure, qui fait fermenter toute la pâte, est un symbole de la malice et de la méchanceté (cf. 1 Co 5, 6). Jésus a précisément l'audace de donner une application opposée à ces deux comparaisons : Il en est ainsi — non de la puissance du Mauvais mais de la souveraine puissance de Dieu.

Pour comprendre *la parabole du Semeur* que rien ne décourage (Mc 4, 3-8; Mt 13, 3-8; Lc 8, 5-8; ÉvTh 9) dans le sens qui était probablement le sien à l'origine, il nous faut faire abstraction de l'Explication qui suit; car celle-ci escamote la " pointe " eschatologique, et déplaçant l'accent de la parabole pour insister sur l'enseignement parénétique, elle en a fait une exhortation aux convertis (cf. p. 115 s.) : qu'ils se tiennent fermes dans les persécutions et qu'ils se gardent de l'esprit du " Monde ". On comprend la parabole, si l'on part du fait que début et fin se passent à des moments différents : après la longue description des semailles, nous nous trouvons brusquement, dans le verset final, à l'époque de la moisson, qui est comme si souvent dans les paraboles (cf. p. 168 s.), symbole de l'irruption du Règne de Dieu.

C'est là aussi une parabole construite en contraste. Elle dépeint d'un côté le travail du semeur, infructueux à maints égards; c'est le sens [4] de la description du champ en friche (cf. p. 15 s.) et l'on pourrait également énumérer d'autres ennemis de la semence, comme le fait d'ailleurs l'Évangile de Thomas qui mentionne aussi les vers (" et d'autres grains tombèrent sur les épines; et elles étouffèrent la semence et le ver la mangea "). Dans la seconde partie, elle oppose le champ dont la très riche moisson est arrivée à maturité; le v. 8, en effet, n'envisage pas seulement un petit coin de terrain particulièrement fertile, mais tout le champ prêt à être moissonné. Le rendement qui dépasse de loin toute réalité [5] et le triplement (trente, soixante et cent fois) qui correspond à une manière orientale de parler [6] font allusion à la plénitude eschatologique (v. 8) [7]. Aux yeux des hommes, bien des travaux peuvent paraître vains et infructueux : on peut sembler n'entasser qu'échec sur échec; et pourtant Jésus est plein de joie et de confiance : l'heure de Dieu arrive et avec elle une moisson qui dépasse toutes les espérances. *Malgré échecs et résistances, Dieu en partant de ces débuts sans espoir, fera apparaître la fin magnifique qu'il a promise* [8].

4. Dodd, p. 19, 24, 182.

5. Des nombreuses données numériques que nous fournit Dalman, il ressort qu'un rendement de 10 était considéré comme une belle récolte et un rendement de 7, 5, comme la normale.

6. Cf. Si 41, 4 : " Que tu vives 1 000 ans, 100 ans, 10 ans... "

7. Les rendements énormes, sont déjà dans l'Ancien Testament, comme chez les pseudépigraphes ou dans la littérature rabbinique une métaphore eschatologique de ce qui se passera dans le temps de salut. Cf. J. Jeremias, *Unbekannte Jesusworte*, 3e éd., Gütersloh, 1963, p. 37 s.

8. Une exégèse très ancienne de cette parabole nous confirme que nous en aurions retrouvé la teneur originelle. Justin et l'auteur des *Reconnaissances pseudo-clémentines* (au deuxième siècle ap. J.-C.) ont compris la parabole non comme une exhortation à des auditeurs à s'examiner eux-mêmes, mais comme un encouragement pour le

Il n'est pas difficile là non plus de déterminer l'occasion qui a motivé cette parabole. Il s'agit encore de doutes sur le succès de la prédication de Jésus; cependant le regard ne se porte plus sur l'aspect misérable de la suite de Jésus, mais sur ses propres échecs, ses prédications infructueuses (Mc 6, 5 s.), l'opposition exacerbée qu'il rencontre (Mc 3, 6), les défections croissantes (Jn 6, 60). N'était-ce pas un démenti à ce qu'il prétendait être venu faire ? Regardez le paysan, dit Jésus, il pourrait se décourager devant la perte de sa semence ou devant les menaces qui pèsent sur elle, et pourtant il ne se laisse pas déconcerter, car il a le ferme espoir qu'une belle récolte lui sera donnée. O gens de peu de foi ! " Comment n'avez-vous pas de foi ? " (Mc 4, 40).

La quatrième des paraboles construites en contraste, celle du Grain qui pousse tout seul, devrait être plutôt appelée la " *parabole du Paysan patient* " (Mc 4, 26-29). L'irruption du Règne de Dieu est de nouveau comparé à une récolte [9], et là aussi il y a un contraste très net. L'inaction du paysan est décrite de façon très imagée : après avoir semé le grain, il continue de vivre dans l'alternance des couchers et des levers, des jours et des nuits; sans qu'il sache comment et qu'il y puisse rien, la semence produit d'abord de l'herbe, puis l'épi, puis le grain pleinement formé dans celui-ci. (En énumérant ces différents stades de la croissance, on veut montrer son caractère irrésistible.) Et soudain un jour, arrive l'heure qui récompense cette attente

prédicateur chrétien qui ne doit point se décourager (*Dialogues avec Tryphon*, 125; *Reconnaissances pseudo-clémentines* 3, 14). Cette interprétation est d'autant plus remarquable qu'elle s'écarte de l'explication allégorique que Justin et l'auteur des *Reconnaissances* lisaient chez les Synoptiques. Elle remonte sans doute à une vieille tradition.

9. Et non pas avec la semence ! Cf. l'allusion à Joël 4, 13 en Mc 4, 29*b* et *c*.

patiente; le blé est mûr, on y met la faucille et les cris de joie éclatent : “ c’est le moment de moissonner ” (v. 29, cf. Jl 4, 13). Il en est ainsi du règne de Dieu : *aussi sûrement* qu’après une longue attente, arrive pour le paysan la récolte, Dieu annoncera le Jugement dernier et son Règne [10], *lorsque son heure sera venue* et que sera remplie la mesure eschatologique [11]. Les hommes n’y peuvent rien faire, ils ne peuvent qu’attendre, et comme le paysan, exercer leur patience (Jc 5, 7).

On a déjà souvent émis l’hypothèse que cette parabole tendait à s’opposer aux aspirations des Zélotes qui voulaient par la force, en rejetant le joug romain, amener la délivrance messianique. On doit d’ailleurs se souvenir que quelques anciens Zélotes appartenaient au groupe des disciples [12]. Pourquoi Jésus n’agissait-il pas ? C’était pourtant une exigence de l’heure ! Pourquoi ne se mettait-il pas énergiquement à éliminer les pécheurs et à édifier la communauté des purs (Mt 13, 24-30 cf. p. 300 s.) ? Pourquoi ne donnait-il pas le signal de la libération d’Israël du joug des païens (Mc 12, 14 par. ; cf. Jn 8, 5 s.) ? Le refus de Jésus ne contredisait-il pas ses prétentions ? A tout cela Jésus répond encore avec une parabole construite

10. De manière analogue à Mc 4, 26-29, le 4 Esd affirme la certitude de l’irruption de la Fin, malgré une longue attente en se fondant sur l’exemple de la femme enceinte : 4, 33 “ Quand cela arrivera-t-il ?... ” 4, 10 : “ Va et demande à une femme enceinte si, arrivée au neuvième mois, elle peut encore porter son enfant. ”

11. L’idée de la “ mesure ” eschatologique a une grande importance dans le N. T. On parle de la mesure du temps (Ga 4, 4), de celle des païens (Rm 11, 25), de celle des martyrs (Ap 6, 11), des souffrances (Col 1, 24), de la mesure du délai de repentance (Ap 11, 3-7), de celle du péché (Mt 23, 32; 1 Th 2, 16). Mais ce concept attend encore une étude complète.

12. Simon le Zélote et vraisemblablement Judas Iscariote, i. e. le Sicaire.

en contraste. Regardez, dit-il, le paysan qui attend patiemment le moment de la récolte ! Rien ne peut empêcher l'heure de Dieu d'arriver. Il a donné le départ définitif, le grain est semé et, avec Lui, rien ne reste en panne (cf. Ph 1, 6) : le commencement garantit l'achèvement. Il s'agit donc d'attendre patiemment; il ne faut pas le devancer, mais dans une confiance totale s'en remettre tout à Lui.

Dans ces quatre paraboles, commencement et fin s'opposent : commencements imperceptibles, fins triomphales; quel contraste ! Mais ce contraste n'épuise pas toute la vérité des paraboles. Car le fruit sort du grain, la fin du commencement. Dans ce qui est minuscule agit déjà ce qui le rendra immense. Dans l'instant présent s'amorce déjà ce qui va arriver, mais tout est encore caché. C'est pourquoi il faut croire à cette présence cachée du Règne dans un monde qui ne veut pas le reconnaître. Ceux à qui il est donné de comprendre le mystère du Règne (cf. Mc 4, 11) voient déjà dans ces débuts cachés et imperceptibles, la gloire de Dieu qui s'avance.

Nous sommes là au cœur de la prédication de Jésus; c'est là sa ferme assurance : l'heure de Dieu vient ! Bien plus : elle pointe déjà ! Dans ce que Dieu commence, la fin est déjà incluse. Tout doute sur sa mission, toute raillerie, tout manque de foi, toute impatience ne peuvent diminuer cette certitude : partant de ce qui n'est rien, et malgré tous les échecs, Dieu mène à son achèvement ce qu'il a commencé. Il s'agit de prendre Dieu au sérieux et, en dépit de toutes les apparences, de réellement compter sur lui.

Sur quoi repose cette confiance ? C'est à quoi répondent deux paraboles très proches l'une de l'autre dont la première est celle du Juge inique (Lc 18, 2-8) :

V. 2 : Le qualificatif d' " inique " (v. 6) semble vouloir désigner le juge comme quelqu'un de vénal. C'est donc ainsi qu'il faut comprendre le verset 2. — V. 3 : Il ne faut pas forcément voir une vieille femme sous les traits de la veuve. On se mariait très tôt (à treize ou quatorze ans pour les filles), aussi y avait-il de très jeunes veuves. Il s'agit ici d'une affaire d'argent, car la veuve porte plainte devant un seul juge et non pas devant un tribunal : sans doute lui retient-on injustement une créance, un gage ou une part d'héritage. Elle est pauvre et ne peut faire au juge de cadeau. (Dans l'A. T. déjà, les veuves et les orphelins étaient le type des gens abandonnés et sans défense). On peut penser que son adversaire est un homme riche et considéré, aussi l'opiniâtreté de la veuve est-elle sa seule arme [13]. — V. 5 : Il lui cède enfin, " pour qu'elle ne vienne pas sans fin me casser la tête ". Ce n'est pas la crainte des explosions de colère de la femme qui le fait céder, mais uniquement son entêtement. Il en a assez de ses plaintes perpétuelles et désire retrouver la tranquillité [14].

13. " Elle venait " est un imparfait de répétition = elle ne cessait de venir.

14. H. B. Tristram, *Eastern Customs in Bible Lands;* London, 1894, p. 228 (cité par B. T. D. Smith, p. 150), donne une description très vivante d'un tribunal à Nisib (Mésopotamie). Le cadi était assis en face de l'entrée, à demi caché dans ses coussins et entouré de ses secrétaires. Dans la première partie de la salle, se pressait le peuple et chacun tentait de faire venir en premier son affaire. Les plus astucieux chuchotaient avec les secrétaires, leur glissaient quelque bakchich et avaient vite terminé. Entre-temps cependant, une pauvre femme qui s'était glissée au bord de la foule, interrompait sans arrêt la procédure en demandant à grands cris qu'on lui fasse justice. On la rappela sévèrement à l'ordre, lui faisant grief de venir chaque jour : " Je continuerai à le faire, cria-t-elle à voix haute, jusqu'à ce que le cadi m'écoute. " En fin de séance, le cadi impatienté demanda : " Que veut cette femme ? " Son cas fut rapidement exposé. Le percepteur voulait la forcer à payer l'impôt bien que son fils unique eût été pris pour le service militaire. Ce fut rapidement réglé et sa persévérance fut ainsi récom-

L'application des v. 7-8*a* prend ainsi, nous le verrons, tout son sens. — V. 7 : Il y a là une phrase difficile à traduire, à cause du passage du conditionnel (" ferait ") à l'indicatif (" temporise ") : avec ce changement de mode, le v. 7*b* devient une proposition indépendante (littéralement : " Dieu ne ferait-il pas justice à ses élus criant vers Lui nuit et jour ? Et il temporise à leur sujet. ") C'est une construction sémitique : la seconde proposition rend une proposition dite " stative ", de valeur concessive; il faut donc traduire : " Dieu ne ferait-il pas justice à ses élus qui crient vers Lui, nuit et jour, — même s'il les laisse attendre ? " Cette construction sémitisante de la phrase grecque est une preuve de l'ancienneté de la tradition à laquelle nous devons cette parabole. — V. 8*a* : *En tachéi* " soudain, inopiné " (cf. dans la LXX : Dt 11, 17; Jos 8, 18 s.; Ps 2, 12) " Il leur fera soudain justice ! " — V. 8*b* : La parabole se conclut de façon inattendue sur une phrase très pressante : " On peut seulement se demander si le Fils de l'homme, quand il viendra, trouvera de la foi sur la terre. " Les doutes que l'on faisait valoir dans les précédentes éditions de ce livre sur le caractère originel de cette conclusion, ne tiennent pas, car la phrase est sûrement aramaïsante et pré-lucanienne.

Il est évident que Luc a rapproché cette parabole de celle du Pharisien et du Publicain, car il y a vu une invitation à la vraie prière (cf. 18, 1). Mais cette dernière parabole n'avait certainement pas pour fin à l'origine, d'être un enseignement sur la prière

pensée. Si elle avait eu de l'argent pour " soudoyer " un secrétaire, on lui aurait bien plus tôt rendu justice. C'est une situation moderne qui est tout à fait analogue à Lc 18, 2 s.

(cf. p. 199 s.). Il en est vraisemblablement de même pour notre parabole, malgré le verset d'introduction (18, 1), qui d'ailleurs montre des particularités du style lucanien. Selon cette explication, en effet, c'est la figure de la veuve qui est centrale alors que pour Jésus (v. 6-8*a*), c'est celle du Juge. Pourquoi raconte-t-il cette histoire ? Il le dit lui-même aux versets 7-8*a*, invitant les auditeurs à extrapoler ce récit et à l'appliquer à Dieu. Voyez cet homme sans scrupule qui refuse d'écouter la veuve; il lui vient finalement en aide dans sa détresse, même s'il ne le fait qu'après de longues hésitations et uniquement pour se débarrasser de l'importunité perpétuelle de cette femme geignarde. N'en est-il pas à plus forte raison de même pour Dieu ? Il écoute les pauvres avec une infinie patience, et à plus forte raison ses élus : leurs besoins lui vont droit au cœur et " soudain " (*én tachéi*), il leur apportera le salut. Si, la parabole, comme le laisse supposer le v. 8*b*, est adressée aux disciples, on comprend ce qui l'a provoquée : ceux-ci sont pleins d'émoi et d'angoisse, en se représentant le temps de détresse que Jésus leur annonce, clairement et sans fard; ils voient les expulsions, les injures, les dénonciations, les interrogatoires, le martyre, les dernières tentations de la foi, tout ce qui arrivera quand Satan se manifestera. Qui tiendra jusqu'au bout ? N'ayez pas peur de la persécution, leur dit Jésus. Vous êtes les élus de Dieu. Il entendra vos appels, et abrogeant ce qu'il a lui-même décidé, il raccourcira le temps de détresse (Mc 13, 20). N'ayez point de doute sur sa puissance, sa bonté et son aide : C'est la chose du monde la plus certaine. Vous n'avez qu'un souci à avoir : le Fils de l'homme, quand il viendra, trouvera-t-il de la foi sur la terre ?

La parabole de *l'Ami dont on vient demander l'aide*

durant la nuit [15], forme presque une parabole double, avec celle du Juge inique (Lc 11, 5-8).

La parabole nous peint sur le vif la vie habituelle d'un village palestinien. — V. 5 : Il n'y a aucune boulangerie et toute ménagère cuit chaque jour avant le lever du soleil, le pain dont a besoin sa famille; mais on sait dans le village qui possède encore du pain le soir. Trois galettes de pain constituent aujourd'hui encore le repas d'une personne. Le voisin veut seulement en emprunter et pense les rendre bien vite. — V. 6 : L'hospitalité est en Orient, une affaire d'honneur à laquelle on ne peut se dérober. — V. 7 : L'irritation de l'ami dérangé s'exprime déjà dans la suppression de l'apostrophe (au contraire du v. 5). *èdè*, " depuis longtemps " (comme en Lc 14, 17 ou Jn 19, 28). Les Orientaux se couchent tôt, car la maison est sombre le soir et la petite lampe à huile, qui brûle toute la nuit, ne donne qu'une faible lumière. " La porte est fermée depuis longtemps ", le verrou est tiré. Celui-ci est fait d'une poutre ou d'une barre de fer que l'on passe dans des anneaux fixés aux vantaux. L'ouverture des verrous, compliquée et laborieuse, fait beaucoup de bruit. " Et les enfants sont, comme moi (*mét' émou*) au lit " : il faut s'imaginer la petite maison du fellah faite d'une pièce où, lorsque le père se lève et vient ouvrir les verrous, toute la famille, couchée sur une natte dans la partie surélevée de la maison, se trouve réveillée. *Ou dunamaï*, litt. : " je ne puis pas ", signifie comme si souvent dans la vie, " je ne veux pas ". — V. 8 : " N'est-il pas vrai (*légo umin*) que si même il ne se lève pas par amitié pour lui

15. Le titre de *parabole de l'Ami importun* que l'on donne habituellement à celle-ci, induit en erreur sur sa signification, comme nous le verrons.

donner du pain, il se lèvera *dia tèn anaïdéian autou*, (soit : “ à cause de l’importunité du solliciteur ”, soit, ce qui eſt plus sémitique : “ à cause de sa (propre) impudence ” i. e. pour ne pas passer pour un impudent) et lui donnera tout ce dont il a besoin ” (et pas seulement le modeſte prêt qu’on lui demandait).

Luc a inséré la parabole dans le cadre d’une catéchèse sur la prière (Lc 11, 1-13); elle eſt donc pour lui une exhortation à la prière persévérante, comme le montrent particulièrement les v. 9-13. Mais ce cadre, nous l’avons vu p. 148, eſt secondaire et il ne peut servir à expliquer la parabole si on veut en retrouver le sens primitif. C’eſt plutôt la formule interrogative *tis éx umôn*, “ qui de vous ” (11, 5) qui nous permettra de comprendre cette parabole : cette formule en effet introduit régulièrement dans le N. T. une queſtion à laquelle on doit répondre nettement : “ impossible ! personne ! ” ou “ c’eſt évident ! tout le monde [16] ! ” La meilleure traduction française en serait : “ Pouvez-vous vous imaginer l’un d’entre vous qui... ” (Mt 6, 27 par. Lc 12, 25 ; Mt 7, 9 par. Lc 11, 11 ; Mt 12, 11 par. Lc 14, 5 ; Lc 14, 28 ; 15, 4 ; 17, 7). Mais alors, il eſt impossible que la queſtion se termine au v. 6, puisque ce verset ne fait que décrire la scène et n’exige aucune réponse. Il faut plutôt regarder les v. 5-7 comme une seule phrase interrogative : “ Pouvez-vous imaginer l’un d’entre vous qu’un de ses amis viendrait déranger vers minuit pour lui dire : “ ami, prête-moi trois pains, car un de mes amis arrive de voyage et je n’ai rien à lui offrir ” et qui lui répondrait de l’intérieur : “ laisse-moi tranquille ”... Pouvez-vous imaginer cela ? Réponse : “ C’eſt impensable ! En aucun cas, il ne

16. Cf. p. 145.

laissera son ami en panne ! » Si donc le v. 7 ne nous décrit pas un premier refus mais au contraire l'impossibilité d'une telle attitude, c'est sous cette forme seulement que la parabole peut correspondre aux habitudes orientales d'hospitalité et recevoir toute sa portée. En regardant les v. 5-7 comme une seule phrase interrogative, nous voyons, en effet, qu'il n'est pas question au v. 8 d'une nouvelle demande du voisin mais uniquement des motifs qui poussent son ami à lui répondre : si ce n'est pas par amitié, c'est au moins pour se débarrasser de son importunité [17]. Le v. 8 souligne donc encore une fois la réponse : c'est impensable ! Cela signifie d'ailleurs que ce n'est pas le solliciteur (comme dans le contexte de Luc) mais l'ami dérangé dans son sommeil, qui est au centre de l'histoire. Il est évident alors que la parabole veut provoquer la même conclusion, (— du moins au plus —), que celle du juge inique. Si déjà l'ami que l'on dérange au milieu de la nuit, n'hésite pas à répondre à son voisin dans l'embarras, au risque de réveiller les siens, en tirant les verrous, à plus forte raison n'en est-il pas de même pour Dieu ? Il entend ceux qui sont dans le besoin. Il les aide. C'est pourquoi vous pouvez vous abandonner à Lui en toute certitude.

Très proche de ces deux paraboles du Juge et de l'Ami qu'on vient déranger, semble être le court logion : « car quiconque demande, reçoit » (Mt 7, 8 = Lc 11, 10). Comme elles, il exprime cette assurance que Dieu entend les cris des siens, lorsqu'ils crient vers lui du fond de leur détresse. C'est manifestement de l'expérience des mendiants qu'est née cette courte sentence en forme de proverbe. Pour mendier, il faut

17. Ou (cf. ce que nous avons dit dans l'explication détaillée au v. 8) : pour ne pas passer pour peu complaisant.

être opiniâtre, ne pas se laisser éconduire ni effrayer par les injures; à cette condition, on reçoit des oboles [18]. Jésus reprend pour ses disciples cette " sagesse " des mendiants. Un mendiant sait bien que, même si on le repousse d'abord, sa ténacité fera ouvrir les mains de ses semblables au cœur dur; à plus forte raison, devez-vous savoir que votre persévérance dans la prière vous ouvrira les mains de votre Père des cieux.

Si notre analyse est exacte, les quatre paraboles de contraste et les deux paraboles dont nous venons de parler ont été prononcées pour des motifs différents : les premières ont trait à la confiance de Jésus, en face de ceux qui doutent de sa mission et les deux autres donnent aux disciples l'assurance que Dieu les délivrera de leurs angoisses futures. Cependant, ces deux groupes de paraboles sont très proches, car ici comme là, il s'agit de la même confiance que rien ne déconcerte. Dans les unes et les autres, Jésus ne fait que répéter : Prenez Dieu au sérieux ! Il fait des merveilles et sa miséricorde pour les siens est la chose la plus sûre qui soit.

18. Du reste cette opiniâtreté n'est pas seulement de la rapacité; elle a des raisons plus profondes. D'une part, le pauvre est sous la protection particulière de Dieu et a ainsi un droit à l'aumône qui lui est garanti par Dieu. C'est pourquoi la profession de mendiant (*sic* !) n'est pas déconsidérée. D'autre part, il a besoin qu'on lui donne quelque chose afin de pouvoir, lui aussi, faire le bien : " Même un pauvre qui vit d'aumônes, exerce la charité " (*b Gitt 7b*), cf. Mc 12, 41 par.

4. *Devant la catastrophe*

Le message de Jésus n'eﬆ pas seulement proclamation du salut, mais il eﬆ aussi annonce du désaﬆre, avertissement et appel à la pénitence devant la gravité redoutable de l'heure. Les paraboles sur ce sujet sont très nombreuses, terriblement nombreuses, car Jésus n'a cessé d'élever la voix pour appeler son peuple aveuglé à ouvrir les yeux.

La petite *parabole des Enfants qui jouent sur la place* remonte à une tradition très ancienne, comme en témoigne l'accusation haineuse du v. 19*a* : cette injure lancée à Jésus d'être un glouton et un ivrogne eﬆ tirée de Dt 21, 20 et cette allusion le désigne ainsi comme le fils indocile et rebelle qui a mérité d'être lapidé. Vous êtes, leur répond Jésus, comme ces enfants qui jouent sur la place et qui injurient leurs camarades, en leur disant : “ Vous n'êtes que des trouble-fêtes ! ”

“ Nous avons joué de la flûte,
vous n'avez pas dansé;
Nous avons entonné les chants de deuil,
vous ne vous êtes point frappé la poitrine. ”
(Mt 11, 17; Lc 7, 32)

“ Nous voulions jouer aux noces ”, crient les gamins à leurs camarades (les rondes dans les noces étaient surtout réservées aux hommes), " mais vous, vous n'en avez pas eu envie ". " Nous voulions jouer à l'enterrement " (cf. *b Jebh* 121*b* où des enfants jouent à l'enterrement d'une sauterelle), crient les petites filles à leurs compagnes, (les chants funèbres étaient affaire de femme) " mais vous n'êtes pas entrées dans le jeu ".

Autant cette scène de rue est évocatrice, autant son application aux insultes dont le peuple couvrait Jean-Baptiste et Jésus, a donné de la tablature aux exégètes. L'image elle-même peut en effet avoir plusieurs sens. Les enfants dont Jésus rapporte les paroles se disputent-ils les uns les autres (c'est ainsi que comprend Luc : " les uns aux autres " 7, 32), les uns proposant un jeu joyeux et les autres un jeu triste, ou se chamaillent-ils avec d'autres gamins qui n'ont pas envie de participer à leurs jeux (c'est ainsi que comprend Matthieu : " aux autres " 11, 16) ? La question n'est pas sans importance, car selon la manière dont on y répond, l'application de l'image diffère. Aussi a-t-on proposé nombre d'explications — un simple coup d'œil sur les commentaires suffit à s'en convaincre — mais aucune d'elles n'est pleinement satisfaisante. Il me semble que tout devient clair si nous laissons un connaisseur de la Palestine [1] nous dire qu'il faut tenir compte du participe *kathèménoïs* " étant assis " (Mt 11, 16; Lc 7, 32) pour comprendre la parabole. Il en ressort que les enfants que nous dépeint Jésus, se sont confortablement installés comme spectateurs et se sont réservés les rôles les moins fatigants, jouant de la flûte ou chantant les plaintes funèbres et laissant à leurs camarades " les rôles les plus fatigants ".

1. E. F. F. Bishop, *Jesus of Palestine*, London, 1955, p. 104.

Mais ceux-ci ne veulent pas se laisser commander et c'est pourquoi les premiers les couvrent de reproches (*prosphônéin*, Mt, 11, 16; Lc 7, 32). Ainsi ce n'est pas sur le genre de jeux que se disputent les gamins (comme l'a compris Luc), mais ce sont les enfants assis au bord du chemin qui injurient leurs compagnons, parce que ceux-ci ne veulent pas jouer suivant les indications qu'on leur donne (l'interprétation de Matthieu est la bonne).

Vous êtes exactement, dit Jésus, comme ces gamins impérieux et intolérants qui reprochent à leurs camarades d'être de mauvais joueurs, en ne voulant pas danser d'après le chant de leurs pipeaux. Dieu envoie ses messagers, ses derniers messagers à la dernière génération avant la catastrophe. Mais vous ne savez que donner des ordres et critiquer. Vous dites de Jean-Baptiste qu'il est un insensé parce qu'il jeûne, alors que vous lui demandez d'être jovial. Et vous m'injuriez parce que je partage la table des publicains, alors que vous exigez qu'on les laisse totalement de côté. L'appel à la pénitence ne vous convient pas et l'Évangile ne vous convient pas non plus... Comme des enfants, vous trouvez à redire dans tous les messagers de Dieu... et Rome brûle [2] ! " Ne voyez-vous donc pas que justice est rendue à Dieu, étant données ses œuvres " (Mt 11, 19) ce qui signifie : les œuvres, les signes de cette heure qui approche et où il faudra se décider, donnent raison à Dieu [3]. Ne comprenez-vous pas que l'appel à la pénitence et l'Évangile sont les tout derniers avertissements que Dieu vous envoie ?

Hommes aveugles ! vous pouvez interpréter les

2. Dodd, p. 29.

3. *Ibid.*, p. 115 à propos de Mt 11, 19 : " les réalités de la situation présente... sont la manifestation de son Royaume ".

signes du temps, ne pouvez-vous pas interpréter ceux du temps de salut (Lc 12, 54-56) ? “ Là où est le cadavre, les aigles se rassemblent ” (Mt 24, 28). Ils ne tournoient pas au-dessus d’une étendue vide. Ils flairent la proie ! Ne remarquez-vous pas qu’il y a quelque chose dans l’air ? Vous êtes aveugles ! Vous êtes butés (Mc 6, 22 s.; Lc 11, 34-36) !

Cette image de l’Œil comme lampe du corps, Matthieu la donne pour adressée aux disciples, tandis que Luc en fait une invective à la foule. D’autre part, comme le montre son contexte, Matthieu l’a comprise comme une allégorie; 6, 19-21 était une exhortation : “ Donnez ! Faites-vous un trésor dans le ciel ! ” et, pour lui, 6, 22 s. ajoute : “ Donnez largement ! Donnez sans jalousie, ni malveillance ! ” Cette interprétation de l’image ôte cependant sa signification à l’application de celle-ci en 6, 23*b*. Cette application ne conserve toute sa valeur que si on voit dans l’image une simple constatation tirée de l’expérience :

La lampe du corps, c’est l’œil.
Si ton œil est sain [4], tout ton corps est clair,
Si ton œil est malade [4], tout ton corps est enténébré.

6, 23*b* ne fait alors qu’apporter l’application de l’image (comme le confirme l’impératif de Lc 11, 35 : “ vois donc... ”) :

Or si ta lumière intérieure est enténébrée (*skotos*) [4]
quelles ténèbres (*skotos*) est-ce alors !

Si déjà la cécité corporelle est terrible, à plus forte

4. *Aplous* = aram. *sh^e lim* = “ innocent, sain ” — *ponèros* = aram. *bish* = “ mauvais, malade ”. Le double *skotos* “ ténèbres ” de 6, 23*b* s’explique par le mot araméen *h^a shakh* qui rend à la fois l’adjectif “ enténébré ” et le substantif “ ténèbres ”. Le premier *skotos*, “ ténèbres ” en Mt 6, 23*b* est donc une faute de traduction.

raison l'aveuglement intérieur. (Pour saisir cette conception de la lumière intérieure qui rayonne à partir de l'homme, on peut voir le logion 24 de l'Évangile de Thomas : " Il y a de la lumière à l'intérieur d'un homme de lumière et il illumine le monde entier. " C'est la même conception qui motivait la prescription rabbinique de ne point regarder les prêtres lorsqu'ils donnaient la bénédiction sacerdotale; ils devaient mettre devant leurs yeux leurs mains écartées comme une grille, et, disait-on, la gloire de Dieu y " épie à travers le treillis " (Ct 2, 9); exemples en BILL. IV, p. 239 et 245 s.).

Ainsi Mt 6, 22 s. (par. Lc 11, 34-36) ne serait pas un avertissement d'éviter toute rapacité, mais un appel à lutter contre l'aveuglement spirituel : c'est donc à juste titre que Luc donne cette parole pour adressée à la foule, eu égard aux adversaires de Jésus. Être aveuglé, c'est être endurci. Vous êtes endurcis ! Quelles ténèbres tragiques !

Vous festoyez et vous dansez et à chaque instant, le volcan peut se réveiller ! L'horrible destin de Sodome et Gomorrhe va se répéter (Lc 17, 28 s.). Le déluge est imminent (Mt 24, 37-39; Lc 17, 26 s.) [5].

On retrouve les images de la pluie de feu et du déluge en arrière-plan de la double image de Lc 12, 49 s. : " Je suis venu allumer un feu sur la terre [6], comme je voudrais que déjà il brûlât ! J'ai un baptême avec lequel je dois être baptisé et dans quelle alternative je me trouve, jusqu'à ce qu'il soit consommé. " Dans cette double image résonne le conflit tragique

5. Cf. encore Mt 7, 24-27 par. Lc 6, 47-49.

6. *Pur baléin* est un sémitisme et ne signifie pas " jeter le feu ", mais " allumer le feu ".

où s'opposent en Jésus les obligations de sa mission et ses sentiments naturels qui vont à l'encontre de celles-ci (seules dans la Bible, les " confessions " de Jérémie nous offrent pareille expression d'une lutte intérieure) [7]. Jésus est celui qui amène le temps de salut, mais il sait — et cela l'ébranle au plus profond de lui-même, — que la voie du salut et du renouvellement de la création passe par le désastre et la ruine, par la purification et le jugement, par le déluge et la pluie de feu [8]. " Celui qui est proche de moi est proche du feu; celui qui est loin de moi est loin du Royaume [9]. "

La malédiction divine est sur Israël, ce figuier stérile (Lc 13, 7) ! L'arbre improductif va être abattu (Mt 7, 19) ! Le sort du bois sec sera encore plus terrible que celui du bois vert (Lc 23, 31) ! Le malheur fondra à l'improviste sur vous, comme le filet sur un oiseau inconscient du danger (Lc 21, 34) ! Le jour a douze heures, dit l'image du Voyageur (Jn 12, 35, cf. Jn 11, 9 s.) : la lumière n'est encore là que pour peu de temps et la nuit va tomber; alors dans l'obscurité, on trébuchera sur le sentier pierreux et on errera sans but. Laissez le père de famille vous avertir, lui qui dormait profondément lorsqu'on est venu le cambrioler (Mt 24, 43 s.; Lc 12, 39 s. ÉvTh 21*b*) [10] ! Écoutez *l'histoire du Riche insensé* (Lc 12, 16-20; ÉvTh 63) [11] ! Ayant fait

7. T. W. Manson, *Sayings*, p. 120.

8. Le parallélisme des membres de phrase interdit de restreindre le v. 50, comme on le fait habituellement, au destin personnel de Jésus.

9. Agraphon (ÉvTh 82; cité par Origène, *Homélie sur Jérémie* (texte latin, 3, 3), cf. J. Jeremias, *Unbekannte Jesusworte*, 3e éd., 1963, p. 64-71, Gütersloh.

10. Sur l'exégèse de cette parabole, cf. p. 78-82.

11. Voici le texte dans l'Évangile de Thomas (63) : " Jésus a dit : Il y avait un homme riche qui avait beaucoup de biens. Il dit : " J'emploierai mes biens à semer, moissonner, planter, remplir mes greniers

une récolte abondante, il pensait se donner du bon temps et pendant la nuit, Dieu est venu mettre une fin subite à sa fausse sécurité !

Le dialogue (v. 13-15) qui ouvre la parabole donne à celle-ci une situation. Le frère cadet vient se plaindre de son aîné qui lui refuse sa part d'héritage [12] ou qui a fait un partage injuste. Qu'il s'adresse à Jésus, bien qu'il soit un laïc, montre la considération dont jouissait celui-ci dans le peuple (v. 13). Jésus refuse de juger non seulement parce que ce n'est pas sa fonction (v. 14), mais surtout parce que les biens terrestres sont sans importance pour acquérir la Vie (v. 15). Et la parabole explique pourquoi Jésus tient si nettement ceux-ci pour accessoires. Ce dialogue (sauf le v. 15) nous est transmis par l'Évangile de Thomas (72) comme un logion indépendant, il ne devait donc pas primitivement appartenir à la parabole.

V. 18 : *Apothèkas* : il ne s'agit pas de la grange où l'on serre la moisson avant de la battre, mais des granges ou des magasins où l'on entrepose ensuite le grain. — V. 20 : " Dieu lui dit : (= Dieu lui fit dire, sans doute en songe, par l'ange de la mort)... on va te redemander ton âme " : la vie est un prêt que Dieu accorde et il le fait avertir qu'il lui en demandera restitution la nuit suivante (sur le v. 21, cf. p. 149).

Ce riche paysan qui croit n'avoir plus à craindre, pour des années, les mauvaises récoltes (v. 19) est un

de fruits, afin de ne manquer de rien. " Voilà ce qu'il pensait dans son cœur. Et cette nuit-là il mourut. Que celui qui a des oreilles, entende ! "

12. Le frère aîné préfère laisser l'héritage indivis. Le psalmiste a loué cette communauté des biens (consortium) : Ps 133, 1. " Voyez, qu'il est bon, qu'il est doux pour des frères d'habiter ensemble en bonne intelligence. " C'est l'état qui est présupposé en Mt 6, 24 (cf. p. 262, n. 41).

“ insensé ”, ce qui dans le langage de la Bible désigne un homme qui pratiquement renie Dieu (Ps 14, 1). Il ne tient pas compte de Dieu et n’aperçoit pas la mort qui le menace, cette épée de Damoclès suspendue sur sa tête. Mais il faut éviter ici de se méprendre; il ne s’agit pas là en effet, comme il semble au premier abord, de l’antique maxime, “ soudaine est la mort pour les hommes ”, que Jésus voudrait inculquer à ses auditeurs. Au contraire, la teneur générale de toutes les paroles et paraboles d’avertissement de Jésus nous montre que c’est la catastrophe eschatologique et le jugement imminent qui lui apparaissent menaçants et non pas la mort inopinée de l’homme individuel. C’est aussi le cas dans notre parabole. Jésus attend que ses auditeurs tirent la conséquence du destin du Riche insensé pour leur propre situation : En voulant emporter nos biens en face du déluge, nous sommes aussi fous que ce Riche insensé menacé par la mort !

Lorsque sera passé le délai de repentir, que Dieu a accordé, il ne sera plus au pouvoir de l’homme de le prolonger (Lc 13, 9).

Cela pourrait être aussi le sens primitif de Mt 6, 27 (par. Lc 12, 25) : “ Qui d’entre vous peut, en se donnant du mal, allonger d’une coudée la longueur de sa vie ? ” Ce logion a été introduit dans son contexte actuel par le mot-crochet *mérimnan*, “ s’inquiéter, se donner du mal : ” à l’origine il était indépendant et l’apostrophe “ qui de vous ” permet de penser qu’il a été dit dans la prédication publique (cf. p. 145 s.) “ Une coudée ” ne peut convenir à la taille humaine, car c’est une mesure trop grande (0,52 mètre). On indique par là un minimum de temps; aussi faut-il comprendre le logion dans un sens eschatologique :

tous les efforts désespérés, à l'heure de la catastrophe, ne pourront pas allonger la vie, même de quelques heures.

Que va-t-il arriver ? Le chacal qui se nourrit de cadavres, s'approche du Fils de l'homme (Lc 13, 32), après s'être attaqué à Jean-Baptiste [13]. Ce sera le début. Ce sera alors l'heure de la grande tentation, le dernier assaut du Mauvais, la destruction du Temple et le malheur sans nom (Lc 23, 29) et après tout cela le Jugement de Dieu. Ce sera le grand tri discriminatoire. On reconnaîtra les vierges sages et celles qui étaient folles, on saura quel était l'intendant fidèle et celui qui était sans conscience. Il y aura d'un côté ceux qui n'ont fait qu'écouter la parole et de l'autre ceux qui l'ont mise en pratique. La ligne de séparation passera au milieu du " troupeau ". Extérieurement, rien ne distinguait aux yeux des hommes, deux paysans occupés au champ ou deux femmes broyant le grain à la meule, mais le triage fait, on découvrira entre eux l'opposition terrifiante : l'un était enfant de Dieu, l'autre enfant de perdition (Mt 24, 40 s.).

Ce qui caractérise les nombreuses paraboles sur le Jugement, c'est que la plupart d'entre elles sont adressées à des groupes d'hommes déterminés. C'est à ses ennemis que Jésus raconte la parabole du Prétendant au trône qu'on peut reconstruire à partir de Lc 19, 12. 14 s. 17. 19. 27 [14]. Les paraboles de l'Homme de confiance (Mt 24, 45-51*a*; Lc 12, 42-46), des Talents (Mt 25, 14-30; Lc 19, 12-27) et du Portier (Mc 13, 33-37; Lc 12, 35-38) s'adressent, selon toute vraisemblance, nous l'avons vu [15], aux chefs du peuple et

13. A. M. Brouwer, *De Gelijkenissen*, p. 221 s. : l'araméen *ta'ᵃla* désigne aussi bien le chacal que le renard. Mais il reste possible que le nom d'*alôpèx*, " renard ", fasse allusion à la malice d'Hérode Antipas.

14. Cf. p. 92 s.

15. Cf. p. 88 s., 91 s., 85 s.

particulièrement aux scribes : Dieu leur a remis un dépôt précieux; ils ont la direction spirituelle du peuple, ils connaissent la volonté divine et ont en mains les clés du Royaume de Dieu. Le Jugement de Dieu est maintenant tout proche; on va voir ce que les théologiens ont fait de la confiance de Dieu : ont-ils bien usé des dons divins ou les ont-ils, par égoïsme ou minutie exagérée, cachés à leurs semblables; en un mot, leur ont-ils ouvert ou fermé les portes du Royaume de Dieu ? Ils vont être jugés avec une particulière rigueur : celui qui connaissait la volonté de Dieu, leur dit Jésus dans l'image des deux Esclaves, sera plus sévèrement puni que le peuple qui ignorait la loi (Lc 12. 47-48*a*).

Les évangélistes nous disent que la parabole des Vignerons homicides (Mc 12, 1 s. et par.) [16] a été dite aux Sanhédrites (11, 27 par.). Ce pourrait être exact. Car depuis Isaïe, la vigne est une image consacrée d'Israël [17]. Puisque Jésus ne parle pas de la vigne, mais seulement des vignerons, on peut penser qu'il ne parle pas au peuple dans son ensemble, mais à ses responsables. D'après le contexte actuel (on l'interrogeait après qu'il eut chassé les vendeurs du Temple) cette menace terriblement dure pourrait même concerner plus directement, les administrateurs de la Maison de Dieu (et, en particulier, les membres sacerdotaux du Sanhédrin). La Maison de Dieu est devenue un repaire de brigands : Dieu a été d'une patience inconcevable, mais la mesure est pleine, il va maintenant exiger fermages et comptes et la dernière génération devra expier toutes ces fautes accumulées.

C'est aux Pharisiens qu'il adresse l'image des " guides

16. Cf. p. 104 s.
17. Is 27, 2-6; Jr 12, 10; Ps 80, 9-18.

aveugles qui conduisent d'autres aveugles et qui, avec leurs compagnons, vont tomber dans la fosse " (Mt 15, 14; Lc 6, 39). Il en est de même de l'image très voisine de la Paille et de la Poutre (Mt 7, 3-5; Lc 6, 41; ÉvTh 26) [18]. Et selon Mt 12, 33, c'est eux que concerne aussi l'image du bon et du mauvais Arbre (par. Mt 7, 16-20; Lc 6, 43 s.); à laquelle répond celle du bon et mauvais Trésor, dont le sens est identique. Toutes deux leur disent : Vos actes et vos paroles montrent que vous êtes totalement mauvais et vous tomberez sous le coup de la justice de Dieu. C'est aux Pharisiens encore selon Jn 9, 40 (cf. 10, 6. 19-21) que fut dite la parabole du Bon Pasteur. Elle reproche aux dirigeants du peuple d'avoir ravagé comme des brigands et des voleurs, le troupeau de Dieu : l'arrivée du bon Pasteur dévoile leur perversion.

A la capitale, représentative de tout le peuple, s'adresse la plainte où est évoquée l'image de la Poule et des poussins (Mt 23, 37; Lc 13, 34). Jésus se réfère là à Is 31, 5 : " Comme des oiseaux qui volent, ainsi Iahwé Sabaoth protégera Jérusalem, il la protégera et la sauvera, l'épargnera et la délivrera. " En une image audacieuse, Dieu est ici comparé aux oiseaux voletants qui protègent leurs petits. Jésus s'applique à lui-même cette image, à lui, le mandataire et le représentant de Dieu. Devant la ruine qui menace Jérusalem et qui fondra sur elle, comme un oiseau de proie sur une couvée de poussins, il a voulu la préserver, " la protéger, la sauver, l'épargner et la délivrer ". Mais vous n'avez pas voulu. Dieu va délaisser le Temple que vous avez profané et l'abandonner avec vous au jugement (Mt 23, 38; Lc 13, 35)!

18. Le terme " hypocrite " n'est jamais ailleurs dans l'Évangile, adressé aux disciples.

Enfin, c'est à Israël pris dans son ensemble que s'adressent la parabole du Figuier (Lc 13, 6-9) et la parole de menace du Sel qui, devenu inutilisable, est jeté à la rue pour être piétiné (Mt 5, 13; Lc 14, 34 s.; cf. Mc 9, 50). Il ne sera d'aucun secours au tribunal de Dieu, de se réclamer de son titre de membre du Peuple de Dieu.

Lc 13, 6 : " Dans la vigne " : en Palestine, les vignes sont la plupart du temps plantées d'arbres, ce qui en fait des vergers. — V. 7 : On laissait d'abord trois ans à l'arbre pour sa croissance (Lv 19, 23); il y a donc maintenant six ans que le figuier est planté et il n'y a plus d'espoir qu'il porte du fruit. " Épuisé " : le figuier absorbe beaucoup d'éléments nutritifs, ce qui est autant de pris aux plants de vigne qui l'entourent. — V. 8 : *Légéi*, " il dit " : le présent historique est signe chez Luc d'une tradition ancienne, cf. p. 241. " Et que j'y mette du fumier " : il n'est jamais question dans l'A. T., du fumage d'un vignoble et d'ailleurs le figuier est un arbre qui demande fort peu de soins. C'est donc un procédé inhabituel que veut employer le vigneron pour tenter un dernier effort. — V. 9 : " L'année prochaine "; cette année constitue le dernier délai.

On lit dans l'histoire d'Ahiqar (antérieure au ve siècle av. J.-C.) : " Mon fils, tu ressembles à cet arbre qui ne portait aucun fruit, bien qu'il baignât dans l'eau; le propriétaire se vit obligé de l'abattre. L'arbre lui dit : Transplante-moi et si je suis encore stérile, alors abats-moi. Mais le propriétaire de lui répondre : Quand tu baignais dans l'eau, tu n'avais point de fruit, comment veux-tu en avoir ailleurs ? " Jésus utilise cette histoire dont les différentes versions étaient bien connues, mais il lui donne une autre conclusion. La demande n'est pas rejetée, mais acceptée. D'une annonce du jugement, ce devient un appel à la repentance; car la miséricorde de Dieu va jusqu'à suspendre la décision déjà prise de punir. Dans la vieille histoire telle que la raconte Jésus, la figure du Vigneron intercesseur est toute nouvelle. Son entrée en scène ne répond-elle qu'au désir de rendre plus vivante la description ? Ou n'y a-t-il pas plutôt, caché derrière le personnage, Celui qui amène à surseoir la condamnation ? Souvenons-nous ici que les disciples devaient comprendre les paraboles autrement que la foule ou les adversaires de Jésus. Et pour ce qui est de la compréhension des disciples, la seconde possibilité pourrait tout à fait se vérifier (cf. Lc 22, 31 s.).

Mt 5, 13; Lc 14, 34 s. : l'expression étonnante “ si le sel devient fou ” (*môraïnésthaï*, “ devenir fou ”) repose sur une traduction fautive. La racine *tphl*, en hébreu (et aussi, comme le montre le logion, en araméen) a le double sens de : 1) être *analos*, “ sans saveur ”; 2) parler comme un fou. On peut être sûr que ce mot *taphel* se trouvait dans le texte primitif araméen, car en retraduisant, on retrouve le jeu de mot : *in taphel milha*, *b*^{e}*ma j*^{e}*thabb*^{e}*lun*. Marc a donc traduit exactement en disant : “ si le sel est sans saveur (*analos génètaï*) ” (9, 50). En traduisant “ si le sel est fou ” la tradition que suivent Matthieu et Luc interprétait déjà : “ Disciples fous; Israël insensé. ” On peut penser que Jésus reprend ici une locution toute faite (sel sans saveur = quelque chose d'inutilisable, qui a perdu son sens). *Én tini alisthèsétaï* (Mt 5, 13) ne signifie pas : “ avec quoi le sel retrouvera-t-il sa saveur ” (cf. Mc 9, 50), mais “ avec quoi salera-t-on (les aliments) ” (ainsi Lc 14, 34). Le sel sans saveur “ n'est plus bon à rien, mais on le jette dans la rue ”. On s'est demandé ce que pouvait évoquer chez les auditeurs de Jésus ce sel

“ sans sel ” que l’on jette à la rue. On a coutume de répondre en disant qu’il arrive aux boulangers arabes de tapisser leur four de plaques de sel, qui jouent alors un rôle de catalyseur pour le combustible de mauvaise qualité (par ex. : crottin de chameau desséché). Après quinze ans environ, les plaques de sel perdent leurs propriétés catalytiques, et on les jette à la rue. Cependant cette explication ne tient pas compte du fait qu’il s’agit manifestement ici de sel comestible (cf. supra). Il faut donc en rester à des enseignements anciens qui sont d’ailleurs plus proches de l’image qui nous est proposée, car ils sont empruntés à la vie quotidienne. Le sel n’était pas préparé industriellement; on allait le chercher dans les marigots, desséchés l’été, des rives de la Mer Morte ou des petits lacs situés en bordure du désert syrien [19]. Mais une telle croûte de sel raclée sur le sol ne peut jamais être pure : elle contient une quantité de corps étrangers (magnésie, calcaire, débris de plantes) qui, le sel une fois dissous dans l’eau, sont inutilisables.

Matthieu et Marc ont fait de cette image un conseil aux disciples; chez Luc, par contre, c’est une menace à la foule (14, 25) : cette situation est exacte, car selon *b Bek* 8*b*, le judaïsme a compris cette image comme une parole de menace sur Israël [20].

La dernière génération du peuple de Dieu, la génération du Messie, est celle de la décision : ou elle portera toutes les fautes d’Israël (Mt 23, 35; Lc 11, 50; cf. Mc 12, 9), ou elle sera comblée de la grâce divine (Lc 19, 42). Mais cette annonce du malheur

19. A. Schlatter, *Der Evangelist Matthäus*, p. 147. Je me souviens que dans mon enfance, les Bédouins venaient offrir ainsi, à notre presbytère de Jérusalem, du sel de la Mer Morte.
20. Bill. I, p. 236.

s'adresse aussi à la communauté messianique (et c'est à son égard qu'elle est la plus rigoureuse), car la ligne de partage passera aussi en son milieu. Deux disciples de Jésus construisent une maison : vue du dehors, il n'y a aucune différence. Mais que vienne à passer le flot des dernières tribulations et l'on verra que l'une était bâtie sur le roc et l'autre sur le sable (Mt 7, 24-27; Lc 6, 47-49).

C'est donc dans une situation historique précise qu'ont été prononcées ces paraboles qui traitent de la crise menaçante; voilà qui est fondamental pour les comprendre. Ce ne sont pas des préceptes de morale qu'elles veulent inculquer, mais elles cherchent à secouer et à éveiller un peuple aveuglé qui court à sa perte, et surtout ses chefs, les théologiens et les prêtres. Mais elles veulent encore plus : les appeler à la repentance.

5. *Les exigences de l'heure*

C'eſt la dernière heure. Le déluge eſt imminent (Mt 24, 37-39; 7, 24-27), la cognée entame déjà les racines d'Israël, ce figuier ſtérile. Dieu, encore une fois, suspendant de façon incompréhensible ce qu'il voulait faire, a prolongé le délai de repentance (Lc 13, 8), comme il le fera encore dans les derniers temps en raccourcissant, à cause des élus, le temps de l'Antichriſt (Mc 13, 20). Mais si c'eſt inutilement que s'écoule le dernier délai, sa patience sera épuisée. La porte de la salle des noces sera fermée et l'on dira alors : " Il eſt trop tard " (Mt 25, 10-12; Lc 13, 25-27).

Il s'agit d'agir maintenant avec décision. C'eſt le sens de la parabole du Débiteur (Mt 5, 25 s.; Lc 12, 58 s.) [1].

Mt 5, 25 : " Avec l'adversaire " : celui qui poursuit le recouvrement d'une dette ou d'un prêt. " Et qu'on ne te jette en prison " : l'emprisonnement pour dette (et d'une façon générale, l'emprisonnement comme peine judiciaire) était inconnu du droit juif. Nous devons donc en conclure que Jésus se réfère à dessein à cette peine non juive, que ses compatriotes tenaient pour inhumaine, pour marquer avec force le caractère terrible du tribunal (cela vaut également pour le " cou-

1. Cf. p. 65 s.

pable jeté à la mer " de Mc 9, 42, pour la vente de la femme en Mt 18, 25, pour la torture en Mt 18, 34). — V. 26 : " Le dernier sou ", litt. " le dernier quart d'un as " (en Palestine, 1/100e de denier) était la plus petite pièce de monnaie romaine. Cette précision méticuleuse dans l'apurement des comptes montre ce qu'aura d'inexorable l'exécution de la peine.

" Tu es, dit Jésus, dans la situation de l'accusé qui va très prochainement passer chez le juge et qui à tout instant peut être appréhendé. " Et entraîné lui-même par la scène qu'il vient de décrire, Jésus crie au failli, en l'adjurant au dernier instant : montre-toi accommodant, règle tes affaires pendant qu'il est encore temps (cf. Mt 18, 26. 29) ! Cela va être terrible pour toi, si tu n'y arrives pas !

La parabole de l'Intendant malhonnête (Lc 16, 1-8) est très proche de celle du Débiteur.

V. 1 : " Un homme riche " : nous sommes là vraisemblablement dans le cadre social de la Galilée; ce riche, propriétaire d'un grand domaine, doit habiter ailleurs et son intendant est là pour le remplacer. " Fut dénoncé " : l'Orient ne connaît ni comptabilité ni contrôle régulier. — V. 3 : " Il dit en lui-même " = il réfléchit (les langues sémitiques n'ont pas de mot pour rendre " penser, méditer, réfléchir "). V. 5-7 : A ses malversations, il ajoute maintenant des falsifications. Les créanciers sont soit des fermiers qui ont à livrer en fermage une partie des produits de leurs terres (la moitié, le tiers ou le quart), soit des commerçants en gros qui ont fourni une reconnaissance de dettes, en recevant les livraisons. 100 " barils " d'huile (36,5 hl) correspondent à peu près au rendement de 146 oliviers [2] et à une somme de 1 000 deniers. Les 100 " kor " de blé (364,4 hl ou 275 quintaux) correspondent au rendement de 42 ha [3] et à une somme d'environ 2 500 deniers. Ce sont de très grosses dettes. La remise (18 hl d'huile et 73 hl de froment) est à peu près identique dans les deux cas, car l'huile est beaucoup plus chère que le blé, cela représente une somme de 500 deniers [4]. Jésus sacrifie donc dans notre parabole à la prédilection des Orientaux pour les chiffres élevés [5]. — V. 6 : " Prends ton billet " : l'intendant conserve les contrats de fermage comme les reconnaissances de dettes et en les faisant transformer par ceux-là mêmes qui les ont écrites, il espère que sa supercherie ne sera pas découverte. — V. 7 : *Légéi*, " il dit ", présent historique, cf. infra. Il agit de la même façon avec les autres débiteurs (v. 5 : " un à un, les débiteurs... "). — V. 8 : " Et le maître loua... " : à l'origine, vraisemblablement, c'est Jésus qui est désigné par ce terme *kurios*, " Maître, Seigneur ".

Le scandale — du reste tout à fait injustifié — qu'a toujours produit cette parabole, parce qu'elle offre en exemple un homme malhonnête, devrait disparaître, si on la considère dans son état primitif (v. 1-8) et si l'on fait abstraction des amplifications ultérieures (v. 9-13) [6]. Comme pour la parabole du Cambrioleur

2. Le rendement moyen d'un olivier, en Palestine, est de 120 kg d'olives, c'est-à-dire de 25 l d'huile. Il s'élève parfois à 30 litres.

3. Dans la Palestine moderne, une moyenne portant sur huit ans, donne comme rendement de blé à l'hectare 652,4 kg.

4. Le prix normal d'un " kor " de blé était d'un denier-or, c'est-à-dire de 25 deniers-argent. 20 kor font donc 500 deniers. Sur le prix des céréales, cf. encore J. Jeremias, *Jerusalem zur Zeit Jesu*, 3e éd., Göttingen, 1962, p. 137-139 (II A 37-39).

5. Autres exemples p. 43 s.

6. Sur les amplifications, cf. p. 70 s.

nocturne [7], Jésus se réfère à une affaire qu'on doit lui avoir racontée avec indignation. Et intentionnellement, il la prend comme exemple, car il peut être sûr de l'attention redoublée de ses auditeurs qui ne connaissent pas encore l'histoire. Ceux-ci s'attendent à ce que Jésus conclue d'un mot de ferme désapprobation. Mais quelle n'est pas leur surprise, lorsque Jésus, au contraire, se met à louer l'imposteur. Vous êtes indignés ? « Prenez de la graine ! » vous êtes dans la même situation que cet intendant : il a le couteau sur la gorge et il voit sa vie qui risque d'être bouleversée; mais, quant à vous, la crise qui vous menace est incomparablement plus redoutable; elle est même déjà commencée. Cet homme est avisé (*phronimos*), car il a compris l'aspect critique de sa situation [8]. Il n'a pas laissé courir les choses, il a agi en dernière minute avant que le malheur qui le menaçait, ne fondît sur lui; certes, il n'a pas eu de scrupules, mais là n'est pas la question. Il a agi avec audace, décision et intelligence pour se faire une vie nouvelle. Être avisé, voilà ce que l'heure réclame de vous ! Toute votre vie est en jeu !

Il n'est pas de faux-fuyants en face des exigences de l'heure; tel est le sens de la parabole du Riche et du pauvre Lazare (Lc 16, 19-31).

Du point de vue grammatical, il est très frappant de trouver là chez Luc, deux présents historiques (v. 23 : *oraï*, « il voit »; v. 29 : *légéi*, « il dit »). En effet, des 90 présents historiques qu'il a pu trouver dans les données que lui fournit Marc, il n'en a gardé qu'un seul (Lc 8, 49, *érchétaï*, « il vient ») et a écarté les 89 autres. Aussi les six présents historiques que l'on

7. Cf. p. 79.
8. Cf. p. 70, n. 11.

trouve dans les paraboles propres à Luc (13, 8; 16, 7. 23. 29; 19, 22) et dans une introduction de parabole (7, 40) sont-ils pour nous autant d'indices de la présence dans ces textes d'une tradition pré-lucanienne.

Pour comprendre la parabole dans ses détails comme dans son ensemble, il est très important de voir qu'elle se réfère dans sa première partie à une histoire connue, qui avait pour thème le renversement des situations dans l'au-delà. Il s'agit du conte égyptien qui rapporte le voyage dans l'empire des morts de Si-Osiris, le fils de Seton Chaemwese; le récit se termine par ces mots : " Qui est bon sur la terre, on est bon pour lui dans l'au-delà, mais qui est méchant sur la terre, on est méchant pour lui (là-bas). " Les juifs d'Alexandrie avaient apporté ce conte en Palestine et il y était devenu l'histoire du " pauvre scribe et du riche publicain Bar Majan ". Jésus s'est servi de ce récit comme le montre l'utilisation qu'il en a faite dans la parabole du Festin (cf. p. 182). Nous avons déjà raconté alors le début de l'histoire et dit comment le scribe fut enterré sans cortège, tandis que le publicain l'était en grande pompe. En voici maintenant la fin : un collègue du pauvre scribe put voir en rêve quelle tournure avait pris dans l'au-delà le destin des deux hommes. " Quelques jours plus tard, ce scribe vit son collègue dans un jardin d'une beauté paradisiaque, traversé d'eaux ruisselantes. Il vit aussi Bar Majan, le publicain, qui, au bord d'une rivière, cherchait à atteindre l'eau sans pouvoir y arriver. "

V. 19 : Le Riche n'a pas besoin de travailler; il peut chaque jour organiser des banquets et s'habiller de vêtements de pourpre et de tuniques en fine toile d'Égypte. C'est un noceur impie, comme le révélera son destin; mais Jésus se référant à une histoire connue n'a pas eu besoin de faire ressortir plus clairement sa faute. — V. 20 : Lazare est le seul personnage d'une parabole qui soit nommé. Son nom (" Dieu aide ") a donc une particulière signification. Lazare est un infirme (" il gisait ") atteint d'une maladie de peau (v. 21*b*); il doit mendier (*ptôchos*, cf. Jn 13, 29) et s'est placé pour cela devant l'entrée du palais du riche, d'où il demande aux passants quelque aumône. — V. 21 : *épithuméin* avec l'infinitif désigne toujours chez Luc une demande restée insatisfaite : " il se serait bien rassasié (s'il l'avait pu)... ". *Apo tôn piptontôn apo tès trapézès tou plousiou* : *piptein* correspond à l'araméen *n^e^phal*; c'est une manière sémitique d'éviter le passif; le verbe signifie donc : " qui était jeté " et on doit donc traduire : " quelque chose de ce que les gens assis à la table du Riche jetaient sur le sol ". Il ne s'agit donc pas des miettes qui tombent sur le sol, mais des morceaux de galettes avec lesquelles on s'essuyait les doigts et que l'on jetait ensuite par terre. Comme il aurait voulu pouvoir apaiser sa faim avec ça ! Quant aux chiens, ce sont ces bêtes errantes à demi sauvages, qui fouinent çà et là et dont le pauvre paralysé abandonné et à peine vêtu ne pouvait se défendre. — V. 22 : " Dans le sein d'Abraham " désigne la place d'honneur dans le festin céleste à la droite d'Abraham, le père de famille (cf. Jn 13, 23). Selon l'enseignement judaïque sur la rétribution divine, Lazare paraissait être un grand pécheur et pourtant le voilà à la tête des justes : il a reçu la plus belle place que l'on puisse espérer. C'est un renversement des situations : lui qui sur terre voyait le riche assis à table, peut maintenant s'asseoir lui-même à la table du banquet. Méprisé sur terre, il jouit maintenant de l'honneur le plus grand et il peut constater que Dieu est bien le Dieu des pauvres et des abandonnés. " Le riche aussi mourut et on l'enterra " : l'enterrement du riche fut l'occasion de splendides funérailles, comme le montre l'histoire que nous avons résumée et qui sert d'arrière-plan à celle-ci.

Ce n'est pas du destin final, mais seulement de la destinée immédiate après la mort que traitent les v. 23-31 : cela ressort à la fois de l'histoire citée et de l'emploi du mot *hadès* (v. 23) " séjour des morts ". Le N. T. distingue en effet toujours très nettement entre l'hadès intermédiaire et la géhenne définitive (l'enfer) : il est donc question ici de l'état intermédiaire [9]. — V. 23 : Dans l'au-delà, selon une représentation courante du judaïsme, justes et impies se font face. — V. 24 : Le riche se réclame de sa qualité de fils d'Abraham, c'est-à-dire qu'il en appelle aux mérites d'Abraham (auxquels son origine lui permet d'avoir part). Sa demande toute modeste, révèle le caractère effroyable de ses souffrances : une seule goutte d'eau sur la langue lui adoucirait déjà sa peine. — V. 25 : On lui reconnaît sa qualité de fils d'Abraham (" mon enfant ") mais non pas la valeur de salut qui s'y attache [10]. La rétribution, telle que la décrit le v. 25 n'est pas purement extérieure (comme le laisserait croire la lettre du texte) et n'est pas un simple renversement des situations (richesses terrestres, tortures dans l'au-delà; pauvreté terrestre, réconfort dans l'au-delà), mais au contraire, comme le montre très nettement l'histoire à laquelle se réfère Jésus, c'est l'irréligion et l'égoïsme qui sont punis tandis que sont récompensées piété et soumission. L'histoire étant connue, Jésus n'insiste pas sur ce point et se contente de quelques allusions, d'une part avec

9. Les souffrances physiques n'infirment pas notre hypothèse. Elles se trouvaient déjà dans l'histoire de Bar Majan et elles faisaient partie des descriptions de " l'état intermédiaire ", bien que les morts y soient sans leur corps.

10. Cf. Mt 3, 9 par.; Jn 8, 37 s.

le nom de " Lazare " qui signifie " Dieu aide " et d'autre part avec la prière du v. 27 où le riche reconnaît son impiété. — V. 26 : Le " Grand abîme " est là pour marquer le caractère irrévocable de la décision divine. Jésus ne donne pas un enseignement sur le purgatoire. — V. 28 : *Diamarturésthaï* = les conjurer (en leur montrant comment sera rétribuée leur vie après la mort). — V. 31 : *anastè*, " qu'il ressuscite " correspond à une dernière gradation. Il n'était jusqu'ici question que d'une apparition du pauvre Lazare, peut-être en rêve ou en vision, mais il envisage maintenant une résurrection corporelle ! Même un tel miracle, qui dépasserait toutes les preuves de la puissance de Dieu dans la vie quotidienne, resterait sans effet sur ces hommes qui n'écoutent ni Moïse, ni les prophètes — c'est-à-dire qui ne leur obéissent pas. La référence à " Moïse et aux prophètes ", comme résumé de la Révélation, est un trait archaïque (cela vaut aussi pour Lc 13, 28); cette expression, selon Lc 24, 27-44 n'exclut pas, mais inclut au contraire, l'obéissance à la révélation messianique qui est l'achèvement de toute la Révélation.

La parabole est l'une des quatre paraboles à " double pointe " [11]. La première partie (v. 19-26) a pour objet le renversement des situations dans l'au-delà, et la seconde (v. 27-31) rapporte la prière du riche à Abraham pour qu'il envoie Lazare à ses cinq frères. Puisque la première partie se rattache à une histoire connue, l'accent est mis sur ce qu'ajoute Jésus, sur l'épilogue [12]. C'est donc là-dessus, comme dans toutes les autres paraboles à double pointe qu'il nous faut faire porter tout le poids de notre attention.

11. Cf. p. 59.
12. T. W. MANSON, *Sayings*, p. 298.

Jésus n'entend pas prendre position sur le problème des riches et des pauvres, ni non plus donner un enseignement sur la vie après la mort; mais la parabole est là pour avertir de la catastrophe imminente des hommes qui ressemblent aux frères de ce Riche. Le pauvre Lazare n'est donc qu'un personnage secondaire, un repoussoir. Il s'agit d'abord des cinq frères et l'on devrait appeler la parabole, non pas « le Riche et le pauvre Lazare » mais « les six Frères ». Les frères survivants sont le pendant des hommes de la génération du Déluge : ils jouissaient de la vie, sans se douter de rien, et n'entendaient pas le grondement annonciateur du Déluge (Mt 24, 37-39 par.). Ce sont des hommes terre à terre comme leur frère défunt. Comme lui, ils vivent dans un égoïsme qui les ferme à la pitié; ils sont sourds à la Parole de Dieu. Ils pensent en effet qu'à la mort, tout est fini (v. 28). Ces jouisseurs sceptiques ont rétorqué d'un ton railleur à Jésus qu'il devait d'abord leur fournir une preuve tangible de la vie après la mort, s'il voulait qu'ils prissent au sérieux sa menace. Jésus voudrait leur ouvrir les yeux, mais ça ne serait pas le bon moyen que d'acquiescer à leur exigence. Un miracle n'aurait pas de sens; même le plus grand — une résurrection des morts — serait superflu [13]. Celui qui ne se courbe pas devant la Parole de Dieu, un miracle ne peut le convertir : « nous sommes sauvés par l'audition de la Parole et non par les apparitions » (Bengel). La demande de « signes » n'est qu'un faux prétexte et ne fait qu'exprimer la non-repentance. C'est ce qu'il affirme, en disant : « Dieu ne donnera plus jamais de « signe » à cette génération » (Mc 8, 12).

Que s'agit-il de faire ? A cette question, Jésus ré-

13. Cf. Jn 11, 46 s. : la résurrection de Lazare consomme l'endurcissement.

pond avec des images toujours nouvelles. Veillez (Mc 13, 35), retroussez vos vêtements [14], allumez les lampes (Lc 12, 35), revêtez les habits de fête (Mt 22, 11-13) ! Ce que signifient toutes ces images, rien ne le dit mieux que la petite parabole de l'Invité sans habit de fête (Mt 22, 11-13) [15].

V. 11 : " Le roi entra pour examiner les convives. " C'était une marque particulière de politesse que l'hôte ne mangeât pas avec ses invités, durant les grands banquets. Il leur abandonnait les mets et ne paraissait que pendant le repas. " Vêtement de noce " : il ne faut pas voir là un habit spécial qu'on ne portait qu'exceptionnellement, il s'agit seulement d'un vêtement propre (cf. Ap 22, 14; 19, 8) : un habit sale est envers l'hôte un signe de mépris. — V. 12 : Sur l'apostrophe " mon ami " cf. Mt 20, 13, p. 196 *Pôs éisèlthés*, " de quel droit (et non " de quelle manière ") es-tu entré ? " " Mais il se taisait " et nous ne pouvons pas savoir pourquoi il n'a pas revêtu un vêtement de fête : s'est-il glissé dans la salle, sans y avoir droit, et se voyant pris, la honte le condamne-t-elle au silence ? Ou encore, son accoutrement est-il un affront conscient à son hôte et son silence une insolence ? Le parallèle rabbinique de cette histoire, qu'il nous faut citer ici, nous donne une autre réponse : il était invité mais il était tellement déraisonnable qu'il ne s'est pas préparé et l'appel au festin de noce a retenti plus tôt qu'il ne s'y attendait. Nous avons donc là une des nombreuses " paraboles de crise " [16] : à chaque instant peut retentir l'appel ! Malheur à celui qui ne s'est pas paré !

14. Pour retrousser son vêtement, on en relevait les pointes libres que l'on accrochait à la ceinture pour ne pas être gêné dans le travail et ne pas le salir.

15. Sur le contexte, cf. p. 77 s.; sur le v. 14, cf. p. 149.

16. Cf. p. 78-98.

Mais à quoi pense exactement Jésus, en parlant de ce vêtement propre dont il faut être revêtu, pour être admis à la table des noces ? On devra ici bien distinguer entre la réponse rabbinique et celle de l'Évangile. On trouve la réponse rabbinique dans *b Schab* 153*a* : Un théologien palestinien de la fin du premier siècle, R. Eliézer, disait : " Fais pénitence un jour avant ta mort ! " Ses élèves lui demandèrent alors : " Mais comment l'homme peut-il savoir le jour où il mourra ? " Il leur répondit : " Raison de plus pour qu'il fasse aujourd'hui pénitence, car il pourrait mourir demain. Ainsi sa vie durant, la mort le trouvera-t-elle faisant pénitence. Salomon aussi en sa Sagesse l'a dit : " Que ton vêtement soit blanc à tout moment et qu'il ne manque jamais d'huile sur ta tête " (Qoh 9, 8). Suit une parabole de Rabban Johanan ben Zakkaï (vers 80) qui illustre ces propos : il s'agit d'un roi qui invite à un festin, sans préciser l'heure de la réception. Les sages se préparent mais les sots vont à leur travail. Soudain va retentir l'appel au repas et ceux qui ont des habits souillés ne seront pas admis à la table. Nous avons ainsi noir sur blanc la réponse : l'habit de fête, c'est la repentance. Revêts-le avant qu'il ne soit trop tard, " un jour avant la mort ", aujourd'hui ! Se convertir, voilà ce qu'enjoint l'heure.

Mais il y a encore de ce vêtement de noces une autre interprétation qui a ses racines dans l'A. T. et l'ensemble des paroles de Jésus nous montre à l'évidence que c'est celle-ci qu'il a présente à l'esprit. Il est dit en Is 61, 10 (donc en un chapitre que Jésus tenait pour particulièrement important : cf. Mt 5, 3 s.; 11, 5 par. Lc 7, 22 s. cf. p. 164 s.; Lc 4, 18 s. cf. p. 165 s. et p. 293, n. 53) :

« Car il m'a revêtu des vêtements du salut,
il m'a drapé dans le manteau de la justice,
comme un jeune époux se met un diadème
et comme une épouse qui se pare de ses bijoux. »

Dieu revêt ceux qui sont sauvés des vêtements du salut. Les apocalypses parlent très fréquemment de ce vêtement. Le livre d'Hénoch (version éthiopienne) (62, 15 s.) décrit ainsi le vêtement de gloire dont seront revêtus « les justes et les élus » :

« Et ce sera votre vêtement,
un vêtement de vie chez le Seigneur des esprits.
Vos vêtements ne vieilliront pas
et votre gloire ne passera pas devant le Seigneur des esprits [17]. »

Et l'Apocalypse de Jean ne cesse de parler du vêtement eschatologique, comme d'un vêtement blanc (3, 4. 5. 18), un vêtement de bysse (19.8) d'une blancheur éclatante que Dieu offrira. « Réjouissez-vous, poussez des cris d'allégresse, car les temps sont accomplis et je vais revêtir le vêtement qui, dès l'origine, m'était destiné » dit Pistis-Sophia [18]. Dans tous ces passages, l'habit blanc — ou vêtement de vie et de gloire, qui jamais ne vieillira ni ne passera — est l'image de la « justice » que Dieu accorde (Is 61, 10); et le fait de s'en revêtir symbolise l'appartenance à la communauté des sauvés. Rappelons ici que Jésus a parlé du temps de salut, comme d'un manteau neuf (Mc 2, 21 et par.; cf. p. 166 s.) et qu'il a comparé le

17. Cf. aussi le livre d'Henoch dans sa version slave (éd. A. VAILLANT, *Le livre des Secrets d'Hénoch*, Paris 1952, p. 24. l. 15 s.). « Et le Seigneur parla à Michel : Prends Hénoch, ôte-lui ses (vêtements) terrestres, oins-le de bonne huile et revêts-le des vêtements de gloire. »

18. Éd. C. SCHMIDT, *Koptisch-gnostische Schriften*, I, Leipzig, 1905, p. 9 et 27-29.

pardon à la robe d'honneur que le père fait remettre à son fils perdu (Lc 15, 22). Nous ne pouvons donc pas douter que ce soit cette comparaison qui est sous-jacente en Mt 22, 11-13. Dieu t'offre le vêtement sans tache du pardon et de la justice qu'il t'attribue. Revêts-le, un jour avant le début du déluge, un jour avant d'aller aux noces — aujourd'hui !

Comme le vêtement de noce, la lampe allumée, avec laquelle on reçoit l'époux qui soudain paraît à minuit, est une image du temps messianique et de l'appartenance à la communauté de salut [19]. Malheur à vous, si elle est éteinte ! Tel est le message de la parabole des Vierges sages et des vierges folles (Mt 25, 1-13).

La parabole des Vierges sages et des vierges " folles " réclame quelques explications préliminaires. Nous avons vu p. 82 s. que des raisons sérieuses empêchent de penser qu'il s'agit d'une allégorie. Nous avons là une noce réelle que rapporte Jésus, pour secouer et éveiller la foule devant la crise eschatologique imminente. Cependant, contre son authenticité, on fait valoir aussi qu'elle contient soi-disant un certain nombre de détails dont les sources rabbiniques ne peuvent fournir de parallèles : tels le début des noces à une heure tardive de la nuit, la réception de l'époux avec des lampes et le retard de celui-ci qui n'arrive qu'à minuit [20]. Puisque " ces détails ne peuvent pas entrer dans le cadre d'une noce réelle " et qu'ils sont proches des représentations de l'attente de la parousie chez les premiers chrétiens, on devrait, nous dit-on, regarder la parabole comme une allégorie que la Communauté primitive aurait après coup mise sur les lèvres de Jésus;

19. Cf. Mt 5, 16.
20. G. Bornkamm, *Die Verzögerung der Parusie*, in : *In memoriam E. Lohmeyer*, Stuttgart, 1951, p. 119-126.

c'était une exhortation à ne pas se laisser aller, malgré le délai de la parousie et à se tenir prêt pour la fin.

Mais, peut-on répondre, cette assertion qu'il n'est pas possible de trouver dans la littérature rabbinique ces coutumes nuptiales, ne porte pas. Cette fausse apparence naît en effet de ce que nous ne possédons aucune description suivie d'une noce à l'époque de Jésus; nous n'avons que les compilations modernes qui essayent de réunir en une mosaïque les renseignements épars dans la littérature rabbinique [21]. Mais à les examiner, on s'aperçoit que ces compilations ne sont pas exhaustives, ce qui, vu l'état des sources, n'a rien d'étonnant. Car les matériaux qui les composent sont très dispersés et se trouvent en des passages où on n'irait pas les chercher. Le tableau fourni est extraordinairement composite : les coutumes nuptiales variaient suivant les régions, comme aujourd'hui encore; en outre, depuis la destruction du Temple et sous l'emprise des malheurs nationaux, elles furent soumises à d'importantes limitations [22]; mais surtout les renseignements qui nous sont par hasard parvenus se répartissent dans l'espace entre la Palestine et Babylone et, dans le temps sur plusieurs siècles. C'est ce qui explique que maints détails n'aient pas été relevés jusqu'ici. Parmi ceux-ci, il y a le cortège qui va, dans un flot de lumière au-devant de l'époux; il y a aussi le retard occasionnel de celui-ci. L'entrée nocturne de l'époux dans l'éclat des lumières n'est pas inconnu du judaïsme tardif : ainsi en *Mekn. Ex* 19, 17, la phrase du Dt 33, 2 : " Yahvé vient du Sinaï (un feu brûlant à sa droite) " est expliquée par ces mots :

21. Le meilleur ensemble est donné par Bill. I, p. 504-517.

22. *Sota* 9, 14 : On interdit après 70 les couronnes de marié et les tambourins; après 117, les couronnes de mariée et après 135 les litières pour la mariée.

" comme un fiancé qui vient au-devant de sa fiancée ". On peut également apporter la preuve que le fait s'est produit — c'était manifestement une exception — où l'arrivée de l'époux se faisait tard dans la nuit, au cas où l'on se disputait longtemps sur le contrat de mariage, avant de le signer. Ainsi, aussi bien le cortège qui va avec des lumières au-devant de l'époux que le retard de l'arrivée de celui-ci jusque dans la nuit, ne sont pas de libres créations de l'imagination, mais des traits tirés de la vie.

Ces renseignements anciens se trouvent confirmés par les coutumes observées dans les noces palestiniennes actuelles. Nous en possédons des relations tirées de différentes parties du pays. L'ensemble constitue certes, une image très bariolée dont les détails divergent de village en village. Cependant presque tous les récits s'accordent à noter que *l'entrée de l'époux dans la maison paternelle à une heure avancée de la nuit, constitue le point culminant des noces, et en même temps leur fin.* J'en donnerai deux exemples. Deux très bons connaisseurs de la Palestine, F. A. Klein (1883) et L. Bauer (1903) concordants pour l'essentiel nous décrivent le déroulement des noces villageoises. Après les danses et autres divertissements qui remplissent la journée, a lieu le repas de noce après la tombée de la nuit. A la lumière des flambeaux, la jeune épousée est introduite dans la maison de son fiancé. Un messager vient annoncer enfin l'arrivée de celui-ci qui jusque-là, avait dû rester en dehors de la maison. Les femmes laissent seule la jeune épousée et vont avec des flambeaux au-devant de l'époux qui apparaît à la tête du cortège de ses amis.

La description que feu mon père publiait en 1909, donne l'ordre des cérémonies d'une noce citadine (et chrétienne). Tard dans la soirée, les invités furent régalés dans la maison de la fiancée. On attendit des heures le fiancé dont plusieurs fois un messager annonça l'approche. Il n'arriva que vers 23 h 30 pour prendre son épouse; ses amis l'accompagnaient, faisant de leurs chandelles une mer de lumière et les invités vinrent à leur rencontre. En un grand cortège, toute la noce dans un flot de lumière encore, conduisit les deux jeunes gens chez le père du fiancé où eurent lieu la bénédiction nuptiale et un nouveau repas.

Les comptes rendus modernes de noces arabes en Palestine nous rapportent aussi que l'on attend fréquemment, des heures durant, l'arrivée de l'époux. Régulièrement, le retard vient de ce qu'on n'arrive pas à s'entendre sur les cadeaux que peuvent réclamer les plus proches parents de la fiancée. Omettre ce marchandage souvent violent, serait interprété comme une grave indifférence de la part de ceux-ci vis-à-vis de la jeune épousée. C'est en retour une marque de flatterie pour l'époux, puisque ses futurs parents lui montrent ainsi qu'ils ne se dessaisissent de la jeune fille qu'avec beaucoup d'hésitation.

On le voit : il est absolument impossible de dire que la parabole des dix Vierges " n'a rien de naturel et de terrestre [23] ". On peut ajouter que la comparaison de la Communauté de salut avec les vierges " sages " entre tout à fait dans le cadre des images qu'emploie Jésus; dans une allégorie de l'Église primitive, on s'attendrait par contre à voir cette communauté comparée à l'épouse [24]. On hésitera donc à voir dans

23. G. Bornkamm, *o. c.*, p. 125.

24. La fiancée n'est absolument pas mentionnée (en Mt 25, 1 les mots : " et de l'épouse ", qui ne sont attestés que par les manuscrits " Codex Bezae ", Koridéthi etc. et les versions it., vg., syr., sont une addition, cf. *ThWNT* IV, p. 1093, I. 8 s.). Autant la comparaison de la communauté de salut avec l'épouse est très fréquente dans la littérature chrétienne primitive (2 Co 11, 2; Ép 5, 31 s. [en relation

la parabole " une création tardive de la Communauté, pénétrée de traits allégoriques ". Il eſt certain que l'Église primitive a maintes fois expliqué allégoriquement les paraboles; mais il eſt tout à fait invraisemblable qu'elle ait donné d'une noce, par un pur jeu de l'imagination, une image artificielle et contraire à la réalité.

La parabole des dix Vierges eſt une des paraboles dont le début eſt au datif : le Règne de Dieu n'eſt pas comparé aux vierges, mais aux noces [25]. — V. 1 : l'entrée nocturne du fiancé dans la maison paternelle conſtitue, nous l'avons vu, le point culminant et la fin des noces, dans la Paleſtine actuelle. Les *lampadés* avec lesquels les jeunes filles vont au-devant du cortège sont sans doute des lanternes. — V. 3 : " Elles ne prirent pas d'huile avec elles " : ont-elles dans la hâte du départ oublié leur fiole d'huile (*angéïa*) ? Leur surnom d' " étourdie " (" folle ") fait songer à une autre explication : elles étaient si peu prévoyantes qu'elles n'ont pas pensé que la noce pourrait avoir du retard et elles n'ont pas eu l'idée qu'elles auraient besoin d'huile pour regarnir leur lampe. — V. 4 : les " fioles " sont des petites cruches avec une anse. — V. 5 : *Chronizontos tou numphiou*, "l'époux se faisant attendre " : cf. supra p. 253. — V. 7 : Elles laissent brûler leurs lanternes (cf. au v. 8 : " (nos lampes) s'éteignent "), car elles n'auraient pas le temps de les allumer assez vite, à l'arrivée de l'époux. " Et préparant leurs lampes " : elles en enlèvent les morceaux

avec la parousie : le Chriſt quittera le monde céleſte pour s'unir à l'Église]; Ap 19, 7 s.; 21, 2. 9; 22, 17, cf. Jn 3, 29), autant elle eſt inconnue dans la prédication de Jésus : celui-ci compare plutôt la communauté de salut aux invités des noces (Mc 2, 19*a*; Mt 22, 1 s., 11 s.). Il en eſt de même ici en Mt 25, 1-11 : nous avons donc là un usage de Jésus et non de l'Église primitive.

25. Cf. p. 143 s.

de mèche déjà carbonisés et les garnissent pour en augmenter la clarté. — V. 11 : Sur le présent historique *érchontaï*, “ elles arrivent ”, comme indice d’une très ancienne tradition, cf. p. 269, n. 1. — V. 12 : “ Je ne vous connais pas. ” C’est la formule du *n^{e}zipha* (i. e. de la réprimande du maître à un écolier par laquelle il lui interdit tout commerce avec lui, durant sept jours [26]). Cela signifie : “ Je ne veux plus avoir affaire avec vous. ” On comprendrait mieux la dureté de ce renvoi si, comme on l’a soupçonné, les “ vierges ” de la parabole étaient des servantes attachées à la maison paternelle de l’époux [27].

La parabole est donc une des paraboles de crise. Le jour des noces est arrivé, le festin est prêt. “ Le Seigneur, notre Dieu, Maître-de-tout, a pris possession de son règne. Soyons dans l’allégresse et dans la joie, rendons gloire à Dieu, car voici les noces !... Heureux les gens invités au festin des noces... ” (Ap 19, 6. 7. 9). Qui ne fait pas semblant de ne point entendre ce cri d’allégresse avec lequel commence la parabole, peut seul mesurer le sérieux de l’avertissement : c’est le moment ou jamais, de se préparer pour l’heure de l’épreuve et du tri discriminatoire qui va précéder la consommation finale. Cette heure arrivera aussi soudainement que l’époux dans la nuit. Malheur à ceux qui ressemblent à ces vierges pour qui reste fermée la porte de la maison, parce que leurs lampes s’éteignaient ! Car, ajoute la parabole de la Porte fermée (Lc 13, 24-30) qui est parallèle à la conclusion de celle-ci : il ne sert de rien à ceux qui frappent de rappeler qu’ils ont été en communion avec Jésus,

26. Bill. I, p. 469; IV, p. 293.
27. E. F. F. Bishop, *Jesus of Palestine*, London, 1955, p. 238.

si leurs actions sont mauvaises (Lc 13, 27) et si leur conversion n'est pas authentique.

La conversion, au sens de Jésus, comme nous l'a rappelé avec force J. Schniewind, c'est la lumière qui brûle (Mt 5, 16) et l'habit de noce, c'est le visage que l'on a oint d'huile (Mt 6, 17), c'est la musique et la danse (Lc 15, 25), c'est la joie, la joie de l'enfant qui peut revenir à la maison et la joie qu'en éprouve Dieu et qui est plus grande que celle que lui causent quatre-vingt-dix-neuf justes. Mais ce n'est un vrai « retour au bercail » que si la vie est renouvelée.

Et ce retour commence lorsque « les hommes redeviennent comme des enfants » (Mt 18, 3). On a beaucoup discuté pour savoir sur quoi porte la comparaison avec les enfants, aussi y a-t-il nombre de solutions. Ce qu'il y a de certain, c'est que sous le terme « enfant », on envisage toujours les tout-petits. Déjà l'Évangile de Thomas (22) le comprenait ainsi : « Ces petits qui tètent sont semblables à ceux qui entrent dans le Royaume. »

Laissons de côté les essais d'interprétation qui sont nés de cerveaux occidentaux, mais qui ne correspondent pas à la mentalité orientale et ne trouvent en particulier aucun appui dans le langage biblique; on a dit, par exemple, que l'enfant se laisse faire des cadeaux, que, de par sa nature, il est humble... [28] Restent alors en discussion trois possibilités d'interprétation :

A) Dans la terminologie baptismale juive, il est très fréquent de comparer le prosélyte à « un enfant nouveau-né », car Dieu, au baptême, lui pardonne

28. T. W. MANSON, *Sayings*, p. 207 : « On ne trouve point dans la littérature rabbinique, de parallèle à cette idée que l'enfant soit le type de l'humilité. »

ses péchés. L'enfant, et plus particulièrement le " tout-petit ", est le modèle de la pureté. Mt 18, 3 signifierait alors : " si vous ne devenez purs (par le pardon de Dieu) comme des enfants nouveau-nés, vous ne pourrez entrer dans le Royaume de Dieu. "

B) Une seconde interprétation est peut-être plus proche du sens primitif, car Matthieu la défend dans son contexte. Il commente le " redevenez comme des enfants " avec " faites-vous tout petits " ou " humiliez-vous " (*tapéinoun éauton*, Mt 18, 4); on s' " humilie " en confessant sa faute, en se faisant petit devant Dieu. Aussi le sens de Mt 18, 4 est-il : " celui qui s'humilie (devant Dieu) au point de devenir comme cet enfant ". Selon cette interprétation, le point de comparaison est donc le fait de se faire petit comme un enfant; " redevenir comme un enfant " signifie " redevenir petit devant Dieu " ! Mais si l'on regarde chez Marc et Luc les passages parallèles à Mt 18, 3, on s'aperçoit que le logion a été primitivement transmis de façon isolée; c'est seulement la tradition qui aura ici ajouté à sa suite le v. 4 (qui est peut-être une transformation de Mt 23, 12*b*).

C) Considérons maintenant la troisième interprétation du " Redevenez comme des enfants. " L'apostrophe avec laquelle Jésus prie Dieu à Gethsémani (Mc 14, 36) : " *Abba* " n'a point de parallèle dans toute la littérature juive [29]. On peut expliquer ce fait étonnant, grâce à un renseignement que nous donnent les Pères de l'Église, originaires d'Antioche de Syrie, Jean Chrysostome, Théodore de Mopsueste

29. Cf. Bill. I, p. 393 s.; 410; II, p. 49 s. : Dans tous les passages, pourtant nombreux, où l'on s'adresse à Dieu-Père, on ne trouve nulle part : " *Abba* ". Nous avons ici la certitude d'entendre la voix même de Jésus. Cf. J. Jeremias, *Paroles de Jésus* (le Sermon sur la Montagne, le Notre Père), Paris, 1963.

et Théodoret de Cyr : " *Abba* " (comme aujourd'hui *iaba* en arabe) était le nom que donnaient à leur père les petits enfants. C'était un mot de la langue familière que personne n'eût osé employer avec Dieu. Jésus avait tout pouvoir pour le faire : il s'adresse à son Père céleste aussi filialement, aussi intimement et aussi plein de confiance que le petit enfant à son papa. Ce pourrait être la clé de Mt 18, 3 [30] : les enfants peuvent dire " *Abba* " ! " Si vous n'apprenez pas à dire *Abba*, vous ne pouvez entrer dans le Royaume de Dieu. " Cette interprétation est très simple et s'insère vraiment au cœur de l'Évangile; c'est ce qui parle en sa faveur.

Apprendre à dire à son Dieu " *Abba* ", de façon filiale et confiante, parce qu'on se sait en sûreté près de lui et aimé sans limite, voilà qui est pour l'homme le commencement de la conversion et d'une vie nouvelle.

Mais certes, Mt 18, 4 a raison de le dire : pour redevenir un enfant, il faut confesser son péché (cf. Lc 15, 18), se plier, devenir " pauvre " et redevenir petit devant Dieu. C'est le sens profond qu'a pour Jésus la *parabole* des Places à table (Lc 14, 7-11, par. Mt 20, 28 — dans le Codex Bezae et les versions, vieille latine et syriaque curetonienne — en note dans la *Bible de Jérusalem* en un volume, p. 1316 note G).

Ce logion, qui nous est transmis en deux versions est en araméen, un " couplet rythmique " construit sous forme d'antithèse. Les deux versions, dont contenu et structure concordent pour l'essentiel, ont pourtant de grosses divergences de texte qui sont un exemple

30. T. W. Manson, *Teaching*, p. 331.

classique pour les variantes de traduction dans le N. T. (cf. p. 88 s.). Lc 14, 8 : Les invités de marque que distingue leur âge ou leur situation sociale viennent ordinairement les derniers. — V. 8 : L'invité confus doit prendre la dernière place, car toutes les autres ont été entre-temps occupées. — V. 10 : Cette exhortation à prendre volontairement la place la plus humble a un modèle dans l'A. T. en Pr 25, 6 s. : " En face du roi, ne prends pas de grands airs, et ne te mets pas à la place des grands. Car mieux vaut qu'on te dise : Monte ici ! que d'être abaissé en présence du prince. " Dans la littérature rabbinique on trouve un passage analogue dans la bouche de R. Shimon b. 'Azzaï (vers 110)[31]; mais surtout correspondent à cette parabole, les passages Mc 12, 39 et ses par. Lc 20, 46; Mt 23, 6 où Jésus stigmatise durement les scribes qui, pleins d'ambition, tentent de prendre les premières places. Jésus donne donc une " règle de bonne conduite à table " et c'est le sens ici du mot *parabolè*[32]. La seule question est de savoir comment il faut en comprendre la finale (Lc 14, 11) : " car tout homme qui s'élève sera abaissé, et celui qui s'abaisse sera élevé ". On pourrait penser que nous avons là une conclusion généralisante secondaire, mais le parallèle rabbinique que nous avons cité, va à l'encontre de cette hypothèse, car il conclut avec une parole d'Hillel (20 av. J.-C.) : " Mon abaissement est mon élévation, et mon élévation est mon abaissement. " C'est là une maxime de sagesse pratique : l'orgueil mène à la chute et la modestie trouve sa récompense. Mais la conclusion de la *parabolè* est-elle, elle aussi, une maxime de sagesse pratique ? Il est difficile de le penser ! La comparaison

31. Cf. p. 151.
32. Cf. p. 29.

avec 14, 14*b* [33] comme avec 18, 14 et Mt 23, 12, nous montre que Lc 14, 11 parle de l'agir eschatologique de Dieu [34] qui, au dernier jour, abaissera les orgueilleux et élèvera les humbles. Ainsi la " règle de bonne conduite à table " devient-elle le signal d'un " avertissement eschatologique " qui appelle à renoncer devant Dieu à sa propre justice et à devenir petit devant lui.

C'est à cet humble renoncement à toute " justice " pharisaïque qu'invite l'image du Salaire du serviteur (Lc 17, 7-10).

Il n'est pas sûr que, primitivement, cette image ait été adressée aux disciples (comme dans le contexte actuel; car celui-ci présente une coloration très lucanienne). On peut se demander en effet s'il y avait parmi les *apostoloï*, des paysans qui possédaient champs, bétail, et serviteur comme Jésus le suppose de ceux à qui il s'adresse (certes, un paysan, qui n'a qu'un serviteur pour travailler aux champs et à la maison, n'a pas de grands moyens financiers, mais il a cependant une certaine aisance). On peut ajouter aussi que la formule " qui de vous " (17. 7) introduit de préférence des propos de Jésus à ses adversaires ou à la foule [35]. Il est donc possible qu'il en soit de même ici. — V. 7-10 : " Pouvez-vous imaginer [36], demande Jésus, l'un de vous disant à son serviteur qui rentre de labourer ou de garder le troupeau :

33. Lc 14, 8-11 et 12-14 sont construits de la même façon : un parallèle antithétique suivi d'une conclusion eschatologique.
34. Le passif en Lc 14, 11 sert à transcrire le nom divin et le futur évoque le Jugement dernier.
35. Cf. p. 145 s.
36. Cf. p. 221 s.

" Vite, mets-toi à table* ? Ne lui dira-t-il pas plutôt : " Prépare-moi de quoi dîner, ceins-toi pour me servir, pendant que je mange. Après quoi tu pourras manger " ? Doit-il savoir gré à son serviteur d'avoir exécuté ce qui lui était prescrit ? Ainsi de vous : même si vous avez fait tout ce que Dieu vous a enjoint [37], vous devez penser [38] : nous sommes de pauvres serviteurs [39]. Nous n'avons fait que [40] notre devoir. " Nous n'avons pas mérité la reconnaissance de Dieu et toutes nos bonnes œuvres ne nous donnent aucun droit sur Lui.

Mais la conversion est plus encore, elle est action, elle est détournement du péché, refus de servir deux maîtres (Mt 6, 24; Lc 16, 13; ÉvTh 47*a*) [41], obéissance aux commandements de Dieu (Lc 16, 19-31), obéissance aux paroles de Jésus. Comme le portefaix pose sur sa nuque et sur ses épaules le joug aux deux extrémités duquel des chaînes ou des cordes reçoivent le fardeau [42], les disciples de Jésus doivent prendre sur leurs épaules le joug de leur Maître [43]; le fardeau de Jésus est plus léger que celui qu'ils ont porté jus-

37. Litt. " tout ce qui était prescrit " : le passif transcrit le nom divin.

38. *Légéin* = ici " penser " (cf. Mt 9, 3 par.; 14, 26). Les langues sémitiques n'ont pas d'équivalent exact de notre mot " penser ".

39. *Achréios* ne signifie pas ici " inutile " mais " pauvre " ! On ne veut donc pas dire que le travail fait n'ait pas de valeur ou que les serviteurs soient paresseux et peu sûrs; *achréios* est seulement une expression d'humilité.

40. Cf. p. 60, n. 18.

41. Il n'était pas rare qu'un esclave ait à servir deux maîtres (v. g. Ac 16, 16. 19), en particulier lorsqu'à la mort de leur père, des frères laissaient l'héritage indivis.

42. Je dois à K. Bornhäuser cette interprétation du " joug " de Mt 11, 29. Cf. Is 10, 27 : " Son fardeau glissera de ton épaule, son joug cessera de porter sur ta nuque ", 14, 25.

43. " Accepter le joug de Jésus " signifie concrètement " se mettre à sa suite ".

qu'ici (Mt 11, 28-30). Tout dépend de ce que l'on a fait, dit la parabole de la Maison qu'on édifie (Mt 7, 24-27; Lc 6, 47-49) : de même que les pluies d'automne [44] torrentielles et accompagnées d'orages éprouvent les fondations des maisons, de même le déluge éclatera dans la nuit et éprouvera vos vies. Le Sermon sur la montagne se conclut sur le Jugement dernier : qui tiendra ? L'homme " avisé " (*phronimos*), c'est-à-dire celui qui a compris la situation eschatologique [45]. Seule résistera à l'impétuosité des flots, disait l'Écriture (Is 28, 15) la maison construite sur la solide pierre angulaire posée à Sion : " Qui croit ne bronche pas " (Is 28, 16). Pour les contemporains de Jésus, " celui qui subsiste ", c'est celui qui connaît la Tora (la loi) et qui lui obéit. Jésus revient lui aussi à l'Écriture, mais donne une explication nouvelle, fondée sur la conscience qu'il a de sa grandeur : " celui qui subsiste ", c'est celui " qui écoute mes paroles et les met en pratique " ! La seule connaissance des paroles de Jésus conduit à la perdition [46] si elle n'est pas suivie de l'obéissance à ses enseignements.

Cette obéissance doit être totale. La porte qui conduit à la salle où se tiendra le banquet du Temps de salut, est étroite; celui qui veut y passer doit jouer des coudes tandis qu'il est encore temps; beaucoup s'y essayeront mais n'auront pas assez de force (Lc 13, 23 s.) [47]. C'est une chose qui est particulièrement

44. C'est l'image de Matthieu. Chez Luc, l'image est " transposée " et elle évoque un fleuve débordant, ce qui est fort peu vraisemblable en Palestine.

45. Cf. p. 70, n. 11.

46. " Et grande a été sa ruine " (Mt 7, 27); cette conclusion correspond à une manière proverbiale de parler : sombrer corps et biens.

47. Dans ce logion, Matthieu (7, 13 s.) fait porter l'accent sur un détail : le disciple qui veut accéder au salut doit avoir le courage de se séparer de la foule et de prendre, avec le petit nombre, le chemin de la Passion. Luc a conservé la situation du logion : Quelqu'un

difficile pour les riches : en disant qu'il est plus facile à un chameau (le plus gros animal du monde palestinien) [48] de passer par le trou d'une aiguille qu'à un riche d'entrer dans le Royaume de Dieu, c'est aux riches brutaux de l'Orient que pense Jésus (Mc 10, 25 par.) [49]. Se mettre à la suite de Jésus suppose en effet un don sans limite. L'heure eschatologique exige de rompre avec le passé et même s'il le faut avec ses proches (Lc 14, 26 par.). C'est le but des images des Morts à qui l'on doit laisser enterrer les morts (Mt 8, 21 s.; Lc 9, 59 s.), du Laboureur qui ne peut regarder que devant lui (Lc 9, 61 s.).

La charrue palestinienne qui est très légère, se conduit d'une main. Cette main, ordinairement la gauche, doit en même temps assurer la position perpendiculaire de la charrue, régler son enfoncement en appuyant, et la soulever quand elle passe des bancs rocheux ou des pierres. Le laboureur se sert de l'autre main pour exciter de son long aiguillon ferré les bœufs récalcitrants [50]. Cette façon primitive de labourer demande de l'habileté et une attention concentrée; si le laboureur détourne la tête, le sillon va de travers. De même celui qui s'attache à Jésus doit être décidé

demande à Jésus : " Maître, n'y aura-t-il qu'un petit nombre qui sera sauvé ? " et celui-ci répond avec cette exhortation : " Usez de toutes vos forces, beaucoup flancheront. " C'est un appel à le suivre et tout l'accent porte sur la difficulté de la chose.

48. Cf. Mt 23, 24 où sont opposés en contraste le chameau et le moustique, le plus gros et le plus petit animal du monde palestinien.

49. La leçon, faiblement attestée qui lit *kamilos*, " câble ", au lieu de *kamèlos*, " chameau ", conviendrait bien à l'image du chas d'aiguille. Mais on trouve chez les rabbins une expression qui s'oppose à cette hypothèse : " Tu es bien de Pumbeditha où l'on fait passer un éléphant (le plus gros animal, en Mésopotamie) par le chas d'une aiguille ! " (*b B M* 38b).

50. Les bœufs étaient les animaux usuels de trait. Cf. Lc 14, 19 et supra p. 180 s.

à rompre tous les ponts derrière lui, et à ne diriger son regard que vers le Royaume de Dieu à venir.

Jésus ne cesse d'intimider ceux qui s'enthousiasment de lui, en leur faisant prendre conscience de la difficulté qu'il y a à se mettre à sa suite : ainsi en Mt 10, 37 s., en Lc 14, 26 s., dans l'image du Fils de l'homme qui n'a point de " chez lui " (Mt 8, 19 s.; Lc 9, 57; ÉvTh 86). L'*agraphon* que nous rapportent Origène et l'ÉvTh 82 donne un résumé exact de ces images faites pour intimider :

> " Celui qui est proche de moi,
> est proche du feu;
> Celui qui est loin de moi,
> est loin du Royaume [51] ! "

La proximité de Jésus est dangereuse : elle ne signifie pas le bonheur terrestre; elle englobe au contraire le feu des tribulations et l'épreuve de la souffrance. Mais tous ceux qui se laissent effrayer doivent aussi savoir que quiconque refuse l'appel de Jésus, s'exclut par là-même du Royaume. Le feu n'est que le passage vers la gloire [52].

C'est aussi à s'examiner soi-même qu'invite la double parabole du Bâtisseur de tour et du Roi qui part en guerre. Jésus y prend le mince exemple du paysan qui s'attire les moqueries pour ses bâtiments d'exploitation à demi construits [53] et celui plus grandiose du roi qui, entré en guerre, s'aperçoit qu'il a sous-estimé

51. ORIGÈNE, *Homélie sur Jérémie* (Texte latin), 3, 3.
52. J. JEREMIAS, *Unbekannte Jesusworte*, 3e éd., Gütersloh, 1963, p. 64-71.
53. *Purgos* = 1) tour, 2) bâtiments d'exploitation. On insiste sur les frais qu'ont entraînés les fondations et l'on peut penser qu'il s'agit d'un bâtiment plus important qu'une tour (B. T. D SMITH, p. 220).

son adversaire et qu'il doit s'en remettre à son bon vouloir [54]. Il veut par là donner plus de force à son exhortation : Réfléchis mûrement [55], car partir à moitié est encore plus mauvais que de ne point partir. Cet avertissement, on le retrouve dans la parabole de l'Esprit impur qui revient dans celui qu'il avait quitté (Mt 12, 43-45*b*; Lc 11, 24-26).

Tant dans son fond que dans sa forme, cette parabole présente un caractère palestinien. — V. 43 : Un " esprit immonde " est un synonyme juif du " démon ". *Exélthè* est un aramaïsme (pour éviter le passif) et l'on doit traduire : " lorsqu'un démon est chassé ". Il ne trouve aucun repos dans le désert, l'habitat naturel des démons, car il ne se sent bien que là où il peut semer le malheur. — V. 44 : Dire d'un possédé qu'il est la " maison du démon " est encore aujourd'hui une métaphore courante de l'Orient [56]. La maison est vide, balayée, ornée, c'est-à-dire parée pour recevoir un hôte. — V. 45 : " Il s'en va prendre avec lui, sept autres démons ", il aura beau jeu ! Sept est le chiffre de la totalité et les sept mauvais esprits représentent tout ce qui est pensable en fait de tentation et de méchanceté démoniaques.

54. A ces deux paraboles, il faut joindre, parce que proche par son contenu, celle du Meurtrier que nous rapporte l'Évangile de Thomas (98); son thème est fourni par la cruelle réalité du zélotisme (cf. p. 110 s.) : " Jésus disait : le Royaume du Père ressemble à quelqu'un qui voulait tuer un homme fort. Il se mit à tirer son épée chez lui et à frapper sur le mur pour savoir si sa main serait assez vigoureuse. Ensuite il tua le fort. " Ainsi, tel ce meurtrier politique qui essaie d'abord ses forces avant de tenter l'aventure dangereuse où il risque sa tête, vous aussi, mettez-vous à l'épreuve pour voir si vous aurez la force de tenir jusqu'au bout.

55. Cf. p. 156, n. 31.

56. P. Joüon, *L'Évangile de N.-S. J.-C.*, p. 83.

Mais il y a une grosse difficulté, car la parabole, semble-t-il, décrit comme un fait d'expérience générale, le retour sans encombre des démons. Toutes les expulsions de démons qu'a faites Jésus seraient alors vides de sens ! Cette difficulté s'évanouit si l'on remarque que le v. 44*b*, correspond à une tournure sémitique et représente en fait une proposition conditionnelle [57]. Il faut donc traduire : " Si, à son arrivée, (le démon) trouve la maison vide, balayée et ornée, il s'en va prendre alors avec lui sept autres esprits, plus méchants encore que lui et vient s'y installer, et l'état final de cet homme devient pire que le premier " (Mt 12, 44*b*-45*a*). La rechute n'a donc rien d'obligatoire ou d'inévitable; elle est due à une faute. La maison ne peut rester vide, après qu'on en ait chassé l'esprit impie; un maître nouveau doit y régner, l'enseignement de Jésus la diriger et la joie du Règne y agir. Elle doit être une " demeure de Dieu dans l'Esprit " [58] (Ép 2, 22).

57. Les Évangiles offrent une foule d'exemples de ce remplacement d'une phrase conditionnelle par une parataxe. Sont très proches de notre cas : Mt 8, 9b; Mc 4, 13.
58. T. W. Manson, *Sayings*, p. 88.

6. Comment doit vivre un disciple

Ici il faut absolument placer en tout premier lieu, la double parabole du Trésor dans le champ et de la Perle (Mt 13, 44-46; ÉvTh 109 et 76). Même si elles furent prononcées en des occasions différentes, elles sont néanmoins très proches l'une de l'autre.

L'Évangile de Thomas nous offre de la parabole du Trésor une version abâtardie; on en trouvera le texte p. 50 V. 44 : C'est une parabole avec début au datif (cf. p. 116 s.) : " il en va du Règne de Dieu comme d'un trésor caché ". Jésus doit évoquer une jarre contenant des pièces ou des pierres précieuses. A la suite des nombreuses guerres que subit au cours des siècles la Palestine, du fait de sa position médiane entre l'Égypte et la Mésopotamie, on n'avait cessé d'enfouir des choses précieuses pour parer aux menaces de guerre. Et les trésors cachés étaient un des thèmes favoris du folklore oriental. — L'homme est manifestement un pauvre journalier; en labourant, sa vache s'enfonce (comme *j Hor* 3, 48*a*). *Ékrupsén*, litt. " il cacha " : les sémites n'ont pas de mots composés et c'est pourquoi ils n'expriment pas la nuance de répétition, là où pour nous, elle ne saurait manquer; ici, " il le recacha ", et il n'en parla à personne. Par là, il poursuit un double but : le trésor restera partie intégrante du champ et il demeurera en sûreté (l'enfouissement était regardé comme la plus sûre protection contre les voleurs, cf. p. 95, n. 41). On n'examine pas la situation juridique, on décrit seulement la manière d'agir de l'homme moyen. Il n'est pas sans importance cependant que l'homme n'emporte pas aussitôt sa trouvaille, mais agisse de façon légale. — Les présents historiques (" il s'en va ", " il vend ", " il achète ") montrent que la formulation de la parabole est plus ancienne que Matthieu [1].

Voici le texte de la parabole de la Perle dans l'Évangile de Thomas 76 : " Jésus a dit : le Royaume du Père est semblable à un marchand qui avait une pacotille (*phortion*) et qui trouva une perle. Ce marchand était sage : il vendit la pacotille et s'acheta précisément cette perle. " — Mt 13, 45 : C'est encore une parabole avec début au datif, mais les verbes sont maintenant à l'aoriste. — L'*émporos*, par opposition au *kapèlos*, " boutiquier ", est un gros négociant qui voyage. — " en quête de perles fines " : l'Évangile de Thomas ne parle, lui, que d' " un homme qui avait une pacotille (*phortion*) " et ne précise donc pas de quel commerce il s'occupe (cependant en Ac 27, 10, *phortion* correspond à une " cargaison "). En désignant dès l'abord le marchand comme un négociant en perles fines, Matthieu anticipe sur la marche de l'histoire et affaiblit l'effet de surprise : nous avons certainement là un trait secondaire. — Dans toute l'antiquité, les perles étaient un article très recherché. Des plongeurs les pêchaient dans la mer Rouge, le Golfe Persique ou l'océan Indien et elles étaient le plus souvent par la

1. Matthieu cherche à éviter les présents historiques : dans les données qu'il emprunte à Marc, il les a écartés 88 fois sur 110 (Cf. J. C. Hawkins, *Horae Synopticae*, 2e éd., Oxford, 1909, p. 144-149). Luc est encore allé plus loin dans cette voie (cf. p. 241 s.).

suite, montées en collier. On nous parle ainsi de perles qui valaient des millions. César offrit à la mère de Brutus, son futur meurtrier, une perle de six millions de sesterces (1,5 millions de F) et Cléopâtre en possédait, dit-on, une que l'on estimait à cent millions de sesterces (25 millions de F). — V. 46 : *Ena*, " une " (au sens numérique), traduit mot à mot, comme très souvent, un indéfini araméen *hadh* qu'il faudrait normalement rendre par *tina*, " une " (indéfini). Ce n'est donc pas " LA seule perle coûteuse ", mais " une perle de grand prix "; c'est ainsi que comprend l'Évangile de Thomas : " (il) trouva une perle. " — " Il s'en va vendre tout ce qu'il possède " : là aussi l'Évangile de Thomas nous donne la version primitive : " il vendit la pacotille ", qui seule correspond à la situation. Influencé par 13, 44, Matthieu a amplifié. Si le marchand n'était pas un négociant en perles fines, il n'y avait pas, à l'origine, d'opposition entre les conditions différentes de la découverte (au v. 44 : trouvaille fortuite, en travaillant dans un champ — v. 45 s. : découverte après de longues et laborieuses recherches) : dans les deux cas, il s'agit d'une trouvaille imprévue. C'est plutôt l'opposition riche / pauvre qui justifie le " couplage " des deux paraboles.

Dans toutes les deux, on retrouve le début de thèmes qui étaient particulièrement chers aux conteurs orientaux. Aussi, en entendant l'histoire de Trésor dans le champ, l'auditeur attend-il qu'on lui parle du magnifique palais qu'a fait construire l'inventeur du trésor ou bien de la décision d'un juge sage qui ferait épouser au fils de l'inventeur la fille du propriétaire du champ... Avec l'histoire de la Perle, il s'attend aussi à ce qu'on lui dise que celle-ci est la récompense d'une piété remarquable ou qu'elle sauva la vie du négociant, assailli par des brigands. Jésus, comme toujours lorsqu'il évoque des histoires connues, surprend ses auditeurs en insistant sur tout autre chose que ce qu'ils attendaient ! Mais sur quoi insiste-t-il ?

Ordinairement, on a compris ces deux paraboles, comme si Jésus y développait l'exigence d'un don sans réserve. En fait, " on n'a absolument rien compris si on y voit d'abord une exigence d'action héroïque [2] ". Au contraire, les mots décisifs sont *ravi de joie* (v. 44; on ne les répète pas à propos du négociant, mais ils valent aussi pour lui). Lorsqu'une grande joie — une joie qui dépasse toute mesure — saisit un homme, elle le soulève, l'empoigne jusqu'au plus profond de lui-même et terrasse son bon sens. Tout pâlit devant l'éclat de la découverte. Aucun prix n'est trop élevé : il va alors de soi d'abandonner spontanément ce qu'on a de plus précieux. Ce n'est donc pas le sacrifice que les deux hommes font de leurs biens, qui constitue le centre de la double parabole, mais la raison pour laquelle ils sacrifient tout leur avoir : ils sont subjugués par l'importance de leur découverte. Ainsi en est-il du Règne de Dieu. La Bonne Nouvelle subjugue, provoque une joie immense, aligne toute la vie sur l'accomplissement de la communauté divine et provoque l'abandon de soi le plus passionné.

C'est la même idée qu'exprime la parabole du gros Poisson, rapportée par l'Évangile de Thomas (8) : " Et il (Jésus) disait : Le Royaume ressemble à un sage pêcheur qui jeta son filet dans la mer et le (re)tira de la mer; il était plein de petits poissons. Parmi eux, le sage pêcheur trouva un bon gros poisson. Il (re)jeta les petits poissons et choisit le gros poisson sans hésiter. Que celui qui a des oreilles pour entendre, entende ! "

2. E. G. Gulin, *Die Freude im N. T.*, I, Helsinki, 1932, p. 37.

Le rendement est variable lorsque le pêcheur, dans les bas-fonds proches de la berge, lance son carrelet lesté de plomb sur les bords, filet qui tombe dans l'eau comme une cloche. Bien souvent le filet peut rester vide, même après plusieurs lancers successifs. Mais un observateur moderne a compté en une prise jusqu'à vingt, vingt-cinq poissons. Ici, le pêcheur, dans une pêche près de la rive trouve une quantité de petits poissons, mais parmi eux un seul bon et gros. En d'autres temps, il eût calculé s'il ne devait pas en glisser l'un ou l'autre dans sa sacoche de cuir, mais dans la joie d'une telle prise, devant ce " beau poisson " [3], il se sent débarrassé de tout calcul et rejette à la mer tous les petits poissons. Ainsi en est-il, lorsque la grande joie que provoque la Bonne Nouvelle subjugue un homme : tout le reste perd de sa valeur devant cette " sur-valeur ".

A quoi ressemble la vie de ces hommes possédés d'une telle joie ? Ils se mettent à la suite de Jésus et c'est pourquoi leur vie est d'abord caractérisée par l'amour dont le " Maître-Serviteur " leur fournit le modèle (Lc 22, 27; Mc 10, 45; Jn 13, 15 s.). Cet amour sait se dévouer en silence, sans éclats de trompettes (Mt 6, 2). Il ne collectionne pas les trésors sur la terre, mais il remet ses biens entre les mains fidèles de Dieu [4]. C'est un amour qui ne connaît point de limites; tel celui que décrit la parabole du bon Samaritain (Lc 10, 25-37).

V. 25-28 : On a coutume de voir dans cette introduction un simple parallèle au passage où l'on questionne

3. *Kallichthus* : le mot est de Clément d'Alexandrie (*Stromates* I, 16, 3) qui se réfère à notre parabole.

4. Mt 6, 19-21; Lc 12, 33 s. L'opposition n'est pas richesses terrestres / richesses célestes, mais il s'agit de l'endroit où l'on conserve ses biens.

Jésus sur le plus grand commandement (Mc 12, 28-34 par. Mt 22, 34-40); mais on a récemment, pour de bonnes raisons, mis en doute ce point de vue [5]. Car, en fait, le seul point de contact entre les deux passages est l'affirmation du double commandement de l'amour (= charité); tout le reste diverge profondément et il est très vraisemblable de penser que Jésus s'est exprimé plus d'une fois sur cette idée du double commandement, si centrale dans son message. " Les grands maîtres se répètent constamment eux-mêmes [6] ", c'est là une phrase qui, nous l'avons vu p. 163, s'applique tout à fait à Jésus. Si l'hypothèse est exacte selon laquelle le scribe, avec le double commandement de l'amour, répète un enseignement de Jésus, on comprend très bien l'expression " voulant se justifier " (v. 29) : il veut se justifier d'avoir interrogé Jésus, bien qu'il connaisse son point de vue.

V. 25 : Voir un théologien s'adresser à un laïc pour lui demander le chemin de la vie éternelle était alors chose aussi inhabituelle que cela le serait maintenant. Mais cela s'explique, car cet homme avait la conscience troublée par la prédication de Jésus. — V. 28 : La situation concrète permet de comprendre la réponse surprenante de Jésus : " Fais cela et tu vivras " qui semble désigner l'agir humain, comme étant la voie de la vie éternelle; toute la science théologique ne sert de rien, si la conduite de la vie n'est pas déterminée par l'amour de Dieu et des " compagnons [7] ". — V. 29 : La question que lui oppose le scribe : " Qui

5. T. W. Manson, *Sayings*, p. 259 s.

6. *Ibid.*, p. 260.

7. On se masque la compréhension de l'histoire, si en Lc 10, 29, on traduit par " prochain " le mot *plèsion* (= *rea'*). Le concept chrétien de " prochain " est un produit de l'histoire et non le point de départ de celle-ci. (On se souviendra de l'étymologie du mot " compagnon " : celui avec qui on partage le pain (note du traducteur).

est mon compagnon", est justifiée, car la réponse était très débattue. On était certes d'accord pour comprendre sous ce terme compatriotes et prosélytes, mais on ne l'était pas sur les exceptions. Les Pharisiens étaient enclins à exclure les non-Pharisiens; les Esséniens prétendaient qu'il fallait haïr tous les " fils des ténèbres "; des rabbins déclaraient que " l'on devait pousser (dans la fosse) " tous les hérétiques, les délateurs et les renégats et " ne pas les en tirer ", et une maxime populaire très répandue excluait l'adversaire personnel du commandement d'amour. (Vous avez entendu que Dieu [8] a dit : " Tu dois aimer ton compatriote ", seulement [9] tu n'as pas besoin [10] d'aimer [11] ton adversaire [12] " Mt 5, 43). Il n'est donc pas demandé à Jésus de donner une définition du " compagnon ", mais il doit dire où il place la frontière de l'amour à l'intérieur du Peuple. Jusqu'où s'étend mon devoir ? Tel est le sens de la question.

V. 30 : L'histoire qui lui sert de réponse peut évoquer un incident réel. " Il tomba au milieu des brigands " : la longue descente déserte (27 km) entre Jérusalem et Jéricho est encore aujourd'hui fameuse pour ses attaques de brigands. " Roué de coups " : les blessures qu'évoque le v. 34 laissent supposer que la victime a tenté de se défendre. — V. 31 s. : On s'est souvent demandé si Jésus voulait vraiment pré-

8. *Erréthè* est une transcription du nom divin par le passif.

9. Cf. p. 60, n. 18.

10. L'imparfait en araméen a surtout une nuance modale, et ici une nuance " permissive " : cf. Mt 7, 4 (*pôs éréis*, " comment peux-tu dire ").

11. *Miséin*, en opposition à *agapan*, " aimer ", signifie souvent dans un contexte sémitique, " moins aimer " (Mt 6, 24 : comparer aussi Lc 14, 26 et Mt 10, 37), " ne pas aimer " (Rm 9, 13) : c'est le sens aussi de Mt 5, 43.

12. Lc 6, 27 s. montre qu'ici *èchthros* désigne l'ennemi personnel.

senter le prêtre et le lévite comme des brutes inhumaines et s'il n'a pas plutôt pensé à la prescription sadducéenne [13] qui interdit strictement au prêtre de se souiller en touchant un " mort sur le chemin ". Le prêtre et le lévite tiennent apparemment pour mort cet homme inconscient (10, 30 : " à demi-mort ") et évitent de le toucher pour des motifs lévitiques. Cette explication mérite d'être considérée, mais elle soulève des difficultés. Si la lettre de Lv 21, 1 s. interdisait en tout temps au prêtre de toucher un cadavre (sauf celui de ses tout proches parents), le lévite en revanche, n'avait à être " pur " que pour servir au Temple. Or, si celui-ci allait comme le prêtre (Lc 10, 31), de Jérusalem à Jéricho, rien ne l'empêchait de toucher un mort sur la route. Aussi doit-on admettre, si l'on veut donner un motif cultuel à son abstention, qu'il était en route pour Jérusalem, afin de prendre son service au Temple; le texte (v. 32) n'exclut pas cette hypothèse, mais on ne l'adopte que pour se heurter à un nouvel obstacle. En effet, les sections de prêtres et de lévites qui prenaient chaque semaine leur service au Temple, avaient coutume de monter en groupe à Jérusalem. Ce lévite isolé était-il alors un retardataire ? Ou faisait-il partie du petit groupe des " grands-lévites " perpétuellement attachés au Temple ? Comme on le voit, l'hypothèse des soucis rituels qui animeraient le lévite, est difficile à soutenir. — V. 33 : les histoires populaires sont souvent construites suivant la " règle de trois " (personnages, événements)[14]; les auditeurs attendent maintenant qu'après le prêtre et le lévite, on leur présente un troisième acteur, un laïc israélite sans doute et ils soupçonnent la parabole d'avoir une pointe anticléricale. C'est donc pour eux quelque chose

13. Il en était autrement pour les Pharisiens.
14. Cf. Mt 25, 14-30 par. ; Lc 14, 18-20; 20, 10-12.

d'absolument inattendu et de choquant, que le troisième homme — celui qui va accomplir le commandement d'amour — soit un Samaritain. Les relations entre les Juifs et ces métis, après avoir eu des hauts et des bas, s'étaient complètement envenimées à l'époque de Jésus, depuis le jour où, entre 6 et 9 ap. J.-C., les Samaritains avaient souillé le Temple en y répandant vers minuit, durant les fêtes de Pâques, des ossements humains [15]; depuis, une haine inextinguible régnait dans les deux camps. Il est alors clair que Jésus a choisi intentionnellement un exemple extrême : c'est à la dérobade des serviteurs de Dieu et au dévouement du métis détesté que les auditeurs mesureront le caractère absolu et sans limite du commandement d'amour. — V. 34 : " Bande ses plaies " : il est peu vraisemblable qu'il ait eu avec lui des bandages; il doit avoir déchiré son couffié ou son sous-vêtement de toile. — " (Versant) de l'huile et du vin ", l'huile calme (Is 1, 6) et le vin désinfecte (on s'attendrait plutôt à l'ordre inverse). — *Épi to idion ktènos*, " sur sa propre monture " : si l'adjectif *idios* n'équivaut pas simplement au pronom personnel *éautou* (sa monture), on en peut déduire qu'il s'agit d'un négociant, qui emmène avec lui un âne ou un mulet pour porter ses marchandises, tandis qu'il en monte un second. Il connaît l'hôtelier et lui annonce son prochain retour : autant d'indices qui confirment sa profession de négociant habitué à parcourir souvent cette route. — V. 35 : " deux deniers " : le pain pour une journée coûtait un douzième de denier. — Il est peu probable qu'il soit en route pour aller vers le monastère essénien de Qumran au bord de la mer Morte, et son but doit être la région située à l'est du Jourdain. — V. 36 :

15. JOSÈPHE, *Antiquités*, 18, 30.

On a beaucoup discuté sur la manière dont est formulée la question de Jésus : " Lequel des trois, à ton avis, s'est montré le prochain de l'homme tombé aux mains des brigands ? " Tandis que le scribe demandait, au v. 29, quel est celui que je dois aimer (" qui dois-je considérer comme " compagnon " ? "), Jésus au v. 36 lui demande qui est celui qui pratique l'amour (" qui s'est montré un vrai " compagnon "). Pensant à lui-même, le scribe se demande : " Où est la limite de mon devoir ? " et Jésus lui répond : " Pense d'abord à ceux qui sont dans le besoin, mets-toi à leur place et demande-toi : " qui attend que je l'aide ? " (v. 36) ! Tu verras alors qu'il n'y a point de limite dans le commandement d'amour. " On doit cependant être très prudent devant une telle exégèse. Il est peu probable que le déplacement de la question ait un sens profond. Il doit simplement s'agir d'un défaut tout formel de symétrie, qui n'a rien de surprenant. On doit en effet se souvenir que le mot *rea'* comporte une relation de réciprocité, comme notre mot " camarade ". Appeler quelqu'un " camarade " inclut forcément le devoir de le traiter comme tel. Pour Jésus comme pour le scribe, il s'agit de la même chose : non pas de la définition, mais de l'extension du concept *rea'* ; la seule différence, c'est que celui-ci pose la question sur un plan théorique, tandis que Jésus la pose en conclusion d'un exemple pratique. — V. 37a : " celui qui a pratiqué la miséricorde à son égard " : il se garde d'employer le mot odieux de " Samaritain ". — Le v. 37b reprend avec insistance le v. 28.

Ton " compagnon " dit Jésus dans cette parabole, ce doit d'abord être évidemment ton compatriote mais il ne faut pas t'arrêter là, ce doit être aussi tous ceux qui ont besoin de ton aide. L'exemple de ce métis méprisé doit te montrer qu'il n'est point d'homme si éloigné de toi que tu ne doives être toujours prêt, s'il est dans la détresse, à risquer ta vie pour lui, parce qu'il est ton " prochain ".

Le caractère sans limite de l'amour ne se marque-t-il pas précisément dans le fait qu'à l'exemple de Jésus, il se tourne vers les pauvres et les méprisés (Lc 14, 12-14)[16] vers les abandonnés (Mc 9, 37) et les petits (Mt 18, 10) ? Et la valeur que Jésus attribue à cet amour pour les affligés et les opprimés, on la peut mesurer dans la description qu'il donne de l'annonce de la sentence au Jugement dernier (Mt 25, 31-46 [17].

V. 31 : " La gloire ", " ses anges ", " le trône de sa gloire " sont des attributs du Fils de l'homme (Livre d'Hénoch, version éthiopienne). Le trône de gloire messianique est à Sion. L'alternance frappante des termes " Fils de l'homme ", (v. 31) et " roi " (v. 34-40) s'explique peut-être par le fait que l'introduction a été rédigée par Matthieu; elle offre en effet un contact étroit avec Mt 16, 27 et il est le seul évangéliste à parler du Fils de l'homme assis sur son trône de gloire (Mt 15, 31; 19, 28). — V. 32 : *Sunachtèsontaï*, " seront rassemblés " : *sunagéin*, " rassembler " est un terme technique dans la langue des bergers; le passif est une transcription de l'agir divin, qui est réalisé ici par les Anges (Mc 13, 27; Mt 24, 31). Le rassemblement du troupeau dispersé est un des signes du Temps de salut (cf. Jn 10, 16; 11, 52). — " Toutes les races ":

16. Cela s'oppose exactement au proverbe cité par Philon : " le rang social des invités fait honneur à l'hôte ", i. e. " invite le plus possible des gens de qualité ". (*De specialibus Legibus* I, 12 § 242.)

17. Toute la péricope est un *mashal*, c'est-à-dire " une révélation apocalyptique "; le *mashal* n'est ici une " comparaison " que dans l'image du triage du troupeau (v. 32 et 33).

Il s'agit du Jugement universel, comme le montrent à la fois le mot " toutes (les races) " et une description analogue que l'on trouve en *b A Z, 2a* [18]. —*Aphorizéin*, " séparer ", est également un terme employé par les pasteurs. Le sauveur est le berger (cf. p. 171). Litt. : " comme le berger sépare les brebis des boucs " : en fait, le berger palestinien ne sépare pas brebis et boucs (i. e. femelles et mâles), mais brebis et chèvres. En Palestine, les troupeaux mêlés sont de règle : brebis et chèvres paissent ensemble, mais le soir le berger les sépare, car les chèvres ne doivent pas rester à la fraîcheur nocturne, au contraire des brebis qui vivent la nuit au grand air. — V. 33 : " A droite " : les brebis sont des bêtes de plus grande valeur, dont au reste, la couleur blanche (à la différence des chèvres qui sont noires) est un symbole des Justes. Le tri discriminatoire est l'exécution du Jugement dernier. Tout ce qui suit le v. 33 concerne la sentence du Jugement.

V. 34 : La préexistence du Règne marque la certitude de la promesse. — V. 35 s. : Six œuvres de miséricorde sont ici énumérées comme exemple (mais cela n'a rien d'exhaustif). Les malades dont parle la cinquième " œuvre " sont de pauvres gens délaissés dont personne ne se soucie. La visite aux prisonniers (la sixième œuvre) ne se trouve pas dans les énumérations juives des œuvres de charité. — Les v. 37-39 présentent (comme 7, 22) les objections au Jugement qui vient d'être prononcé; les " bénis " ne comprennent pas; ils ignorent quand ils ont pu montrer au roi leur amour. Le v. 40 apporte l'explication : ce n'est pas à Jésus personnellement qu'ils ont manifesté leur amour, mais à ses frères et par là, à lui-même. Cf. *Midrash*

18. Bill IV, p. 1203 s.

Tannaim sur Dt 15, 9 où Dieu dit à Israël : " Mes enfants, si vous avez donné à manger aux pauvres, je vous le compterai comme si c'était à moi que vous l'aviez fait "; en Mt 25, 31 s.; Jésus est mis à la place de Dieu. Sous le mot " frère ", comme le montre le verset 45, ce ne sont pas les disciples qui sont visés, mais tous les opprimés et tous ceux qui sont dans le besoin. Le démonstratif " ces " (l'un de *ces* plus petits) qui provoque l'impression contraire est un démonstratif explétif [19]. Au surplus, ne voir dans les " frères " que les disciples supposerait, étant donné le v. 32 (*panta ta éthnè*, " toutes les nations "), une mission universelle qui s'étendrait aux peuples les plus lointains, ce qui ne correspond pas aux représentations de Jésus [20]. (Sur la " christianisation " du mot " frère ", qui s'est tôt manifestée et que l'on trouve notamment chez Matthieu, cf. aussi p. 153.) — V. 41 : " Le feu éternel " : c'est la Géhenne dans la vallée du Hinnom, au pied du Temple. — Le v. 44 présente, comme les v. 37-39, les objections qui sont faites à la sentence du Jugement. Ils n'ont jamais vu le roi dans le besoin, sans quoi ils lui auraient porté secours. — V. 45 : *Eni toutôn*, " un de ces... ", cf. v. 40. Leur faute, ce n'est pas d'avoir commis de gros péchés mais d'avoir négligé de faire le bien (cf. Lc 16, 19-31).

Dans la question de l'authenticité de la parabole, on a remarqué que celle-ci contenait quelques traits tardifs :

A) La représentation du Christ comme Juge n'appartient pas aux couches les plus anciennes de la tradition (dans celles-ci, Jésus est représenté comme un témoin au Jugement dernier : cf. Mt 10, 32 s.; Mc 8, 38; Lc 9, 26; 12, 8 s.). Mais le Christ est-il réellement

19. Sur ce sémitisme, cf. p. 60, n. 19.
20. Cf. p. 76 et la n. 2.

décrit ici comme un juge ? Ce ne sont pas les débats d'un procès, mais seulement la proclamation d'un jugement qui nous est donnée et comme l'indique le v. 34 (" les bénis de mon Père ") le Christ vient seulement annoncer le jugement du Père [21].

B) Jésus ne s'est jamais désigné ailleurs dans les évangiles synoptiques comme le roi (v. 34. 40) (cf. cependant Mc 15, 2 et par.; Jn 18, 37); mais il faut pourtant remarquer que la dignité royale était incluse dans sa conscience d'être le Messie. Il est possible que la tradition ait inséré déjà les deux mentions du " roi ", afin de mieux mettre en lumière, pour des auditeurs non juifs, la signité messianique (cf. Ac 17, 7) du Christ.

C) *Diabolos* appartient à une couche plus récente de la tradition que *satanas* [22]. Toutes ces remarques n'atteignent pas cependant la substance de Mt 25, 31-46, mais montrent seulement que la tradition a retouché la rédaction du récit; on peut signaler aussi quelques particularités du style de Matthieu (*toté*, " alors " : v. 31. 34. 37. 41. 44 s.; *tou patros mou*, " de mon père " : v. 34, etc.).

D) Quant au contenu lui-même, on l'a rapproché de textes parallèles, égyptiens et rabbiniques, qui parlent aussi des œuvres de miséricorde comme d'une mesure au jour du jugement. Mais, en fait, quelle différence ! Aussi bien dans le Livre des morts que dans le midrash, le défunt, sûr de lui se targue de ses hauts faits (" J'ai satisfait Dieu en faisant ce qu'il aime : j'ai donné du pain à l'affamé, de l'eau à l'altéré, des vêtements à qui était nu ", dit le Livre des morts égyptien). Tout autre est la question étonnée des justes aux v. 37-39 de notre texte : ils n'ont conscience

21. Cf. T. W. Manson, *Sayings*, p. 250.
22. Cf. p. 119 , n. 36.

d'aucun mérite et jamais ils n'ont pensé que sous les traits des pauvres et des malheureux, c'était le Fils de l'homme obscur et méconnu, qui se présentait aux hommes. Cette identification de Jésus avec les " plus petits " fait d'ailleurs partie [23] (comme le montre Mc 9, 37. 41) d'une tradition très ancienne et est un trait spécifique de sa prédication. Notre péricope, quand bien même les détails n'en sont pas tous authentiques, contient en fait " des traits si primitifs qu'il est difficile de les attribuer à quelqu'un d'autre qu'au Maître lui-même [24] ".

Mt 25, 31-46 traite d'une question très concrète : sur quelle base seront jugés les païens ? Jésus a toujours nettement distingué entre la justification présente et la justification eschatologique. Dans le présent, pour les pécheurs repentants, les égarés, les désespérés les " mendiants de Dieu " (Mt 5, 3), il est le médiateur [25] du pardon divin, il leur annonce la rémission de leurs lourdes dettes. Au Jugement dernier, par contre, il promet que Dieu acquittera ceux des disciples qui auront eu le courage de le confesser (Mt 10, 32 s. et par.), qui se seront gardés dans l'obéissance

23. Mc 9, 41, *én onomati mou*, litt. " en mon nom " = pour l'amour de moi : les mots qui suivent " parce que vous êtes au Christ " sont un commentaire de cette expression sémitique pour des gens de langue grecque. A l'origine, "celui qui reçoit un verre d'eau fraîche" était " l'un des plus petits " (la deuxième personne employée dans le verset est rédactionnelle). C'est ce que montrent le passage parallèle de Matthieu (10, 42) et le verset suivant de Marc (9, 42); celui-ci est précisément relié au précédent par le mot-crochet " l'un de (ces) plus petits " (" ces " étant un démonstratif explétif, comme ici en 25, 40 et 45).

24. Manson, *Sayings*, p. 249.

25. Jésus est le médiateur du pardon ! Même en Mc 2, 5, Dieu reste celui qui pardonne; car Jésus dit (avec le passif qui transcrit le nom divin) : " Mon fils, Dieu te pardonnera tes péchés. "

(Mt 7, 21. 22 s. et par.), qui auront fait preuve d'un amour miséricordieux (Mt 5, 7) [26] et toujours prêt au pardon (Mt 6, 14 s.) et qui, enfin, auront tenu ferme jusqu'au bout. Ainsi au jour du Jugement, est-ce sur la foi vécue que Dieu interrogera. Cette " déclaration de justice ", elle aussi restera une pure et libre grâce de Dieu, elle n'aura rien à voir avec le mérite, car de toute façon, la faute de l'homme est trop grande. Il est possible que notre texte soit la réponse de Jésus à une question posée à la suite d'un propos semblable à celui que rapporte Mt 10, 32 s.; il vient de dire qu'il se porterait garant au Jugement dernier de ceux de ses disciples qui dans leur vie le confesseraient, et un des auditeurs lui demande : mais sur quelles bases alors, seront jugés les païens qui ne t'ont pas rencontré ? Sont-ils tous perdus ? (c'était l'opinion courante des contemporains de Jésus). Jésus lui répond : J'ai rencontré aussi les païens, en tant que Messie caché — dans mes frères; car ceux qui sont dans le besoin sont mes frères [27] : celui qui leur témoigne de l'amour, m'en témoigne à moi, le Sauveur des pauvres. C'est pourquoi, au jour du Jugement, les païens seront interrogés sur l'amour agissant qu'ils m'auront manifesté, sous les traits des opprimés, et ils recevront la grâce d'avoir part au Règne s'ils ont accompli la loi d'amour, la loi du Messie (Jc 2, 8) [28]. C'est donc en raison de leur amour qu'ils seront justifiés, car la rançon est aussi payée pour eux (Mc 10, 45) [29].

26. *Eléèthèsontaï*, " il leur sera fait miséricorde " : Le futur est eschatologique et le passif transcrit le nom divin : " Au jour du jugement, Dieu leur fera miséricorde. "

27. Cf supra au v. 40.

28. Rabban Johanan ben Zakkai (un contemporain des apôtres) leur dit : " De même que le sacrifice pour les péchés sert d'expiation pour Israël, ainsi la charité le fait pour les païens " (*b B B* 10b).

29. Il est impressionnant de voir que l'enseignement de Paul sur

Mais le mystère le plus profond de cet amour, marque distinctive du vrai disciple, est que cet amour puisse aller jusqu'au pardon. Il donne ainsi à d'autres le pardon de Dieu dont il a fait l'expérience et dont il sait qu'il dépasse tout ce qu'on peut imaginer. C'est le sujet de la parabole du Débiteur impitoyable (Mt 18, 23-35).

Sur le contexte de celle-ci, cf. p. 138. — V. 23 : Nous avons là une parabole avec un début au datif (" Il en est (de la venue) du Règne de Dieu comme... "); de nouveau, l'apparition du Règne est comparée à une reddition des comptes [30]. " Avec ses serviteurs " : les serviteurs du roi dans la Bible comme en Orient désignent les grands fonctionnaires. — V. 24 : " On lui en amena un qui lui devait 10 000 talents ", i. e. 100 millions de deniers [31]. Cette somme énorme fait supposer que le " serviteur " est un satrape, qui doit le revenu de l'impôt de sa province (cf. infra au v. 31); nous savons que dans l'Égypte ptolémaïque, par exemple, les fonctionnaires des finances étaient personnellement responsables de toutes les recettes de leur territoire [32]. A vrai dire, la somme ne correspond

la justification correspond jusque dans les détails à celui de Jésus. L'apôtre distingue aussi entre la justification offerte aux pécheurs dans le baptême (1 Co 6, 11; Rm 6, 7) par la foi seule (Rm 3, 28) et la justification finale par la foi agissante qu'inspire l'amour (la charité) (Ga 5, 6). Paul sait aussi que les païens seront justifiés au Jugement dernier s'ils accomplissent la loi non écrite (Rm 2, 12 - 16).

30. Cf. p. 194, n. 35. A strictement parler, le délai de grâce du v. 27 correspond à la préhistoire présente du Royaume et c'est seulement la sentence du v. 34 qui correspond au Jugement dernier.

31. La valeur du talent a varié. Nous avons pris pour base les évaluations de Josèphe (un talent = 10 000 deniers), cf. *Ant.*, 17, 323 avec 190.

32. R. Sugranyes de Franch, *Études sur le droit palestinien à l'époque évangélique*, Fribourg, 1946, p. 39 s. Ce livre offre une très bonne analyse de la situation juridique qui est présupposée en Mt 18, 23-35,

absolument pas à l'état normal des choses [33] et la seule explication serait que " 10 000 " et " talents " représentent des grandeurs extrêmes (10 000 est le plus gros chiffre que l'on utilise [34] et le talent le plus fort étalon-or connu dans le Proche-Orient); avec cette somme qui défie toute représentation, on veut accuser ainsi très fortement le contraste avec la minime somme de 100 deniers. L'interprétation s'insère donc dans la parabole : derrière le roi apparaît Dieu et derrière le débiteur l'homme qui aurait la possibilité d'entendre le message de pardon. — *Prosènéchthè*, " on amena " : le débiteur est amené de prison [35]. — V. 25 : " Le maître donna ordre de vendre " : il s'agit d'abord des biens meubles et immeubles du débiteur. " Lui et sa femme " : le droit juif n'autorisait la vente d'un Israélite qu'en cas de vol et si le voleur ne pouvait remplacer son larcin. La vente de la femme était par contre strictement interdite en pays juif. L'histoire suppose ainsi que le roi et ses " serviteurs " sont des païens. " Et les enfants " : une parabole rabbinique raconte comment un roi fit vendre les fils et les filles d'un de ses débiteurs : " et ainsi on savait qu'il ne possédait plus rien "; c'est dire que les enfants sont la toute dernière chose qu'on peut prendre à un homme. La vente de la famille a-t-elle ici un sens ? Le prix d'un esclave s'établissant en moyenne entre 500 et 2 000 deniers, ce que peut rapporter la vente de la

il démontre que ce n'est pas en Palestine, mais bien dans les pays du Levant, en Égypte en particulier, que l'on trouve des situations analogues. Mais ensuite il suppose (et c'est là la faiblesse de son livre) qu'il faut admettre qu'elles ont dû exister en Palestine.

33. Cf. p. 46 s., un chiffre de comparaison.

34. Lc 12, 1; 1 Co 4, 15; 14, 19.

35. *Prosènéchthè* désigne la présentation par contrainte (d'un accusé v. g.). Cf. aussi le v. 27 : " il le laissa libre " !

famille n'a point de proportion avec la dette effarante de 100 millions de deniers. Il faut donc voir surtout, dans l'ordre du roi, l'expression de sa colère ! — V. 26 : " Le serviteur se jeta à ses pieds et se tenant prosterné... " : en se montrant ainsi entièrement remis au bon vouloir de son maître, il prend l'attitude de prière la plus suppliante. — " Je rendrai " : le débiteur promet de retrouver l'argent en conduisant bien ses affaires. — V. 27 : La bonté du roi dépasse ce que demandait le " serviteur ". — V. 28 : *Eurén*, " trouva " dans la rue " un de ses subordonnés " (cf. au v. 31) — " Qui *ne* lui devait *que* 100 deniers [36] " (sémitisme). — " Il le prit à la gorge ". Cf. *B B* 10, 8 : " Si quelqu'un étouffe dans la rue un homme (qui lui doit de l'argent)... " Le sens de cette *manus injectio* est de rendre impossible toute fuite du débiteur. S'il ne peut payer séance tenante, il est jeté en prison ou on obtient contre lui un mandat d'arrêt (cf. Mt 5, 25 s.). — V. 29 : C'est un petit fonctionnaire et il a des difficultés à rendre cette modique somme. Sa " prière " (sauf le mot " tout ") est la même que celle du grand fonctionnaire, mais il y a une différence : au v. 26, il s'agissait d'une promesse irréalisable, tandis que celle du v. 29 peut parfaitement se réaliser. — V. 30 : " En prison. " Il ne peut être question ici de vendre le débiteur, car, au moins dans le droit juif, mais certainement ailleurs aussi, il n'était permis de le faire que si la dette dépassait le prix obtenu par la vente, ce qui n'est pas le cas pour une somme de 100 deniers. C'est pourquoi, on employait alors dans les pays du Levant [37] la contrainte par corps : le débiteur remboursait ainsi sa dette par son

36. Cf. p. 60, n. 18.
37. R. Sugranyes de Franch, *op. cit.*, p. 113, § 18 : " La prison pour dettes. "

travail, ou ses parents désintéressaient ses créanciers (le droit juif ignorait la prison pour dettes, cf. p. 239). — V. 31 : *Oï sundouloï*, “ ses compagnons ” : on ne trouve ce mot dans la LXX que dans le livre d’Esdras (Esd 4, 7. 9. 17. 23; 5, 3. 6; 6, 6. 13) où il désigne des hauts fonctionnaires, parmi lesquels les gouverneurs de Palestine et de Syrie. Cela nous montre encore une fois qu’il ne faut pas regarder les “ serviteurs ”, comme des esclaves ordinaires. *Élupèthèsan* = comme dans la LXX (Ne 5, 6; Jon 4, 4. 9), “ ils furent révoltés ”[38]. — V. 32 : Sur le présent historique (*légéi*), cf. p. 269, n. 1. — V. 34 : “ Aux tortionnaires. ” Les tortures pénales n’existaient pas en Israël, ce qui est encore une preuve qu’il ne s’agit pas ici d’un état de chose palestinien, à moins qu’on ne pense à Hérode le Grand, qui, insouciant du droit juif, ne se fit pas faute d’employer la torture. Mais peut-on lui attribuer la magnanimité dont fait preuve le prince au v. 27 ? Il était de règle en Orient d’user de la torture envers des gouverneurs infidèles ou négligents à rendre les impôts, afin de découvrir où ils avaient caché l’argent, ou pour exercer un chantage sur leurs parents et amis. En décrivant des procédés judiciaires étrangers aux juifs et que ceux-ci regardaient comme inhumains, Jésus veut montrer le caractère particulièrement terrifiant de la punition. — “ En attendant qu’il eût remboursé tout son dû ” : étant donné l’importance de la dette, autant dire que la punition n’aura point de fin. L’interprétation est ici aussi incluse dans la parabole. — V. 35 : “ C’est ainsi que vous traitera aussi mon Père du ciel, si vous ne vous pardonnez pas les uns aux autres du fond du cœur. ” Ce pardon du “ fond du cœur ” s’oppose au “ pardon

38. T. W. Manson, *Sayings*, p. 214.

des lèvres " (cf. Mt 15, 8 = Is 29, 13). Tout dépend de l'authenticité du pardon.

Nous avons là une parabole de Jugement dernier qui est un avertissement : Dieu — par l'Évangile, par le pardon qui t'est accordé — t'a fait obtenir une remise de peine qui dépasse tout ce qu'on peut imaginer, mais il rapportera cette mesure de grâce, si de tout ton cœur tu ne donnes pas à d'autres le pardon dont tu as fait l'expérience et si, en face de ton frère, tu fais preuve d'un cœur dur. Jésus reprend là, comme il l'a fait ailleurs [39], la doctrine juive des deux mesures, mais il la transforme totalement (ce n'est pas un hasard si la littérature juive n'offre aucun parallèle à notre parabole). Le judaïsme enseignait que Dieu a deux " mesures " pour gouverner le monde : la miséricorde et la justice. Au Jugement dernier cependant, la justice resterait la seule " mesure " : " Le Très-Haut apparaîtra en juge sur son trône. Ce sera alors la fin, la miséricorde disparaîtra, la compassion sera loin et la longanimité se dissipera... " (4 Esd 7, 33). Jésus au contraire enseigne que la miséricorde vaudra encore au jour du Jugement; mais alors, quand Dieu usera-t-il de la mesure de miséricorde et quand usera-t-il de celle de la justice ? Là où le pardon de Dieu amène une authentique disposition à pardonner, répond Jésus, sa miséricorde prononce l'acquittement; mais celui qui mésuse du don de Dieu, tombe sous le coup de la justice divine, dans toute sa sévérité, comme s'il n'avait jamais reçu le pardon [40].

Les disciples de Jésus doivent se mettre en sûreté entre les mains de Dieu; c'est là le second des traits

39. Mt 7, 1 s. par. Lc 6, 37 s.; Mt 6, 14 s.; Jc 2, 12 s.; cf. Mt 5, 7; 25, 31 s.

40. Cf. p. 283, n. 26.

qui caractérisent leur vie, ainsi qu'il ressort très nettement des images de Jésus. Ils ont pour toujours le droit de cité des enfants de Dieu, dit l'image du Serviteur et du Fils (Jn 8, 35); et ils appartiennent maintenant déjà à la famille de Dieu (Mc 3, 31. 35; ÉvTh 99). Ils ne ressemblent plus à des sujets mais à des fils de roi (Mt 17, 24 s.). Ils sont purs comme celui qui vient de prendre un bain (Jn 13, 10). Ils sont pleinement en sûreté chez leur père, comme l'enseigne Jésus dans les images incomparables des oiseaux du ciel (Mt 6, 26; Lc 12, 24) et des fleurs sauvages (Mt 6, 28-30; Lc 12, 27 s.).

On ne peut mesurer toute l'extension de cette " sûreté " dont parlent ces deux images que si l'on a leur contexte présent à l'esprit. Jésus interdit le *mérimnan*, verbe qui signifie : 1) se faire du souci; 2) se donner du mal.

En Mt 6, 25-34 et par., il n'est question que du second sens, comme le montrent à la fois l'alternance de *mérimnan*, de *zètéin* et d'*épizètéin* (" être en quête, chercher ") [41] et le v. 27 (en Mt 6; par. Lc 12, 45) où l'acception " se faire du souci " n'a point de sens; mais, surtout, les deux images elles-mêmes montrent très clairement qu'il n'y est point question de souci, mais d'effort. Jésus interdit ainsi à ses disciples de se donner du mal pour se nourrir et se vêtir. C'est donc une interdiction de travailler ! Comment est-ce possible ? Ces paroles qui interdisent aux disciples de travailler ont un parallèle précis en Mc 6, 8 : ce sont en fait des paroles d'envoi en mission. Le champ de travail est infiniment grand et le temps presse, car l'heure de la tentation est prête à sonner pour le monde. Les disciples ont donc besoin de toutes leurs

41. Mt 6, 33; Lc 12, 29-31.-Mt 6, 32; Lc 12, 30.

forces pour accomplir leur mission, rien ne doit les arrêter, ils n'ont même pas le droit de saluer en chemin (Lc 10, 4*b*) [42] et, à plus forte raison, ils ne doivent pas travailler pour leur nourriture et leur vêtement; Dieu leur donnera ce dont ils ont besoin. Ce n'est donc pas le travail que Jésus interdit à ses envoyés, mais d'avoir une double occupation. Mais il peut leur arriver alors de n'avoir rien à manger, rien pour se vêtir et d'avoir faim et froid. C'est à ces soucis que répondent les deux images des oiseaux et des fleurs, où s'est mêlé un peu de l'humour de Jésus.

O gens de peu de foi, avez-vous vu Maître Corbeau [43] harnacher son attelage, semer, récolter et conduire son char à la grange ? Et pourtant, Dieu lui donne avec largesse ce dont il a besoin ! Avez-vous vu, gens de peu de foi, Dame Anémone tourner son rouet ou tisser au métier ? Et pourtant la pourpre des rois pâlit devant la splendeur de son vêtement ! Vous êtes des enfants de Dieu (Mt 6, 32; Lc 12, 30) et le Père sait ce dont vous avez besoin. Vous ne mourrez pas de faim !

Les disciples ont un Père qui s'occupe d'eux et un maître qui, tel un pâtre, appelle ses brebis par leur nom (Jn 10, 3) [44] et qui intercède pour elles. La grande

42. L'Oriental a beaucoup de temps et toute hâte lui est odieuse, aussi saluer quelqu'un équivaut-il, pour lui, à faire de longs palabres. Pour marquer la hâte la plus fébrile, 2 R 4, 29 donne cet ordre qui est tout à fait contraire à la politesse et aux mœurs d'alors : " Si quelqu'un te rencontre, ne le salue pas et si quelqu'un te salue, ne lui réponds pas. " Concrètement, l'interdiction de Jésus vise le fait de se joindre à une caravane, dont le train plein de lenteur fait perdre beaucoup de temps.

43. En araméen, les oiseaux sont masculins et les fleurs sont féminins. Le corbeau, que Luc est seul à nommer (12, 24) est un animal impur (Lv 11, 15; Dt 14, 14); Dieu cependant a soin " des jeunes corbeaux qui crient vers lui " (Ps 147, 9; Jb 38, 41).

44. Dalman apporte de nombreux exemples pris dans la Palestine moderne. On choisit le nom des bêtes d'après leur forme, leur cou-

crise est là, imminente, elle va commencer avec la Passion de Jésus. La puissance des ténèbres se déploiera dans l'épouvante dernière de la tentation; devant celle-ci, il n'y aura qu'une issue : fuir pour sauver son âme (Mt 13, 14 s.). Même les disciples de Jésus ne seront pas épargnés. Satan, l'accusateur et le corrupteur du peuple de Dieu, a demandé la permission de les " cribler " dans la tourmente des tribulations, comme on sépare avec un van le bon grain de la balle (Lc 22, 31 s.) [45]. Et Dieu a acquiescé. Il veut qu'il en soit ainsi. Mais Jésus a prié pour Pierre, afin que sa foi ne cède pas et qu'il affermisse de nouveau [46] ses frères dans ce temps de purification eschatologique, maintenant imminent. Pierre est le chef; en priant pour lui, Jésus prie pour les autres et son intercession les fera passer au travers des épreuves, car le Christ est plus fort que Satan.

Le don de Dieu et l'appel de Jésus incitent au travail, telle est la troisième marque distinctive des disciples. Jésus a volontiers employé des images de métier pour représenter sa tâche de Sauveur [47], et il en fait de même pour celle de ses disciples. Dans l'image de la vocation, il dit ainsi à Pierre le pêcheur qu'il sera pêcheur d'hommes (Mc 1, 17). Si un Scribe devient disciple du Règne de Dieu, il ressemble au père de famille qui, de ses réserves (*thèsauros*), tire du vieux et du neuf — ce qu'il a appris autrefois et ses connaissances nouvelles (Mt 13, 52). La moisson est grande mais les moissonneurs sont peu nombreux (Mt 9, 37;

leur ou leurs particularités; elles conservent toujours ce nom qu'elles ont reçu, étant agneau ou cabri; elles le connaissent ainsi depuis qu'elles sont toutes petites.

45. La séparation de la balle et du bon grain = le Jugement (Mt 3, 12; cf. p. 302).

46. *Epistrépsas* signifie ici " de nouveau " (sémitisme).

47. Cf. p. 171.

ÉvTh 73)[48]. C'est aux brebis perdues de la maison d'Israël que sont envoyés les disciples (Mt 10, 6) et ils en seront les pasteurs — c'est du moins ainsi que l'entend Mt 18, 12-14. En tant qu'intendant établi par Jésus lui-même, Pierre reçoit les clés du Règne de Dieu (Mt 16, 19). En annonçant l'Évangile, lui-même et ses compagnons auront pleins pouvoirs pour lier et délier, c'est dire qu'ils auront tout pouvoir pour proclamer le pardon et pour décréter le jugement là où sera rejetée la Bonne Nouvelle. Comme envoyés de Jésus, ils ont donc tous les pouvoirs judiciaires (Mt 18, 18; 16, 19)[49].

Leur responsabilité est colossale. Le temps presse. Il en va de la paix ou de l'anathème, du salut ou de la perdition pour une foule innombrable d'hommes (Mt 10, 12-15; Lc 10, 5 s. 10-12). Outre le don total (cf. p. 261), leur importante et dangereuse mission requiert d'eux la sincérité et la sagesse qui est grâce de Dieu. C'est le sens de deux images au contenu fort proche : " Soyez malins (*phronimoï*, cf. p. 70, n. 11) comme des serpents et candides comme des colombes (Mt 10, 16; ÉvTh 39*b*); " ayez du sel (de l'intelligence) en vous-mêmes et vivez en paix les uns avec les autres " (Mc 9, 50*b*)[50]. La lucidité spirituelle fait aussi

48. Cf. p. 168 cf. *P Abh* 2, 15 : " Rabbi Tarphon (vers 100) disait :
" Le Jour est court.
Et il y a beaucoup de travail.
Et les ouvriers sont paresseux.
Et le salaire est grand.
Et le maître presse le travail. "

49. C'est le mérite d'A. Schlatter (*Der Evangelist Matthäus*, p. 511 s.) d'avoir reconnu que " lier et délier " ne signifie pas le don des pleins pouvoirs dogmatiques ou disciplinaires (comme on le pourrait penser étant donnée la manière rabbinique de parler), mais le pouvoir judiciaire d'attribuer l'acquittement ou la condamnation. La meilleure illustration en est Mt 10, 12-15 : les disciples de Jésus apportent la paix ou décrètent le Jugement.

50. Cf. supra p. 236 à Mt 5, 13 s : non salé = sans intelligence.

partie de la Sagesse et c'est elle que recommande l'agraphon souvent cité : " Soyez des changeurs avertis [51] ! ". De même qu'un changeur expérimenté reconnaît du premier coup d'œil la fausse monnaie, ainsi les disciples de Jésus ne devront-ils pas se laisser séduire par les faux prophètes dont la foule s'engoue [52].

Seront-ils à la hauteur de leur tâche ? Les disciples ne doivent se faire du souci, — c'est la volonté du Seigneur —, ni devant les résistances qu'ils rencontreront, ni devant leur propre impuissance. On trouve dans le papyrus d'Oxyrrhinchos 1 nº 7 (= ÉvTh 32) la variante suivante de la ville sur la montagne : " Jésus dit : Une ville qui est bâtie sur le sommet d'une montagne et qui est bien fortifiée ne peut ni tomber ni rester cachée. " Jésus veut par là affermir ses disciples et les préserver du découragement : ils sont en effet citoyens de cette cité eschatologique de Dieu, bâtie haut sur la montagne (Is 2, 2-4; Mi 4, 1-3), qu'aucun assaut de l'ennemi, qu'aucune force de l'enfer (Mt 16, 18) ne peut ébranler; sa lumière rayonne dans la nuit sans qu'il soit besoin que l'homme intervienne. S'ils ont avec eux l'Évangile, ils auront tout ce dont ils ont besoin pour leur charge. S'ils ont la foi — et serait-elle aussi petite qu'un grain de sénevé, la plus petite de toutes les graines, rien ne leur sera impossible (Mt 17, 20; Lc 17, 6).

Mais il faut qu'ils sachent aussi que la haine à laquelle se heurte Jésus, ne leur sera pas épargnée. Jésus en a fait l'expérience : nul n'est prophète en son pays (Mc 6, 4 et par.) parce que l'Évangile provoque le scandale [53]. Le disciple ne peut s'attendre à avoir

51. *Hom. Clem.* 2, 51; 3, 50; 18, 20. Apelle dans Épiphane, *Panarion*, 44, 2 etc.

52. J. Jeremias, *Unbekannte Jesusworte*, 3e éd., 1963, p. 95-98.

53. " Ils se choquaient " (Mc 6, 3) exprime le scandale que cause l'Évangile, comme le confirme Lc 4, 16-30 : Les Nazaréens sont

meilleur sort que son maître, l'esclave que son propriétaire (Mc 10, 24 s.; Lc 6, 40; Jn 15, 20). Leur tâche peut les conduire à la mort : Jésus les envoie comme des brebis désarmées au milieu des loups (Mt 10, 16; Lc 10, 3). Quelques-uns au moins parmi les disciples devront boire avec Jésus [54] le calice de douleur (Mc 10, 38 cf. Mc 9, 1). Car pour faire partie des disciples de Jésus, il faut être prêt, comme le dit avec une grande netteté une " parole d'intimidation ", à faire le don de sa vie [55] et à porter sa croix (Mc 8, 34 et par.).

En disant " porter sa croix, être crucifié ", nous pensons la plupart du temps qu'il s'agit de supporter patiemment les épreuves que Dieu nous envoie, mais cette interprétation n'est pas attestée. Ce n'est pas non plus le fait d'être prêt au martyre. Cette expression évoque au contraire un fait concret : c'est l'instant où le condamné à la mort de la croix charge sur ses épaules le *patibulum* (la barre transversale) pour entreprendre entre deux haies de curieux une marche effroyable, au milieu d'une foule hurlante et glapissante qui le couvre d'injures et de malédictions. Ce qu'a d'horrible cette marche, c'est de se sentir rejeté sans pitié par tous et d'être livré sans merci aux outrages

déconcertés par la lecture que vient de faire Jésus, d'Is 61, 1-2. Il a annoncé la grâce de Dieu et s'est arrêté au milieu de la phrase, immédiatement avant les paroles sur le " Jour de vengeance " (Is 61, 2) G. Bornkamm m'a montré qu'en Lc 7, 22 et en Mt 11, 5 où Jésus fait une citation libre d'Is 35, 5 s.; (avec l'influence d'Is 29, 18 s. et une addition tirée d'Is 61, 1) il laisse aussi de côté l'annonce de la vengeance divine (Is 35, 4), cf. p. 164 s. Cf. Jeremias, *Jésus et les Païens*, p. 40.

54. " Boire au calice de quelqu'un ", signifie partager son sort, qu'il soit bon ou mauvais.

55. Dans le N. T., l'expression " renoncer à soi-même " n'évoque pas des sentiments d'abnégation, mais bien l'acte même de se donner. Il ne s'agit donc pas de mettre en jeu une discipline personnelle, mais de savoir se compromettre sans retour.

et au mépris. Tous ceux qui me suivent, dit Jésus, doivent pouvoir se mesurer avec une vie qui sera aussi dure que ce calvaire d'un homme, en route vers le supplice.

Mais même dans la mort, ils resteront dans la main de Celui sans la volonté de qui aucun moineau [56] ne tombe d'un toit (Mt 10, 29; Lc 12, 6). Et à l'exemple d'une mère qui enfante, ils doivent savoir que la grande joie qui les attend, leur fera oublier ce qu'ils ont souffert (Jn 16, 21 s.). Mais quelque grand que puisse être leur sacrifice ou leurs succès, la grandeur du don que Dieu leur a fait doit les garder dans l'humilité et les protéger de toute " justice " pharisaïque (Lc 17, 7-10).

56. C'est une façon proverbiale de désigner un animal sans valeur. D'après Mt 10, 29, deux moineaux coûtaient un as et cinq moineaux deux as, selon le passage parallèle Lc 12, 6 (à la douzaine, ils étaient encore meilleur marché).

7. *La Passion et la manifestation glorieuse du Fils de l'homme*

La confession de Pierre marque une coupure décisive dans l'activité de Jésus. A la prédication publique fait suite maintenant l'enseignement réservé aux disciples, qui traite des souffrances et du triomphe du Fils de l'homme [1]. Déjà dans son activité publique, Jésus avait évoqué en images son " chemin de douleur": il n'a aucun endroit pour reposer sa tête et doit comme les vagabonds renoncer à avoir cette retraite qu'ont même les renards et les oiseaux (Mt 8, 20; Lc 9, 58; ÉvTh 86), image du refus qu'on lui oppose partout.

Depuis Césarée de Philippe, il développe pleinement l'annonce de sa Passion, mais là aussi, dans cet enseignement donné à ses disciples, il use maintes fois d'images. Il parle du calice qu'il doit boire (Mc 10, 38; 14, 36) et du baptême auquel il doit se soumettre (10, 38). Sa mort engendrera la véritable communauté de salut, car le pasteur doit donner sa vie pour ses brebis (Jn 10, 11. 15) [2], l'épée doit le frapper (Mc 14,

1. Sur la question de l'historicité des annonces de la Passion, cf. *ThWNT* V, p. 709 s. (au mot *païs théou*). Il y a certes des détails qui ont été rédigés *post eventum*, mais on peut montrer — et cela, à mon avis avec une très grande vraisemblance historique — que Jésus a envisagé une mort violente et qu'il a trouvé indiquée en Isaïe 53 la nécessité de sa Passion.

2. K.-E. Wilken rapporte que des bergers lui ont parlé d'incursions de meutes de trente hyènes et plus, et qu'ils lui ont cité le nom de camarades morts en luttant contre ces carnassiers.

27 = Za 13, 7) pour qu'il puisse conduire au bercail le troupeau épuré (Mc 14, 28) [3]; la pierre doit être rejetée (Mc 8, 31 cf. 12, 10 = Ps 118, 22), pour devenir la clef de voûte [4] du Temple de Dieu. Le grain de blé doit mourir et (il faut compléter !) être ressuscité par Dieu [5] afin d'amener la plénitude de la grâce divine (Jn 12, 24) [6]. La mort de celui qui est sans péché supplée pour les pécheurs, voilà pourquoi la mort de Jésus a une telle efficacité; elle est rançon (Mt 10, 45; Mt 20, 28), sacrifice (Mc 14, 24) [7] pour la masse incalculable de tous ceux qui étaient perdus !

Mais cette souffrance du Fils de l'homme qui représente le début des dernières tribulations n'est que le passage vers le grand et définitif triomphe de Dieu (cf. p. 82 s.). En trois jours, Jésus édifiera le Temple nouveau dont son activité terrestre a préparé les fondations et la construction (Mt 16, 18) et dont il est lui-même la clé de voûte. Semblable à l'éclair qui transforme les ténèbres en lumière, la parousie du Fils de l'homme sera soudaine et déconcertante, et tout sera illuminé (Mt 24, 27; par. Lc 17, 24) [8].

3. Mc 14, 28 continue l'image du pasteur (cf. p. 171, n. 16) et reprend la prophétie de Zacharie 13, 8 s., selon laquelle, après la mort du pasteur, apparaîtrait le troupeau épuré.

4. Cf. p. 109, n. 9.

5. C'est une manière bien orientale de parler que de dire : « Si le grain de blé meurt, il porte beaucoup de fruit » (Jn 12, 24) : on ne voit en effet que le stade initial et le stade final du processus. Il faut compléter et mentionner l'événement intermédiaire (la Résurrection), qui est essentiel.

6. Jn 12, 24 remonte à une tradition ancienne et préjohannique et rien ne s'oppose à l'authenticité du logion. Celui-ci ne prêche pas seulement une sagesse mystérique : « c'est par la mort qu'on arrive à la vie », mais il parle de l'abondance eschatologique que produit la « mort » du grain de blé.

7. Dans les paroles de l'Institution, à la Cène, Jésus se compare lui-même à l'agneau pascal (Mc 14, 22-25 et par.). Cf. J. Jeremias, *Die Abendmahlsworte Jesu*, 3e éd., Göttingen, 1960, p. 211 s.

8. Sur le Jugement dernier, cf. p. 278.

8. L'accomplissement[1]

Jésus ne parle généralement qu'en images de l'accomplissement final.

Dieu est roi et sera adoré dans un Temple nouveau (Mc 14, 58). Le Fils de l'homme sera assis sur le trône à sa droite (Mc 14, 62), entouré des saints Anges (Mc 8, 38) et l'on viendra lui rendre hommage (Mt 23, 39). Comme le Bon Pasteur il fera paître le troupeau épuré (Mc 14, 28; Mt 25, 32 s.).

Le mal sera écarté, car le Temple profané sera détruit (Mc 13, 2) : le temps du monde pécheur aura passé (Mt 19, 28; Lc 17, 26-30). Vivants et morts seront jugés (Mt 12, 41 s.) et les bons séparés des méchants (Mt 13, 30. 48). Satan sera chassé du ciel (Lc 10, 18) et livré avec tous ses anges au feu éternel (Mt 25, 41). La mort n'exercera plus son empire (Lc 20, 36), la souffrance aura disparu (Mt 11, 5) et il n'y aura plus de deuil (cf. Mc 2, 19).

Les situations se renverseront : ce qui était caché, deviendra manifeste (Mt 6, 4. 6. 18; 10, 26 et par.), les pauvres deviendront riches (Lc 6, 20), les derniers seront les premiers (Mc 10, 31), les " petits " deviendront grands (Mt 18, 4), les affamés seront rassasiés (Lc 6, 21), ceux qui peinent seront soulagés (Mt 11,

1. Cf. J. Jeremias, *Jesus als Weltvollender*, Gütersloh, 1930, p. 69 s.

28) ceux qui pleurent riront (Lc 6, 21), ceux qui seront dans la tristesse seront consolés (Mt 5, 4), les malades seront guéris, les aveugles verront, les boiteux marcheront, les lépreux seront purifiés, les sourds entendront (Mt 11, 5), les captifs seront délivrés, les opprimés libérés (Lc 4, 18), les petits seront élevés (Mt 23, 12; Lc 14, 11; 18, 14), les humbles seront les maîtres (Mt 5, 5), les membres du petit troupeau deviendront des rois (Lc 12, 32), les morts seront vivants (Lc 11, 5).

Les fautes seront pardonnées (Mt 6, 14), car le Serviteur de Dieu aura payé la rançon pour le peuple (Mc 10, 45 et par.). Les cœurs purs verront Dieu (Mt 5, 8), aux artisans de paix sera donné un nom nouveau (5, 9) et le vêtement céleste des anges, — la gloire (*doxa*) — sera remis aux hommes (Mc 12, 25). Ils auront la vie éternelle (Mc 9, 43) et vivront pour Dieu (Lc 20, 38).

Dieu récompensera (Lc 14, 14), il comptera le plein salaire (Mt 5, 12) et versera à chacun la « bonne mesure, tassée, secouée et débordante [2] » (Lc 6, 38), il distribuera la part d'héritage (Mt 19, 29) et il rendra le trésor que l'on s'est constitué dans le ciel (6, 20); trônes et fonctions de gouvernants seront distribués (19, 28).

La communauté transfigurée se tiendra devant le trône de Dieu; comme Noé et Lot, elle sera sauvée de l'exter-

2. Chacun de ces quatre adjectifs a un sens tout à fait précis. Aujourd'hui encore, le marchand de grains appelle à lui ses clients, en vantant sa bonne mesure. La mesure du grain s'effectue par une suite d'opérations bien établies. Le vendeur s'accroupit par terre et prend son boisseau entre ses jambes. Il l'emplit au 3/4 et lui donne une secousse vigoureuse, en lui imprimant un mouvement rotatif pour faire enfoncer le grain. Il remplit alors sa mesure jusqu'au bord et la secoue à nouveau, puis presse de toutes ses forces le grain avec ses deux paumes. Il empile enfin le grain en forme de cône, sur lequel il frappe prudemment pour le comprimer : de temps en temps, il creuse une petite cavité dans la pointe et presse encore le grain jusqu'à ce qu'il n'y ait littéralement plus de place. Ainsi l'acheteur est-il sûr que toute possibilité d'avoir une meilleure mesure est épuisée. Telle est, dit Jésus, la mesure de Dieu.

mination (Lc 17, 27. 29). La récolte sera engrangée dans les greniers éternels (Mt 13, 30), le nouveau Temple sera bâti (Mc 14, 58), les élus dispersés seront rassemblés (13, 27), les enfants de Dieu seront réunis dans la maison paternelle (Mt 5, 9) et on célébrera les noces (Mc 2, 19). La grande joie qui suit la tribulation éclatera (Jn 16, 21). Ils habiteront dans les tentes éternelles (Lc 16, 9), les païens viendront en foule à la ville bâtie sur la montagne et avec les patriarches (Mt 8, 11), ils s'assoieront à la table du Fils de l'homme (Lc 22, 29 s.). Celui-ci rompra pour eux le pain du temps de salut (Mt 6, 11) et leur tendra la coupe où sera le vin nouveau (Mc 14, 25), toute faim et toute soif seront apaisées, les rires joyeux du temps de salut résonneront (Lc 6, 21). Ainsi la communauté entre Dieu et l'homme que le péché avait détruite sera-t-elle restaurée.

Nous ne savons pas quels étaient ces pieux " zélotes " qui demandèrent à Jésus (et dans leur bouche, c'était une revendication) pourquoi il n'instaurait pas la pure communauté messianique, en en excluant les pécheurs. Il est impossible de prétendre que ce ne fût là une question brûlante que plus tard, pour la Communauté chrétienne. C'est le contraire qui est vrai. Partout dans le milieu où vivait Jésus, nous rencontrons des tentatives de réaliser la " communauté des derniers temps". Il faut penser d'abord au mouvement pharisien. Le mot *p*ᵉ*risha* " le séparé ", d'où vient leur nom, est synonyme de *qaddisha* " saint ". Il est évident que les Pharisiens prétendaient représenter la communauté sainte, le vrai peuple de Dieu, séparé de la foule qu'ils estimaient ignorante de la Loi et tombée sous la malédiction divine (Jn 7, 49). Ils attendaient un Messie qui, " pur de tout péché " ferait " disparaître " les pécheurs " de sa parole puissante " (Ps. de Salomon 17, 36).

Il faut ensuite parler des Esséniens [3] qui renchérissaient encore sur la tentative pharisienne d'établir la communauté des purs. Ils voulaient former la " communauté de la nouvelle Alliance " : ils quittèrent la ville du " Sanctuaire souillé " (Doc. Damas 4, 18) et le nom qu'ils se donnaient montre bien qu'ils voulaient personnifier le peuple de Dieu de la fin des temps. Il faut renvoyer aussi à Jean-Baptiste, dont toute l'activité consista à rassembler la Communauté de salut et qui annonçait le Messie comme étant celui qui nettoierait l'aire et séparerait la balle du bon grain (Mt 3, 12).

Mais Jésus fit tout le contraire de ces tentatives. Il était révoltant de le voir défier la communauté pharisienne du " Reste saint " et de l'entendre précisément appeler à lui ce peuple maudit qui " ignore la Loi " (Jn 7, 49). Tout autant que les Pharisiens, il savait que, parmi les gens qui s'attachaient à lui, il en était qui ne seraient pas justifiés devant Dieu. Alors, pourquoi cette patience ? Pourquoi n'exigeait-il pas une épuration à l'intérieur de la communauté israélite des purs ? Une fois encore c'est le scandale que provoquait son attitude qui a été le motif d'une double parabole, car sa réponse, il l'a donnée dans les deux paraboles de l'Ivraie (Mt 13, 24-30) et du Filet (13, 41 s.).

Les deux paraboles sont très proches l'une de l'autre [4], bien qu'elles ne forment pas une double parabole (cf. p. 128). Les données secondaires sur la situation au v. 36 ne peuvent nous autoriser à écarteler deux

3. Cf. J. Jeremias, *Qumrân et la théologie*, in *Nouv. Rev. Theol.*, 1963, p. 674-690.

4. Sur les Explications, v. 36-43 et v. 49 s., cf. p. 118 s. Sur la formule d'introduction, cf. p. 141 s.

textes dont le contenu est si voisin, et à voir dans la parabole de l'Ivraie un avertissement à la foule (le tri définitif n'aura lieu qu'à la fin) et dans celle du Filet une exhortation aux disciples (Jetez le filet, vous les pêcheurs d'hommes). Car cette seconde interprétation se heurte au fait que la parabole commence au datif. (Cf. infra v. 47.)

Voici le texte de la parabole dans l'Évangile de Thomas 57 : " Jésus a dit : Le Royaume du Père est semblable à un homme qui avait de la bonne semence. Son ennemi vint la nuit, sema de l'ivraie parmi la bonne semence. L'homme ne les (= ses serviteurs) laissa pas arracher l'ivraie. Il leur dit : De peur que vous ne veniez en disant : " Nous voulons arracher l'ivraie ", et que vous n'arrachiez le blé avec elle; en effet, au jour de la moisson, l'ivraie sera visible (ou apparaîtra) : on l'arrachera et on la brûlera. " On le voit, la conclusion est plus courte que chez Matthieu; il se peut qu'en vue de son interprétation allégorique (cf. p. 121), celui-ci ait un peu amplifié la description du tri entre l'ivraie et le froment. — V. 24 : " Le Royaume des cieux est semblable à un homme " = il en va du Royaume des cieux comme d'un homme. Ce n'est pas à cet homme, mais à la récolte qu'est comparé le Royaume (cf. p. 143). V. 25 : Il est possible que la parabole de l'ivraie évoque un incident réel, puisqu'on nous a rapporté une histoire semblable dans la Palestine moderne. L'ivraie vénéneuse (*lolium temulentum*) est une mauvaise herbe, botaniquement très proche du blé chevelu et qui, au début de sa croissance lui ressemble beaucoup. — V. 26 : L'ivraie est infiniment plus dense que d'habitude. — V. 28 : " C'est quelque ennemi qui a fait cela. " Tout ce qui vient d'être dit, i. e. l'introduction (v. 24-28*a*), s'attache simplement à clairement montrer que le propriétaire n'est en rien responsable de cette ivraie. Ce n'est qu'avec la seconde question des serviteurs (v. 28*b* " doit-on l'arracher ") qu'est abordé le véritable problème. Cette seconde question n'a rien de déraisonnable, car c'était l'habitude, au contraire, d'extirper l'ivraie, et même plusieurs fois. — V. 29 : Le maître est d'avis de laisser l'ivraie car il y en a vraiment trop (sur les présents historiques des v. 28 et 29 s., cf. p. 269, n. 1) et le résultat, c'est qu'avec une telle quantité d'ivraie, les racines de celle-ci se sont emmêlées avec celles du blé. — V. 30 : " Aux moissonneurs ", au moment de la moisson on embauche des moissonneurs, en plus des serviteurs habituels. " Ramassez d'abord l'ivraie " : il ne s'agit pas pour le moissonneur d'arracher l'ivraie immédiatement avant de couper le blé, mais, en coupant celui-ci à la faucille, de faire tomber l'ivraie pour qu'elle ne passe pas dans les gerbes. " Liez-la en bottes " = ce n'est pas là un travail superflu, car la mauvaise herbe sera par la suite séchée et employée comme combustible (cf. Mt 6, 30) [5].

Pour comprendre la parabole du Filet, il est essentiel de noter qu'elle est de ces paraboles qui débutent au datif : le Royaume de Dieu n'est donc pas comparé à un filet qui prend et contient de bons et mauvais poissons, mais on doit comprendre l'introduction : Il en va de la venue du Règne de Dieu comme du tri des poissons rassemblés dans un filet [6] ... — *Sagènè* : c'est un filet à la traîne qui est, soit tiré par deux bateaux, soit mis en place par une barque de pêche et halé du rivage par de longs cordages. " Toutes sortes de choses " : la seule raison d'être de cette

5. En Palestine, les forêts sont rares, le combustible aussi. Les grains de l'ivraie sont utilisés pour nourrir les poules.

6. Cf. p. 143.

expression eſt de donner le pourquoi du triage que nous décrit le v. 48 : il y a là des poissons de toutes sortes, bons et mauvais (et il n'eſt donc pas possible d'y voir une allusion allégorique à la mission auprès des païens). On a compté vingt-quatre espèces différentes de poisson dans le lac de Génésareth. — V. 48 : " Ce qui ne vaut rien " : ce sont les poissons impurs (Lv 11, 10 s. : tous les poissons sans écailles, comme le barbût [clarias macracanthus], qui ressemble au serpent [cf. Mt 7, 10; Lc 11, 11] et tous les poissons sans nageoires) et des animaux aquatiques qu'on tenait pour immangeables, tels les crabes. " Rejettent ", ne signifie pas nécessairement qu'on relance dans le lac ce qui eſt inutilisable; on veut seulement dire qu'à la différence de ceux qui sont mis dans le panier, on les jette au loin.

Les deux paraboles sont eschatologiques, car toutes deux ont pour objet le jugement dernier qui précède la venue du Règne de Dieu. Ce jugement dernier qui précède la venue du Règne de Dieu. Ce jugement eſt comparé à un tri : là entre blé et ivraie, ici entre poissons comeſtibles et ceux qui ne le sont pas. Bons et mauvais sont d'abord mélangés. Et l'on marque expressément dans la parabole de l'Ivraie que l'on écarte toute discrimination prématurée, il faut attendre patiemment la récolte. Pourquoi cette patience ? Il y a deux raisons, dit Jésus. La première, c'eſt que les hommes ne sont pas en mesure de faire le tri (Mt 13, 29), car de même qu'ivraie et froment se ressemblent à s'y méprendre, ainsi le peuple de Dieu qu'a rassemblé le Messie voilé, eſt caché au milieu de la foule des faux-croyants. Les hommes ne peuvent pas sonder les cœurs et s'ils faisaient un tri, ils commettraient forcément des erreurs et arracheraient du vrai blé en même temps que l'ivraie [7].

Mais surtout — et c'est là la seconde raison — c'est Dieu qui a déterminé l'heure du tri : il faut que la mesure qu'il a fixée soit pleine (Mt 13, 48 *éplèrôthè*, [quand] il est plein) [8] et que le grain soit mûr. Ce sera alors la récolte, et conjointement le partage de l'ivraie et du froment; ce sera aussi le choix des poissons et le tri des bons et des mauvais. A ce moment, apparaîtra la sainte communauté de Dieu, débarrassée de son aspect " servil " et délivrée des méchants, des faux-croyants et autres " confesseurs des lèvres ". Mais on n'en est pas encore là. Le dernier délai accordé pour faire pénitence (Lc 13, 6-9) n'est pas encore écoulé. Et en attendant, il faut se garder de tout zèle intempestif, laisser patiemment mûrir la récolte, jeter loin le filet et, plein de foi, s'en remettre pour le reste à Dieu, jusqu'à ce que vienne son Heure [9].

7. Cf. 1 Co 4, 5 : " Ne portez pas de jugements prématurés. "
8. Sur la " mesure eschatologique ", cf. p. 215, n. 11.
9. Cette prise de position de Jésus est très solidement " ancrée " dans les données de la tradition. En Mc 4, 26-29 (cf. p. 215 s.) aussi, Jésus lance un appel à la patience; il ne cesse d'insister sur le fait que la troupe de ses disciples ne constitue pas la communauté des " purs " et il les avertit qu'au Jour du jugement, ils seront, eux aussi, soumis à un tri discriminatoire (cf. Mt 7, 21-23; 7, 24-27; 22, 11-14).

9. *Les actions symboliques*

Très brièvement, et comme en annexe, il nous faut montrer que Jésus n'a pas seulement parlé en paraboles, mais aussi qu'il a *agi* en paraboles. En permettant aux méprisés de partager sa table (Lc 19, 5 s.), en les accueillant dans sa maison (Lc 15, 1-2) et jusque dans le cercle de ses disciples (Mc 2, 14 par.; Mt 10, 3), il accomplit " l'action symbolique " qui fit le plus d'effet. Ces repas pris avec des publicains sont des signes prophétiques, qui, plus impressionnants que toutes paroles, annoncent d'une façon que nul ne peut ne pas entendre : voici commencé le temps messianique et le temps messianique, c'est le temps du pardon.

Au soir avant sa mort, il profite d'être à table avec ses disciples pour accomplir la dernière action symbolique de sa vie; et, durant ce repas, il leur donne part à l'efficacité rédemptrice de sa mort imminente.

De façon toujours nouvelle, Jésus proclame par ses actes l'arrivée du temps de salut : en guérissant, en renonçant au jeûne (Mc 2, 19 s. par.), en donnant à Simon bar Jona le surnom de Pierre (*képha*), le désignant ainsi comme la pierre de fondement du temple eschatologique de Dieu dont a commencé la construction (Mt 16, 17 s.). Sa souveraineté de chef du peuple eschatologique de Dieu (qui comprend même les neuf tribus et demie d'Israël, disparues au cours de l'histoire) il l'exprime en choisissant douze disciples. Son pouvoir royal, il le montre en entrant triomphalement dans Jérusalem et en chassant les vendeurs du Temple : ces deux faits indissolublement liés (Mt 21, 1-13 et Lc 19, 28-46) [1] symbolisent le " tournant " de l'histoire du monde. Par le choix d'un âne, comme monture, pour entrer dans la ville sainte (cf. Za 9, 9), il affirme le caractère pacifique de sa mission.

Il confond ses disciples ambitieux, en plaçant un enfant devant eux (Mc 9, 36 par.) [2]; et pour leur montrer que la charité s'exprime en servant les autres, il leur lave les pieds (Jn 13, 1 s.). S'il nous est permis de supposer que l'histoire de la " femme adultère " (Jn 7, 53 s.) a pour base une tradition ancienne, il nous faut signaler parmi les " actions symboliques " l'écriture sur le sable (8, 6. 8) : elle doit rappeler aux accusateurs spécialistes de l'Écriture — sans les humilier ouvertement — cette parole de la Bible : " Mes renégats seront inscrits sur le sable " (Jr 17, 13) [3] et ainsi leur dire : vous êtes ces renégats [4] ! C'est un appel muet à la repentance [5]. On peut aussi ranger parmi

1. Il est difficile que la chronologie de Mc 11, 1-17 soit exacte; il répartit les événements sur deux jours, or, régulièrement, les pèlerinages aboutissaient directement au Temple.

2. M. Black, *An Aramaic approach...* (p. 264-268) a montré de façon convaincante que la clé de Mc 9, 33-36 était le double sens du mot araméen *talja*. A ses disciples ambitieux, Jésus enseigne que celui qui veut être le plus grand doit être comme un *talja*, " serviteur ", et à cette image, il ajoute une action symbolique, en plaçant devant eux un *talja*, " petit enfant, petit esclave ".

3. R. Eisler in *Zeitschrift für die Neutestamentliche Wissenschaft*, 22 (1923), p. 306 s.

4. Écrire sur le sable, que va balayer le vent, signifie proscription et menace d'anéantissement.

5. On en a proposé une autre interprétation : Jésus agirait comme le juge romain qui met par écrit sa sentence avant de la prononcer. La sienne signifierait pour la femme : Acquittement.

les gestes symboliques [6] les pleurs que verse Jésus sur Jérusalem : celui-ci n'anticipe-t-il pas, en une vision prophétique, les cris de désolations qu'entraîneront les malheurs prochains ? Car " la plupart des actions symboliques de Jésus servent à illustrer son enseignement : les derniers temps sont accomplis " (Stählin).

Le temps de grâce a commencé ! Les actions symboliques en sont la proclamation en acte. Car Jésus ne s'est pas contenté d'annoncer le message des paraboles, il l'a vécu et l'a incarné en sa propre personne. " Jésus ne prêche pas seulement le message du Royaume de Dieu, il est lui-même ce message [7]. "

6. En revanche, on peut se demander si la malédiction du figuier en fait partie. H. W. Bartsch (Z. N. W. 53, 1962, p. 256-260) suppose, dans une hypothèse éclairante, que Mc 11, 14, par. Mt 21, 19*b*, fut à l'origine une parole eschatologique, qui annonçait la proximité de la fin : " Personne ne mangera plus de ton fruit. " Mais une mauvaise traduction d'un imparfait araméen par un optatif (Mc 11, 14 : " Que jamais plus personne ne mange ! ") a fait comprendre le logion comme une malédiction et a entraîné l'épisode correspondant.

7. C. Maurer, in *Judaica* 4 (1948), p. 147.

Conclusion

Toutes les paraboles de Jésus veulent forcer les auditeurs à prendre position sur Sa personne et sur Sa mission [1]; c'eſt ce qui apparaît d'abord le plus nettement, lorsqu'on essaie de retrouver leur résonance originelle. Toutes en effet sont pénétrées du " myſtère du Règne de Dieu " (Mc 4, 11) cf. p. 25, c'eſt-à-dire de la certitude que *l'Eschatologie eſt en train de se réaliser*. L'heure de l'accomplissement eſt arrivée : voilà leur " note " fondamentale.

Le Fort eſt désarmé, les troupes du Mauvais doivent céder, le médecin vient au chevet des malades, les lépreux sont purifiés, la grosse dette eſt remise, la brebis perdue rentre au bercail, la porte de la maison paternelle eſt ouverte, pauvres et mendiants sont invités au feſtin, un maître d'une bonté insondable donne le plein salaire, une joie immense saisit les cœurs. L'année de grâce que Dieu avait promise eſt commencée. Car eſt apparu Celui dont la gloire cachée flamboie derrière chaque mot et chaque parabole : le Sauveur.

1. E. Fuchs insiſte avec force sur le fait que les paraboles sont des témoignages implicites du Chriſt sur lui-même. Une parabole illuſtre-t-elle la bonté de Dieu, c'eſt de la bonté active à travers le Chriſt, qu'il s'agit. Une parabole parle-t-elle du Royaume, c'eſt Jésus qui se " dissimule " sous ce terme, dont il eſt le " contenu caché ". (In *Theol. Literaturzeitung 79*, 1954, col. 345-348.) Je ne peux que donner mon plein accord à la fermeté avec laquelle Fuchs conduit sa démonſtration et découvre dans les paraboles les témoignages voilés que le Jésus de l'hiſtoire se rend à lui-même.

Lexique des mots techniques[1]

AGRAPHON. (étym : « non écrit ») : Parole attribuée à Jésus, absente des évangiles, mais rapportée par d'autres témoins (par exemple Ac 20, 35).

ALLÉGORIE (étym. : « dire autre chose qu'on paraît dire ») : Récit figuré dont chaque terme veut exprimer une signification (par exemple Jn 15, 1-8). L'ALLÉGORISATION est le procédé qui consiste à trouver des significations dans les divers détails d'un récit.

CRISE (imminente) (le mot grec *krisis*, « jugement ») : Jésus appelle ses contemporains à prendre position vis-à-vis de l'Évangile qu'il annonce et vis-à-vis de sa Personne : ils seront jugés sur l'attitude qu'ils auront prise. Leur incrédulité va entraîner leur jugement (personnel et collectif).

ESCHATOLOGIE (du grec *éschata*, « les dernières choses ») : Enseignement sur les derniers temps, sur les événements par lesquels se termine l'histoire humaine. Pour les chrétiens, la mort et la résurrection du Christ inaugurent « les derniers temps » qui ne s'achèveront qu'à son retour (eschatologique = qui a rapport aux derniers temps).

FORMGESCHICHTE (École de la) ou Histoire des formes : École exégétique fondée par M. DIBELIUS (1919) et R. BULTMANN (1921). Elle cherche à restituer la tradition pré-évangélique par l'examen des diverses « formes » ou genres littéraires, contenues dans les évangiles, et à reconnaître les lois qui président à leur transmission.

LOGION, au pluriel LOGIA (étym. : « sentence, parole ») : Les paroles de Jésus, distinguées de pièces plus développées telles que les paraboles.

MOT-CROCHET : Mot commun à deux ou plusieurs passages consécutifs, qui a provoqué artificiellement leur regroupement (par exemple, Lc 16, 9-13. Cf. là-dessus, p. 71).

PARENÈSE (du verbe grec : *paraînéin*, « exhorter ») : Enseignement moral pratique.

1. Il est dû au traducteur (note de l'éditeur).

PAROUSIE (étym. : " arrivée ", en particulier l'entrée du roi dans une ville) : Nom donné par l'Église primitive au retour triomphal du Christ à la fin des temps. Il semble que les premiers chrétiens aient cru à une " parousie " imminente; l'Église dut exhorter ceux qu'inquiétait le " retard " du Christ, à ne pas se laisser aller et à rester fidèles.

" PAUVRES " : Il s'agit non seulement d'une catégorie sociale, mais de la " famille spirituelle " (alors très vivante dans le Judaïsme) des " clients de Dieu ", dont la foi abandonnée, confiante et joyeuse se résume en une attitude d'attente religieuse. C'est cette disposition fondamentale que vise la Béatitude des " pauvres " en Mt 5, 3.

POINTE : La conclusion que vise particulièrement la parabole. (" Double-pointe " : terme employé lorsqu'une parabole a deux conclusions, proposées chacune par une partie du récit, par exemple Mt 20, 1-15. Cf. p. 58.)

SCRIBES : Les " lettrés ", appelés aussi légistes ou docteurs de la Loi : ils étaient spécialistes de la Loi et avaient la charge de l'enseigner. On les saluait du titre de *rabbi* (d'où vient le terme " rabbin ").

SECONDAIRE (contexte) : Dans l'organisation des données que leur fournissait la tradition, les évangélistes ont dû souvent placer des paroles de Jésus dans un contexte qui n'était pas le leur à l'origine. (Cela s'oppose à un contexte " primitif " ou " originel ".)

SEPTANTE (LXX) : Traduction grecque de la Bible du IIIe-IIe siècle avant J.-C., composée à Alexandrie. (Selon la légende, elle aurait été faite par septante traducteurs juifs.)

SYNOPTIQUE : Nom donné depuis J. J. GRIESBACH (1776) à Marc, Matthieu et Luc parce qu'on peut disposer leur texte en colonnes parallèles où leurs éléments communs apparaissent au premier regard.

TARGUM : Traduction araméenne de la Bible; elle servait dans les synagogues. C'était plus une paraphrase qu'une traduction littérale. On peut s'en servir pour connaître l'interprétation courante des textes bibliques au temps du Christ.

Table des abréviations

ABRÉVIATIONS DES LIVRES BIBLIQUES

Ac	Actes des Apôtres	Jr	Jérémie
Am	Amos	Lc	Luc
Ap	Apocalypse	Lv	Lévitique
Ba	Baruch	M	Macchabées
Ct	Cantique des Cantiques	Mc	Marc
Co	Corinthiens	Mt	Matthieu
Col	Colossiens	Nb	Nombres
Dn	Daniel	P	Pierre (Épîtres)
Dt	Deutéronome	Pr	Proverbes
Ep	Ephésiens	Ps	Psaumes
Esd	Esdras	Qo	Ecclésiaste = Qohélet
Ez	Ezéchiel	R	Rois
Ga	Galates	Rm	Romains
Gn	Genèse	S	Samuel
He	Hébreux	Si	Ecclésiastique
Is	Isaïe	So	Sophonie
Jc	Jacques	Tb	Tobie
Jn	Jean	Th	Thessaloniciens
Jon	Jonas	Tm	Timothée
Jos	Josué	Za	Zacharie

ABRÉVIATIONS DES LIVRES RABBINIQUES

MISHNA

B B	*Baba Bathra*
P Abh	*Pirqé Aboth*
Pea	*Pea*

TOSEPHTA

Tos Pea	*Tosephta Pea*
Tos Sota	*Tosephta Sota*

TALMUD DE JÉRUSALEM

j Ber	*Berakhot*
j Gitt	*Gittin*
j Hagh	*Haghigha*
j Hor	*Horajoth*
j Sanh	*Sanhédrin*

TALMUD DE BABYLONE

b A Z	*'Abhodha Zara*
b Bek	*Bekoroth*
b Ber	*Berakhoth*
b B M	*Baba Metzia*
b B Q	*Baba Qamma*
b Jebh	*Jebhamoth*
b Sanh	*Sanhédrin*
b Shab	*Shabbath*

MIDRASHIM

Lev r	*Lévitique rabba*
Mekh Ex	*Mekhilta (midrash sur l'Exode)*
Midrash Qo	*midrash sur Qohélet (Ecclésiaste)*
Midrash Pr	*midrash sur les Proverbes*
Pesiq	*Pesiqta*

Bibliographie des paraboles

1. ÉTUDES D'ENSEMBLE

A. JÜLICHER, *Die Gleichnisreden Jesu, I, Die Gleichnisreden Jesu im Allgemeinen*, Tübingen, 1888, 2e éd. 1899.

C. H. DODD, *The Parables of the Kingdom*, Londres, 1935, éd. revue 1936, revue de nouveau 1961.

M. HERMANIUK, *La Parabole Évangélique*, Bruges-Paris-Louvain, 1947.

A. GEORGE, article " *Parabole* " in *Dictionnaire de la Bible* (*Supplément*), tome VI, col. 1149-1177.

F. HAUCK, article " *Parabolè* " in *Theologisches Wörterbuch zum Neuen Testament*, V, 1957, p. 741-759.

2. ÉTUDES LITTÉRAIRES

M. J. LAGRANGE, *La parabole en dehors de l'Évangile*, in *Rev. Bib.*, 1909, p. 198-212, 342-367.

R. PAUTREL, *Les canons du mashal rabbinique*, in *Rech. Sc. Rel.*, 1936, p. 5-45, 1938, p. 264-281.

D. BUZY, *Les sentences finales des paraboles évangéliques*, in *Rev. Bib.*, 1931, p. 5-45; 1938, p. 264-281.

3. COMMENTAIRES

A. JÜLICHER, *Die Gleichnisreden Jesu, II, Auslegung der Gleichnisreden der drei ersten Evangelien*, Tübingen, 1899, 2e éd. 1910.

D. BUZY, *Les paraboles* (collection " Verbum salutis ", VI), Paris, 1932, 16e éd. 1948.

J. PIROT, *Paraboles et allégories évangéliques*, Paris, 1949.

Cahiers " Évangile ", *Comprenez les paraboles*, 1) *Les paraboles des prophètes, des sages et des rabbins d'Israël*, Cahier N° 44, Paris, 1961. 2) *Les paraboles du Nouveau Testament*, Cahier N° 45, Paris, 1962.

4. ÉTUDES DE DÉTAIL

A) MARC (ET PARALLÈLES) :

C. MASSON, *Les Paraboles de Marc* IV, Neuchâtel-Paris, 1945.

A. GEORGE, *Le sens de la parabole des semailles* (Mc 4, 3-9 par.) in *Sacra Pagina*, Paris, Gembloux, 1959, p. 163-169.

W. G. KÜMMEL, *Das Gleichnis von den bösen Weingärtnern* (Mk 12, 1-9 et par.) in *Aux sources de la tradition chrétienne* (Mélanges Goguel), Neuchâtel-Paris, 1950, p. 120-131.

P. JOÜON, *La parabole du portier qui doit veiller* (Mc 13, 33-37 et par.) in *Rech. Sc. Rel.*, 1940, p. 365-368.

B) MATTHIEU (ET LUC) :

M. DE GOEDT, *L'explication de la parabole de l'ivraie* (Mt 13, 36-43) in *Rev. Bib.*, 1959, p. 32-54.

J. DUPONT, *La parabole des ouvriers de la vigne* (Mt 20, 1-16) in *Nouv. Rev. Théol.*, 1957, p. 785-798.

A. FEUILLET, *La synthèse eschatologique de saint Matthieu* in *Rev. Bib.*, 1950, p. 62-91.

P. JOÜON, *La parabole des mines et la parabole des talents* (Mt 25, 14-30) in *Rech. Sc. Rel.*, 1939, p. 489-494.

C) LUC :

P. JOÜON, *La pécheresse de Galilée et la parabole des deux débiteurs* (Lc 7, 36-50) in *Rech. Sc. Rel.*, 1939, p. 615-619.

L. CERFAUX, *Trois réhabilitations dans l'Évangile* (Lc 10, 30-37; 15, 11-32; 18, 9-14), 1950, in *Recueil L. Cerfaux II*, Gembloux, 1954, p. 51-59.

L. CERFAUX, *Fructifiez en supportant l'épreuve* (Lc 8, 15) in *Rev. Bib.*, 1957, p. 481-491.

J. DANIÉLOU, *Le bon samaritain* in *Mélanges bibliques A. Robert*, 1957, p. 457-465.

P. JOÜON, *La parabole du riche insensé* (Lc 12, 16-21) in *Rech. Sc. Rel.*, 1939, p. 486-489.

J. Cantinat, *Les paraboles de la miséricorde* (Lc 15, 1-32) in *Nouv. Rev. Théol.*, 1955, p. 246-264.
J. A. Diaz, *Paraleles entre a narración del libro de Jonas y la parabola del hijo prodigo* in *Biblica*, 1959, p. 632-640.
R. Pautrel, *Aeterna Tabernacula* (Lc 16, 9) in *Rech. Sc. Rel.*, 1940, p. 307-327.
A. Feuillet, *Les riches intendants du Christ* (Lc 16, 1-13) in *Rech. Sc. Rel.*, 1947, p. 30-54.
T. G. Jalland, *A Note on Luke* 16, 1-19 in *Studia Evangelica*, Berlin, 1959, p. 503-505.
A. Feuillet, *La parabole du juge et de la veuve* (Lc 18, 1-8) in *Rech. Sc. Rel.*, 1948, p. 560-565.
M. Zerwick, *Die Parabel vom Thronanwärter* (Lc 19, 11-27) in *Biblica*, 1959, p. 654-674.
C. Spicq, *La parabole de la veuve obstinée et du juge inerte, aux décisions impromptues* (Lc 18, 1-8) in *Rev. Bib.*, 1961, p. 68-90.

5. LA PENSÉE DES PARABOLES

J. Danten, *La révélation du Christ sur Dieu dans les paraboles* in *Nouv. Rev. Théol.*, 1955, p. 450-477.
J. J. Vincent, *The Parables of Jesus as self Revelation* in *Studia Evangelica*, Berlin, 1959, p. 79-99.

Index alphabétique des paraboles[1]

1. Dans les évangiles synoptiques. On ne relève pas les simples images ou les comparaisons. Les pages suivies d'un astérisque indiquent où se trouve le texte de la parabole que donne l'Évangile de Thomas.

Index numérique des paraboles

Table

REPRINT/AUBIN À LIGUGÉ (5-91)
D.L. 2e TR. 1968. N° 2162-4 (L 37625)